盈科全国业务指导委员会系列丛书·2024

环资能语

绿色时代的环境资源、能源案例精粹

盈科律师事务所／编

郝秀凤　黎征武／主编

法律出版社　LAW PRESS·CHINA

北京

图书在版编目（CIP）数据

环资能语：绿色时代的环境资源、能源案例精粹 / 盈科律师事务所编；郝秀凤，黎征武主编. -- 北京：法律出版社，2025. -- ISBN 978-7-5197-9131-5

Ⅰ. D922.685

中国国家版本馆CIP数据核字第2025NH1632号

环资能语：绿色时代的环境资源、能源案例精粹 HUANZI NENGYU: LÜSE SHIDAI DE HUANJING ZIYUAN, NENGYUAN ANLI JINGCUI	盈科律师事务所　编 郝秀凤　黎征武　主编	策划编辑　朱海波　杨雨晴 责任编辑　朱海波　杨雨晴 装帧设计　汪奇峰　臧晓飞

出版发行　法律出版社	开本　710毫米×1000毫米　1/16
编辑统筹　法律应用出版分社	印张　20.25　　字数　350千
责任校对　蒋　橙	版本　2025年2月第1版
责任印制　刘晓伟	印次　2025年2月第1次印刷
经　　销　新华书店	印刷　天津嘉恒印务有限公司

地址：北京市丰台区莲花池西里7号(100073)
网址：www.lawpress.com.cn　　　　　　　　　销售电话：010-83938349
投稿邮箱：info@lawpress.com.cn　　　　　　　客服电话：010-83938350
举报盗版邮箱：jbwq@lawpress.com.cn　　　　咨询电话：010-63939796
版权所有·侵权必究

书号：ISBN 978-7-5197-9131-5　　　　　　　　定价：78.00元

凡购买本社图书，如有印装错误，我社负责退换。电话：010-83938349

盈科全国业务指导委员会
系列丛书编委会

总主编

李 华

副总主编

闫拥军　周 彦　沈彦炜　陈 浩

出版统筹

郭 琪　丁 萌　冯 玥　张静彤

本书编委会

主 编

郝秀凤　黎征武

序言

20多年前,中国律师界还很少关注环境诉讼案件,也不愿代理环境诉讼案件,因为那时环境案件立案难、取证难、胜诉难、执行难的问题严重存在。办理环境案件不仅难以养家糊口,而且因代理环境侵权案件原告较高的败诉率让代理律师信心备受打击。为了鼓励律师参与环境诉讼及提高办理环境案件的能力和水平,从2001年起我主持的中国政法大学环境资源法研究和服务中心(又称"污染受害者法律帮助中心")连续十多年开展了律师环境法律实务公益培训,并在第一期培训的同时建立了中华全国律师协会环境资源法专业委员会。20多年后,随着我国生态文明建设的推进、环境立法的加强、环境司法专门化的发展,环境律师业务日益成为许多律师事务所的重要业务之一,还建立了专门的环境律师事务所,一些律师甚至成为专门办理环境、资源和能源案件的环境律师。盈科律师事务所全国执业律师超过1.7万名,注重各个领域的专业建设与发展,紧跟国际战略,重视环境资源与能源相关业务的研究与拓展,盈科第五届全国环境资源与能源法律专业委员会在2023年设立,目前从事环境、资源、能源相关业务的专业律师已达200余名,承办的环境、资源与能源案件数量在各律师事务所中名列前茅。本书的案例即是从其办理的大量案件中精选出的典型案例。

通读本书的全部内容,可以发现本书有以下几个特点:

一是参编人员的专业性。参与本书编写的40位律师,都是亲自办理相关环境、资源与能源案件的律师。他们不仅精通相关法律条文,而且对案件所涉及的科学技术、证据的收集、因果关系的论证、生态损害的评估规则也了然于心。从案例的编写中可以看出,办案律师都具有较高的环境法律专业素养,并具有较高的办案水平。

二是案件类型的多样性。本书选择的33个案例,横跨环境、资源与能源法三大领域。环境法领域的案例涉及网络电商环境侵权责任、土壤污染责任认定、生态修复义务等；资源法领域的案例涵盖了对渔业资源损失的赔偿、林权行政决定的撤销、洪灾应急强拆行为等；能源法领域的案例包括风力发电项目的设备采购纠纷、光伏电站的债务执行等。这些案例涉及广泛的环境、资源和能源领域，展现了律师在各种不同类型的环境、资源、能源案件中所发挥的维护当事人合法权益、维护社会公共利益和公平正义的重要作用。

三是内容编写的全面性。本书案例的编写采取了摘要、案情简介、办理结果、办案策略、律师评析、律师介绍的编写体例。摘要可以让读者初步了解案件性质和所涉主要法律问题，案情简介和办理结果可以让读者对案情有一个基本的了解，办案策略可以让读者特别是律师读者了解办案律师对案件所涉问题的思考和应对路径，律师评析可以让读者了解律师对案件法律适用问题的分析以及案件的典型意义。其内容的全面具体，可以让读者既了解案件事实，又明确法律适用要点，还可以从办案律师那里学习办案策略和办案技巧。

四是法律分析的精当性。案例书的编写，关键在于对案件法律问题的分析，且重在准确和精当。本书在编写内容的设计中有专门的律师评析部分，除论述案件的典型意义外，主要是对案件所涉法律问题的分析。这些分析针对案件争议焦点，详尽具体，准确精当，既可以让缺乏相关专业知识的读者了解相关法律规定，又可以让专业人员了解疑点、难点，释疑解惑，起到了普法和法律问题研讨的作用。

总之，本书不仅是对律师们实践经验的总结，也为法律界同行提供了重要的实务参考。这些案例将为法律从业者在遇到类似案件时提供启示，帮助他们更好地理解各种复杂法律关系并制定相应的应对策略。另外，本书也会在推动环境、资源与能源司法的学术研究、健全环境资源司法机制方面发挥应有的作用。

希望盈科律师事务所的环境、资源、能源法律师，继续发挥自己的专业特长和优势，办理更多的环境资源法律业务，并编写出更好的环境资源法案例著作，通过个案的办理及其研究工作推动美丽中国建设，为生态文明建设做出应有贡献。

王灿发

2024 年 9 月 23 日

PART 1 环境篇

网络电商侵权责任与平台监控义务的司法探索
——速美公司"年检神器"引发的环境公益诉讼案 …………… 003

土壤污染责任认定及损害赔偿司法鉴定的困境与对策
——某公益协会诉某化学公司等环境污染民事公益诉讼案 ……… 014

矿山企业应承担生态修复义务
——福建省绿家园环境友好中心诉漳州某建材公司生态破坏环境民事公益诉讼案 …………… 028

深入研究案件证据、合理运用行业知识推翻司法鉴定意见
——某公益组织诉某集团某化工有限公司环境民事公益诉讼案 …………… 036

发包方和承包方以履行总承包合同为目的签署的各单项合同发生付款纠纷时的处理
——中国××有限公司与山西某能源公司发电设备供货合同纠纷案 …………… 045

未经环保部门验收构成根本违约
——云南某公司被诉请支付监测设备款提起反诉请求解除合同获成功案 …………… 053

污水处理工程完工但水质不达标的应认定工程质量不合格
——河北某肉类产业公司与四川某环境工程公司建设工程施工合同纠纷案 …………… 061

发电企业炉渣处置合同纠纷与《民法典》绿色履行原则的适用
——JX某燃煤发电厂炉渣处置合同纠纷案 …………… 068

环境监测应遵守有关标准与方法 …………… 080

环境监测采样不规范不应当作出行政处罚
——因超标排污拟被行政处罚的云南某公司经行政听证免予处罚案 …………… 091

某餐饮管理有限公司与南京某生态环境局涉饮用水水源地保护
　　行政诉讼案 ··· 099

未环评审批、未环保验收即投产
　　——某企业行政处罚经诉讼撤销案 ·································· 106

"违法所得"的认定
　　——某新型建材有限公司拟被行政处罚近 300 万元,听证程序
　　　　后处罚金额降至 60 余万元案 ····································· 116

危险废物认定实例
　　——连城某公司行政处罚案 ·· 127

行政机关实施代履行应遵守法定程序
　　——韶关市生态环境局代为处置危险废物铝灰渣案 ············· 135

公民知情权与公共利益
　　——王某梅诉江苏省生态环境厅、生态环境部政府信息公开及
　　　　行政复议案 ·· 150

抽丝剥茧,从环境污染损害鉴定意见书确定辩护策略
　　——最高人民法院第 38 批次指导性案例 215 号办理实录 ········ 159

恢复性司法理念在污染环境罪中的适用及村民小组长的责任追究
　　——李某锋、张某俊、陈某涉嫌污染环境罪案 ······················ 170

多措并举促进污染环境罪案件办理 ·· 180

某材料科技公司并购与整合项目中的环保合规法律服务项目
　　非诉案例解析 ··· 192

污水处理设施项目专项债券发行法律服务项目 ···························· 198

2 PART 资源篇

赔偿渔业资源损失全部用于渔业资源的增殖放流
——某公益组织、唐某非法捕捞案 ·········· 211

建设工程压覆矿产资源究竟应该如何赔偿
——一起最高人民法院指令再审后维持原判的压覆资源案 ········ 217

撤销林权的行政决定被浙江省高级人民法院撤销
——赵某诉某县政府撤销林权行政诉讼案 ·········· 229

洪灾应急中政府强拆行为与企业采砂权保护
——泰昌公司采砂权纠纷案 ·········· 237

如何通过排除鉴定意见在侦查阶段撤案
——高某非法出售珍贵、濒危野生动物制品案 ·········· 246

一起改判案件如何开展环境公益诉讼
——方某某被控掩饰、隐瞒犯罪所得罪案 ·········· 254

企业出海非洲跨境投资矿业案
——山东某机械设备公司收购非洲金矿 ·········· 261

3 PART 能源篇

巧妙调解连环诉讼，化解纷争助力营商
——某风力发电项目设备采购合同纠纷案 ·········· 269

分布式光伏电站相关债务执行疑难问题
——云南某公司分布式光伏发电建设工程施工合同仲裁纠纷及执行案 ·········· 278

关于行政合法性原则的贯彻
——某电力公司光伏发电项目用地行政复议案 ·········· 285

法律保障绿色转型
——化学新材料产业园区新型储能项目的先试先行 ·········· 298

能源结构变革下的加注站困境
——多重约束条件下加注站资产处置法律方案 ·········· 306

PART

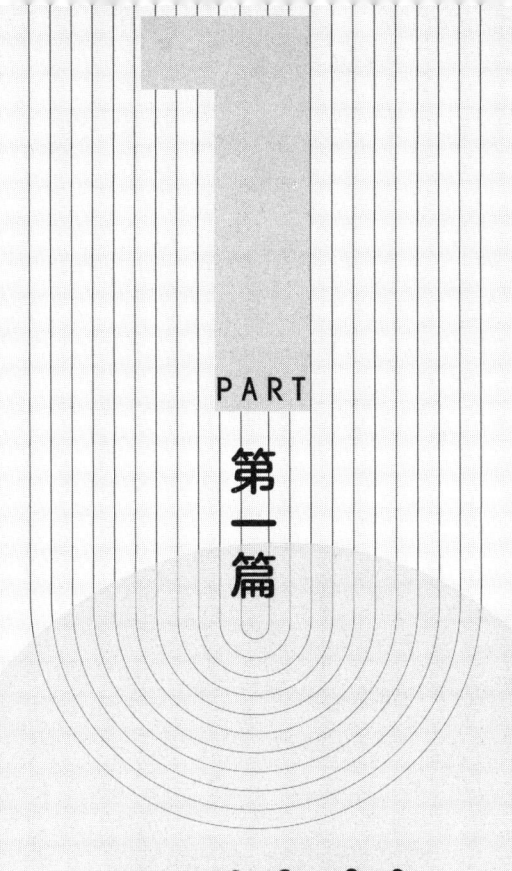

第一篇

环境篇

网络电商侵权责任与平台监控义务的司法探索

——速美公司"年检神器"引发的环境公益诉讼案

摘要 深圳市速美环保有限公司通过淘宝网销售"年检神器",帮助尾气超标车辆规避机动车尾气年检,对我国大气污染防控造成严重影响。中国绿发会接到举报后,经查证属实,遂以速美公司和电子商务平台公司为被告提起环境民事公益诉讼。杭州市中级人民法院一审判决速美公司向社会公众道歉并赔偿环境修复费用人民币350万元,电子商务平台公司因已尽审查义务免于承担连带责任。浙江省高级人民法院二审维持原判。

此案是我国首例以网络平台运营者为被告的环境公益诉讼案。从诉讼策略角度看,本案着重强调了网络交易平台的环境侵权责任和社会责任,这对电商行业在日常经营中监控义务的落地和监控力度的提升具有积极影响。这宗案件被中国法学会案例法学研究会、最高人民法院司法案例研究院等单位联合评选为2019年度中国十大影响性诉讼之一。

案情简介

原告:中国生物多样性保护与绿色发展基金会(以下简称绿发会);被告:深圳市速美环保有限公司(以下简称速美公司),浙江淘宝网络有限公司(以下简称淘宝公司)。

速美公司在淘宝网（www.taobao.com）开办网上商铺，销售规避机动车尾气年检的所谓"年检神器"系列产品。其具体包括三元催化器火莲花、金属软载体汽车尾气超标治理净化器、年检包过通用改装小三元催化器、金属软载体汽车尾气超标治理净化器、年检包过柴油车三元催化器、汽车尾气净化器DPF颗粒捕集器等产品。

速美公司在淘宝商铺产品宣传页面公然声称："更换三元催化器成本高，金属软载体辅助或替代三元催化器治理尾气，可重复使用3次左右，单次过检成本低至15元，超高性价比""安装在三元催化器前面，热车5分钟即可上线检测，省时省力""欢迎各大汽修厂、年检代办机构、检测站加盟合作，量大价优""金属软载体工作原理与三元催化器原理一样，运用于汽油车，简单易用，有效公里数在50公里左右""检测站、修理厂、年检代办机构合作单位超过1000家""本品专门用于柴油车过年检的DPF催化器，修理厂或年检代办机构可将本品装在柴油车排气管上，过完年检再拆下用于下一辆车，反复使用"。

速美公司在淘宝商铺上的数据显示，三元催化器火莲花、金属软载体汽车尾气超标治理净化器已售出26,158件，年检包过通用改装小三元催化器、金属软载体汽车尾气超标治理净化器已售出3980件，年检包过柴油车三元催化器、汽车尾气净化器DPF颗粒捕集器已售出215件。仅上述3种产品就售出30,353件，销售金额为300余万元，其中部分买家收货地址为汽车修理厂。

可见，速美公司是在以弄虚作假的方式帮助尾气不合格的车辆规避汽车尾气年度检测，使原本尾气超标的车辆蒙混过关继续上路，其行为存在严重的违法性，对我国大气污染防控工作造成了极为严重的影响。作为网络交易平台经营者的淘宝网，未能按照有关法律法规的规定建立或执行有效的检查监控制度，导致大量非法产品销入市场，对广大人民群众的身体健康及社会公共利益造成严重损害。

2016年10月26日，绿发会以速美公司、淘宝公司为被告，向浙江省杭州市中级人民法院提起环境民事公益诉讼，请求判令：速美公司和淘宝公司赔礼道歉；速美公司停止生产案涉非法产品；淘宝公司对速美公司停止提供第三方交易平台服务;二者以连带责任方式承担生态环境修复费用1.52亿元(具体数额以评估鉴定报告为准)及绿发会就诉讼所支出的相关费用。2016年11月8日杭州市中级人民法院正式立案,被告速美公司于2016年12月1日提出管辖权异议,杭州市中级人民法院于2016年12月15日裁定驳回该管辖权异议。杭州市中级人民法院于2019年6月作出一审裁判。一审宣判后,绿发会以淘宝公司应承担连带责任为由提出上诉。浙江省高级人民法院于2019年10月作出二审判决。

办理结果

杭州市中级人民法院一审认为,速美公司宣传称其产品能通过弄虚作假方式规避机动车年检,教唆或协助部分机动车主实施侵权行为,损害社会公共利益。淘宝网已尽审查义务、及时采取删除措施,无须承担连带责任。鉴于环境污染事实客观存在,依据有关法律和《最高人民法院关于审理环境民事公益诉讼案件适用法律若干问题的解释》(2015年)判决:速美公司在国家级媒体上向社会公众道歉(内容需经法院审核);速美公司向绿发会支付律师费、差旅费、相关工作人员必要开支等15万元,并赔偿大气污染环境修复费用350万元(款项专用于我国大气污染环境治理);驳回绿发会的其他诉讼请求。

浙江省高级人民法院二审维持原判。

办案策略

北京盈科(嘉兴)律师事务所赵京慰律师接受绿发会的委托后,对案情进行了详细分析研究。针对本案5个焦点问题,展开律师诉讼策略布局谋篇。

一、针对原告绿发会是否具有提起本案的主体资格

被告在答辩状中称,原告不具有公益起诉资格的原因在于原告未披露2015年年审不合格的事实。原告在起诉状中证明其符合原告资格的裁判文书就明确年审合格是审查公益资格的必要条件之一。原告年审不合格的原因是原告有过商业经营活动,背离了公益慈善目的。

针对上述情况,我们从两个角度来论证绿发会具有在中国境内维护环境公共利益的合法民事主体资格。一方面,我们依据《民事诉讼法》(2012 年)第 55 条、《环境保护法》(2014 年)第 58 条、《最高人民法院关于审理环境民事公益诉讼案件适用法律若干问题的解释》(2015 年)第 18 条的规定,确认原告有权以公益诉讼方式提起本案。另一方面,我们援引具有法律约束力的文书以强化原告的主体资格。最高人民法院在腾格里沙漠污染公益诉讼案(2016)最高法民再 51 号民事裁定书中认定,"绿发会章程符合联合国《生物多样性公约》和环境保护法保护生物多样性的要求,'促进生态文明建设''人与自然和谐''构建人类美好家园'等内容契合绿色发展理念,亦与环境保护密切相关,属于维护环境公共利益的范畴,故应认定绿发会的宗旨与业务范围包含维护环境公共利益,符合环境公益诉讼原告主体资格"。该裁定收录于《最高人民法院公报》2016 年第 9 期,已具有指导案例的法律效力。

一审法院最终支持了我方的观点,认为原告绿发会具有提起环境公益诉讼的主体资格。首先,绿发会的章程符合联合国《生物多样性公约》和环境保护法保护生物多样性的要求,"促进生态文明建设""人与自然和谐""构建人类美好家园"等内容契合绿色发展理念,亦与环境保护密切相关,属于维护环境公共利益的范畴,故应认定绿发会的宗旨与业务范围包含维护环境公共利益内容,其符合环境公益诉讼原告主体资格。其次,绿发会虽存在 2015 年年审"不合格"的事实,但该情形并非《环境保护法》(2014 年)第 58 条以及《最高人民法院关于审理环境民事公益诉讼案件适用法律若干问题的解释》(2015 年)第 5 条所规定的不得提起诉讼的情形,故应认定原告绿发会有提起本案诉讼的主体资格。

二、针对速美公司是否为本案适格被告以及速美公司是否应承担环境污染侵权责任

最初,我们的思路是将购买了年检神器的"机动车所有人"列为本案被告。然而这一思路很快遇到了困境,主要体现在以下几个方面:其一,购买了非法"年检神器"的机动车所有人数量庞大,这一群体的规模之巨,使得将其全部作为被告起诉在实际操作中变得不可能。这不仅涉及庞大的诉讼成本,还可能引发司法资源的过度消耗。其二,这些机动车所有人中,有很大一部分或许并未实际使用这些非法产品。他们购买这些产品可能仅仅是出于一种预防性心理。如果将这些未实际使用产品的机动车所有人也纳入被告之列,显然有失公允。其三,一些机动车所有人可能本身已经达到了排放检验的标准,他们购买非法产品可能仅仅是出于一种防范心理。在这种情况下,若将他们作为被告,不仅难以证明其存在侵权行为,也与法律的公平正义原则相悖。基于以上种种考虑,我们最终决定不将"机动车所有人"作为本案的被告。

面对这一困境,我们转变思路,考虑将网络电商列为本案被告。但这时我们又面临一个关键决策:究竟应该将哪一家网络电商作为起诉对象。当时,在淘宝网上销售类似"年检神器"的店铺数量繁多,我们和绿发会最终决定选择速美公司作为被告。这一决策背后是基于多重考量:其一,当我们在淘宝网输入"年检神器"这一关键词进行搜索时,速美公司的商品页面赫然出现在搜索结果的前列。这显示了其在该细分市场上的显著影响力。其二,从销售业绩的角度来看,速美公司销售的"年检神器"数量之庞大,令人惊讶。仅其主要销售的 3 种产品已售出 30,353 件,销售金额为 300 余万元。这一数据不仅反映了其产品的热销程度,也为其市场地位提供了有力的证明。其三,从司法诉讼的角度出发,起诉的四大条件之一便是需要有一个"明确的被告"。在众多销售"年检神器"的网络电商中,速美公司在其店铺主页上公开展示了公司网址,这一行为为我们提供了便利,我们能够迅速而准确地锁定侵权主体,从而确保了起诉的针对性和有效性。综上所述,基于速美公司在市场中的显著位置、庞大的销售量以及其提供的便于识别的信息,我们决定将其作为本案的起诉对象。这一决策不仅符合法律程序的要求,也体现了我们对案件细节的精准把握和对市场动态的深刻理解。

这一思路背后的核心问题在于我国法律未直接将网络电商界定为侵权主体。正如被告辩称,《大气污染防治法》第 55 条第 2 款规定,"禁止机动车所有人以临时更换机动车污染控制装置等弄虚作假的方式通过机动车排放检验。禁止机动车维修单位提供该类维修服务。禁止破坏机动车车载排放诊断系统",其规定的责任主体并未包括作为销售者的速美公司。

作为律师,不仅要对自身所从事领域的部门法做到精通,还需要对整个法律体系有比较深刻、完整的理解。我们注意到，根据《侵权责任法》第 9 条之规定，"教唆、帮助他人实施侵权行为的，应当与行为人承担连带责任"。考虑到网络电商在电子商务平台网店的页面上进行过直白的宣传促销，且该促销中所使用的语言属于诱导潜在买家做出违法行为的性质，该行为符合教唆行为的一般特征。这样一来，就简化了原本非常复杂的诉讼架构，成为本案的一大创新性突破。

此外，针对连带责任的债务人之间以何种方式对外承担责任的问题，《民法通则》第 87 条明确指出，"债权人或债务人一方人数为二人以上的，依照法律的规定或当事人的约定，享有连带权利的每个债权人，都有权要求债务人履行义务；负有连带义务的每个债务人，都负有清偿全部债务的义务，履行了义务的人，有权要求其他负有连带义务的人偿付他应当承担的份额"。可见，以弄虚作假方式规避年检的具体行为人虽是机动车车主，但速美公司作为网络电商，基于其教唆行为，仍应对全部行为所造成的法律后果承担连带责任。

三、淘宝公司是否应当与速美公司承担连带责任

至于淘宝公司的责任，我们应该从电商平台应尽的法律义务角度作出判断。考虑到淘宝公司作为网络交易平台经营者并未建立有效的检查监控制度，未尽到确保网上交易合法的法定义务，怠于履行其职责，放任速美公司在淘宝网上长期公然叫卖非法产品，我们倾向于认为该公司正是以不作为的方式帮助速美公司实现其非法销售行为，作为侵权行为的帮助者，应当与速美公司承担连带赔偿责任。

淘宝公司辩称：淘宝网仅是提供信息发布平台的服务提供商，并不参与会员用户的交易行为，已尽到身份审查、事前提醒等审查义务。本案涉及的并非法定的明显违法信息，在原告起诉后，淘宝网及时采取删除措施，因而不存在原告主张的帮助侵权行为，无须承担相应的法律责任。这恰恰体现了对平台应当适用的"避风港原则"。法院最终裁定淘宝公司无须承担连带责任，但淘宝公司应加强检索、监管，有效履行网络运营服务商的法定职责，尽到应尽的社会责任。其理由如下：本案所涉 3 款产品虽然未经有权机关审批或备案，不符合相关产品标准要求，但从其设计原理及实际使用效果看，仍属于机动车尾气净化或治理类产品范畴，本身不当然属于法律、法规明令禁止生产、销售的产品。因速美公司不当的宣传、诱导,使得该 3 款产品可能被用于法律禁止的范围,速美公司发布的相关信息,并非法定的明显违法信息,也具有一定的隐蔽性。淘宝网作为提供信息发布的平台,其本身并不参与会员用户的交易行为,只尽到身份审查、事前提醒等审查义务,并在发现上述情形后及时采取删除措施。从本案已查明的情况来看,无法认定其帮助速美公司实施了侵权行为。

四、针对本案环境危害结果是否存在、环境污染程度以及修复费用如何计算

在处理此类产品的合规性问题时,通常的做法是将其交由专业的鉴定机构进行评估鉴定,以确保其作出的鉴定意见符合国家有关规定。鉴于此,法院依法委托两家相关鉴定机构,对案涉 3 款产品是否为符合国家相关标准的机动车尾气净化装置进行鉴定。但是,这两家鉴定机构均因为没有相关国家标准而无法完成鉴定,进而导致难以对每辆机动车每年因超标排放而对大气造成的污染损害的数量程度,以及对上述大气污染损害程度进行替代性修复的经济成本作出科学判定。

故被告辩称,从实体上看,原告以被告产品为非法产品提起本案诉讼,但根据鉴定机构发函内容,证明案涉的被告产品不属于非法产品。同时,根据《最高人民法院关于审理环境侵权责任纠纷案件适用法律若干问题的解释》(2015 年)第 6 条的规定,"被侵权人根据侵权责任法第六十五条请求赔偿的,应当提供证明以下事实的证据材料:(一)污染者排放了污染物;(二)被侵权人的损害;(三)污染者排放的污染物或其次生污染物与损害之间具有关联性"。原告至今没有提交被告存在大气污染的侵权事实,也没有产生任何的侵权后果以及侵权行为和后果之间存在因果关系,对此的举证责任在于原告。

面对这一困境,我们决定调整策略,引入专家辅助人,并将专家意见作为强有力的证据来支持我们的立场。专家意见因其固有的专业性和独立性(独立于原、被告双方)而显得尤为重要。根据《民事诉讼法》(2012 年)第 82 条的规定,当事人可以申请人民法院通知有专门知识的人出庭,就鉴定人作出的鉴定意见或者专业问题提出意见。这些具有专门知识的人,在性质上属于专家辅助人,可以作出专家意见。

根据《最高人民法院关于适用〈中华人民共和国民事诉讼法〉的解释》(2015 年)第 122 条第 2 款的规定,专家辅助人所陈述的意见可被视为当事人的陈述。

因此，引入专家意见成为本案的又一重要亮点。本案专家辅助人的专业意见旨在证实涉案产品的工作原理不明，且未能达到国家标准规定的尾气净化效果。根据专家的评估以及律师在法庭上与专家的深入交流，涉案产品缺乏合格证、检测证书、使用说明书以及批准生产的必要文件，这些都进一步证实了我方的观点。

法院最终认定，在本案中专家意见具有适用性，可以作为判决的依据之一。鉴于案涉产品造成不特定地区大气污染物的增加导致环境污染的事实客观存在，原告绿发会要求被告速美公司承担生态环境修复费用的诉请有法律依据。依据《最高人民法院关于审理环境民事公益诉讼案件适用法律若干问题的解释》(2015年)的规定，生态环境修复费用难以确定的，人民法院可以结合污染环境、破坏环境的范围和程度、生态环境的稀缺性、生态环境恢复的难易程度、防治污染设备的运行成本、被告因侵害行为所获得的利益及其过错程度等因素，并可以参考环境保护监督管理职责部门的意见、专家意见等，予以合理确定。结合本案实际，法院酌情确定速美公司赔偿生态环境修复费用人民币 3,500,000 元。

律师评析

一、典型意义

随着机动车数量的日渐增多，大气污染治理难度也逐步加大。机动车尾气年检作为控制污染的重要手段，其执行的有效性直接关系到环境质量的改善。本案作为社会组织首次针对网络平台运营者提起的涉大气污染环境民事公益诉讼，并且入选中国法学会案例法学研究会、最高人民法院司法案例研究院等单位联合评选的 2019 年度中国十大影响性诉讼，具有双重典型意义。

一方面，本案以网络电商销售"年检神器"引发的大气环境污染为切入点，深刻揭示了速美公司销售"年检神器"这一类违法产品的广泛性和严重性。这种通过弄虚作假的方式规避机动车尾气年检，教唆或协助部分机动车主实施侵权的行为，不仅破坏了机动车尾气年检制度的公正性，更在无形中助长了大气污染的蔓延。随着这类违法产品的"热销"，其对大气治理和汽车尾气年检制度产生的负面影响也日益凸显。这种行为导致不特定地区大气污染物排放的增加，进而导致环境污染,应该承担环境侵权责任。因此,一审法院判决速美公司承担环境侵权责任,要求其道歉并赔偿大气污染环境修复费用,款项专用于大气治理。这不仅是对侵权人违法行为的有力惩戒,更是对网络时代大气污染责任界定的一次重要探索,也为环境公益诉讼类型的拓展提供了新的视角和实践路径。

另一方面,本案首次将网络平台运营者纳入环境公益诉讼被告。二审法院虽然依据"避风港原则",判定网络平台服务商无须承担连带责任,但也明确指出淘宝公司作为信息平台服务提供商,应加强网络平台信息管理,建立行之有效的检索及监管制度。本案主张网络交易平台应与直接销售者承担环境侵权连带责任,此举将提醒网络交易平台加大对网络电商不法产品的监控力度,督促网络平台在销售可能用于违法目的之产品方面树立应有的责任意识,进而为促进电商行业的良性发展发挥积极影响,也为构建和谐的生态环境注入新的活力。

本案的审理不仅在合理确定生态环境修复费用方面为同类案件提供了宝贵的经验,更在强化网络时代销售企业和网络平台的环境保护责任意识方面发挥了重要作用。通过对本案的审理,我们看到了法律在保护环境、促进可持续发展方面的坚定立场,也看到了社会各界在共同维护蓝天碧水、青山绿水中所展现出的决心和力量。

二、法律评析

我国《互联网信息服务管理办法》(2011年)第13条规定,"互联网信息服务提供者应当向上网用户提供良好的服务,并保证所提供的信息内容合法";《网络交易管理办法》(2014年)第26条规定,"第三方交易平台经营者应当对通过平台销售商品或者提供服务的经营者及其发布的商品和服务信息建立检查监控制度,发现有违反工商行政管理法律、法规、规章的行为的,应当向平台经营者所在地工商行政管理部门报告,并及时采取措施制止,必要时可以停止对其提供第三方交易平台服务";《网络交易平台经营者履行社会责任指引》第17条规定,"网络交易平台经营者应建立信息检查和不良信息处理制度,对于发现有违反法律法规和规章的行为,应向有关部门报告,并及时采取措施制止,必要时可以停止对其提供网络交易平台服务。同时,网络交易平台经营者还应积极配合监管部门依法查处相关违法违规行为"。通过以上法规、规章可见,网络交易平台经营者应当建立有效的检查监控制度,负有确保网上交易合法的法定义务。

在本案中,无论是一审还是二审,法院均未认定淘宝公司作为电商平台应承担责任。关于电商平台与商家在何种情形下应共同承担连带责任的问题,在学术界和司法实务界尚需进一步探讨。

在当前的司法实践中,电商平台往往难以被判定承担侵权责任。究其原因,电商平台之所以能够免于侵权责任,其核心策略在于它们有效地援引了"避风港原则"。该原则为电商平台提供了一道法律上的保护屏障,有关法律明确规定,只要电商平台在接到侵权通知后,能够迅速响应并采取有效措施,比如移除侵权商品或对违规店铺进行处理,便可以免除侵权责任。目前,电商平台通过运用"避风港原则"来规避责任已成为一种常态。即便是知识产权侵权问题频发的平台,也能够在不断变化的诉讼环境中,持续利用"避风港原则"来减轻或避免责任。这一现象不仅在法律界引起了关注,也在产业界引发了广泛讨论和反思。它不仅揭示了电商平台在知识产权保护方面的典型策略,也反映出现行法律框架下对电商平台责任界定的一些顾虑和争议。

然而,这种安排可能会引发电商平台权利与义务之间的不平衡,削弱其自我监管的积极性,并将侵权处理的成本转嫁给社会,从而导致社会整体利益受损。具体而言,电商平台可能会因为过度依赖"避风港原则"而减少对商家的监管力度,从而降低了对侵权行为的预防和打击效率,形成一种仅从中获益而不承担相应责任的局面。此外,如果侵权成本由社会承担,不仅会侵害消费者的权益,还可能扰乱市场秩序和创新环境,最终影响社会的整体福祉。

因此,随着我国电子商务的快速发展,如何平衡平台的责任与权利,确保对新事物、新经济的有效保护,维护公平竞争的市场环境,成为亟待解决的问题。我们需要对电商平台的责任边界进行更为精细的界定,以促进公平竞争和保护消费者权益,同时鼓励平台加强内部管理,提升侵权预防和处理的能力。这样的制度安排不仅有助于维护市场秩序,还能激发创新活力,最终促进社会整体效益的提升。

如何优化电商平台的责任界限,这是一个值得深思的问题。在此,笔者提出

以下两点思考,与各界同人交流、探讨:

1. 规范"避风港原则"的适用情形。

在何种情形下,平台被认为是尽到了身份审查和事前提醒的义务。具体而言,对于"明显"的违法信息,其显著性要达到何种程度,平台未处理,才需要承担责任?有学者建议完善我国"红旗标准",即基于"一般理性人标准",若平台能够足以发现侵权行为而未采取措施的,应当认定为"知道或者应当知道"侵权行为的存在;对于重复侵权的商家,若未尽特别注意义务的,也应当认定为"知道或者应当知道"侵权行为的存在。

2. 限制"避风港原则"适用中对侵权责任的豁免尺度。

"避风港原则"起源于美国的《数字千年版权法》。"避风港原则"在美国诞生后,很快被包括欧盟、中国等国家在内的世界各国广泛借鉴,该原则为保护产业界不断涌现的新商业模式起到了非常重要的作用。但是,该原则最具适用性的领域在于知识产权领域。对于电子商务领域,尤其是当交易平台经营者的检查监控义务与"避风港原则"产生冲突的时候,其间的尺度在司法实践中应当如何界定,对于平台的侵权责任是否应当一概予以豁免?这些问题都留待我们法律人在日后的司法实践中持续探索。

这些思考旨在为电商平台责任界限的优化提供方向,以确保在保护创新和维护市场秩序的同时,也能促进电商平台的健康发展。通过明确和细化相关规则,我们希望可以在保护权利人利益和促进公平竞争之间找到平衡点,从而推动我国电子商务领域的持续繁荣。

◆ 律师介绍

赵京慰,北京盈科(嘉兴)律师事务所律师。北京大学法律硕士,美国佛蒙特法学院访问学者,哥伦比亚大学访问学者,美国公益法研究所(PILnet)研究员。现任北京盈科(嘉兴)律师事务所派驻主任、中国环境科学学会高级会员。业务领域:涉外法律服务、环境与资源、商事争议解决。所获荣誉:"推动中国法治进程十大行政诉讼典型案例"。

土壤污染责任认定及损害赔偿
司法鉴定的困境与对策

——某公益协会诉某化学公司等环境污染民事公益诉讼案

摘要

土壤污染事件中直接或者间接导致土壤污染的单位和个人,如果存在股权转让或者多个主体在同一地块上生产的情况,就会产生土壤污染责任人难以认定的问题。我国《土壤污染防治法》和《建设用地土壤污染责任人认定暂行办法》,对于土壤污染责任人的认定主体及程序等均作了相应的规定,但是实践中还是存在土壤污染责任的认定及土地损害的结果难以评估的情况。本文旨在以一起土壤污染环境公益诉讼,探讨污染责任人认定及损害后果评估的困境,并提出了建议和对策。

案情简介

案涉地块位于江苏省常州市金坛区,1976年前,该地块属于农田及绿地。20世纪80年代末90年代初,某试剂厂在该地块建成投产,运营至1997年。1997年7月9日,被告1常州某化学公司成立,该公司开始在案涉地块从事光引发剂、紫外线吸收剂以及二苯甲酮的生产。2009年,该公司分厂停产搬离案涉土地。2012年9月10日,常州某化学公司以案涉地块的土地使用权及相关厂房作价入股到被告2常州某科技公司,该公司取得案涉地块的使用权。据有关人员反映,该公司在2013年年初试生产1个月后因技术不达标暂停生产。2014年,天津某公司收购了常州某化学公司。

2020年,因案涉地块的污染对人体健康风险已超出可接受水平,经过两次场地污染调查和风险评估,常州某化学公司被判断存在不同程度的污染,需要对地块污染土壤和地下水进行风险管控和修复。但是由于历史变迁和股权转让等因素,现土地权证持有单位和原实际使用单位存在差异。为确认环境污染责任主体以及损害赔偿的范围,常州某公益协会遂委托律师向江苏省南京市中级人民法院提起诉讼,请求:(1)判令常州某化学公司、常州某科技公司(以下简称二被告)清除被污染土地上的超标污染、周边土壤地表、河流及地下水被污染风险,使土地恢复到被污染前的土地功能或承担上述生态环境费用;(2)判令二被告赔偿被污染土地生态环境受到损害至恢复原状期间服务功能的损失;(3)判令二被告公开道歉;(4)判令二被告承担检验、鉴定费用、律师费等合理费用;(5)本案诉讼费由二被告承担。

被告常州某化学公司关于侵权主体辩称:常州某化学公司系正常生产经营,并未实施任何污染土地的行为,该地块的污染损害结果与常州某化学公司之间没有因果关系,且该地块有其他多个生产主体,其化学因子类似,要求追加其他生产主体为共同被告并共同承担责任。案涉地块是多因一果的历史原因叠加而成,在土壤污染责任主体无法明确的情况下,应该由被告2常州某科技公司作为土地使用权人承担该地块的土壤污染风险管控和修复的法律责任。

被告常州某科技公司辩称:其从未实施污染土壤的行为,也不是土壤修复的责任主体。因为案涉地块污染行为发生在2009年前,而被告2取得土地使用权的时间是2012年。

▶ 办理结果

一审、二审法院均对土壤污染责任人和损害赔偿请求的诉求作出了分析和认定。具体分述如下:

1. 关于土壤污染责任人认定。

一审法院援引《侵权责任法》第66条:因污染环境发生纠纷,污染者应当就法律规定的不承担责任或者减轻责任的情形及其行为与损害结果之间不存在因果关系承担举证责任。本案中,常州某化学公司主张案涉土地存在其他生产经营企业,并提供了相应证据,但是该主张不能证明其生产经营行为与案涉土地污染之间不存在因果关系。同时,在原告常州某公益协会举证证明被告常州某化学公司生产经营行为与案涉土地污染存在关联,而被告常州某化学公司就其不承担或减轻责任以及行为与损害结果之间不存在因果关系未能举证证明的情况下,被告常州某化学公司应当承担环境侵权责任。若其认为还存在其他污染主体,可在承担责任后另行追偿。

而对于被告 2 常州某科技公司,其在 2013 年年初试生产 1 个月后,因技术不达标暂停生产,且原告不能证明该公司存在污染行为,也未能证明该公司的生产行为与案涉土地污染之间存在关联关系。同时,根据《土壤污染防治法》(2019 年)第 45 条第 1 款规定,"土壤污染责任人负有实施土壤污染风险管控和修复的义务。土壤污染责任无法认定的,土地使用权人应当实施土壤污染风险管控和修复"。因此,原告某公益协会要求被告 2 常州某科技公司承担责任的前提是土壤污染责任人无法认定,而本案根据案情可以认定土壤污染责任人,故原告要求常州某科技公司承担责任的主张不予支持。但是非常遗憾的是,二审法院对于该地块曾经存在其他生产主体的情况予以认可,并认为本案土壤污染责任人仍然存在争议,要求被告通过责任人认定程序解决。

2. 关于赔偿损失的诉求。

首先,一审法院根据《最高人民法院关于审理环境侵权责任纠纷案件适用法律若干问题的解释》(2015 年)第 13 条规定:"人民法院应当根据被侵权人的诉讼请求以及具体案情,合理判定污染者承担停止侵害、排除妨碍、消除危险、恢复原状、赔礼道歉、赔偿损失等民事责任。"本案因某公益协会未证明在被污染前的状态,未证明污染风险所应达到的修复标准,也未明确土地服务功能损失的大小,因此对于损害赔偿的请求不予支持。

对于一审、二审程序中,原告提出的损失评估鉴定申请,一审、二审法院均未予以支持。

办案策略

1. 首先明确土壤污染责任人，确定诉讼主体。由于本案地块的历史原因，把在该地块的主要生产经营主体及土地使用权人均作为被告提起诉讼。

2. 委托第三方机构出具相关报告并进行溯源分析。详细分析相关生产经营主体的建设项目环境影响评价报告以及该地块土壤和地下水环境的详细调查报告，委托第三方机构对该地块污染来源进行分析并出具报告。

3. 设计诉讼请求。为避免因侵权主体产生诉累，在提起诉讼时要求实际生产主体以及土地使用权人共同承担侵权责任。

4. 请求法院进行司法鉴定对损失进行评估。因原告是环境公益主体，无资金承担巨额的损失评估费，故原告在提起诉讼的同时，请求法院委托第三方机构进行评估损失。

律师评析

一、典型意义

本案的核心问题主要有两个方面，一是对于土壤污染责任人的认定问题；二是对于土壤污染损害赔偿评估确认问题。

首先，关于土壤污染责任人的认定问题。《土壤污染防治法》（2019年）建立了我国土壤污染责任人制度，该法规定"谁污染，谁治理"，若污染主体无法认定，则由土地使用权人承担责任。2021年1月，生态环境部印发了《建设用地土壤污染责任人认定暂行办法》和《农用地土壤污染责任人认定暂行办法》，针对农用地确立了以政府责任为主的制度设计，对建设用地确立了按照土壤污染责任人、土地使用权人和政府承担的顺序承担防治责任的制度框架。

其次，关于土壤污染损害赔偿评估确认问题。本案案情并不复杂，但仅一审审理，就足足耗费了3年。究其原因，是这起环境民事公益诉讼的原告并无能力垫付鉴定费用，不得已采取申请法院鉴定策略。损害评估是当前制约环境民事公益诉讼的一个重要难题，也是理论界与实务界始终在研究的课题。

无论是土壤污染责任人认定,还是损害后果的评估,都可从这起案件中看到,法官在审理环境侵权类案件时,对鉴定意见等第三方技术型证据产生过度依赖,从而忽略了借助证明责任等理论来完成对法律事实的查明认定。而在这个过程中,因果关系要件的举证责任倒置规则形同虚设,无形之中又加重了被侵权人的举证责任。

唯"专业意见"是从,却又以"鉴定难、鉴定贵"不予鉴定,本案就某公益协会因未就损失进行自行鉴定并因举证问题未得到法院支持的问题,为我国环境保护法治建设提供了宝贵的价值。

二、法律评析

(一)被污染土地的污染来源排他性分析、因果关系分析

排他性分析:根据前期资料搜集及现场踏勘了解到,地块历史上其他企业及周边企业的生产所涉特征因子与本地块检出、超标因子不具备一致性。

因果关系分析:根据对污染同源性、迁移性、排他性等方面分析,了解到:(1)地块内的特征污染指标与原常州华钛化学股份有限公司生产一致具有同源性;(2)根据地块内水文地质情况、地面防渗情况,地块内污染具有向下及向外迁移可能性,另外污染分布特征也显示迁移特征及污染来源情况一致;(3)地块历史上其他企业及周边企业的生产所涉特征因子与本地块检出、超标因子不具备一致性,满足排他性要求。

分析结论:(1)地块内部分土壤及地下水点位相关指标检出浓度人体健康风险不可接受,需进行环境风险管控或治理修复。(2)地块内土壤及地下水中污染来源于原常州某化学公司。根据《环境保护法》第64条规定,因污染环境和破坏生态造成损害的,应当依照《侵权责任法》的有关规定承担侵权责任。《侵权责任法》第6条规定,"行为人因过错侵害他人民事权益,应当承担侵权责任";第15条规定,"承担侵权责任的主要方式有:(一)停止侵害;(二)排除妨碍;(三)消除危险;(四)返还财产;(五)恢复原状;(六)赔偿损失;(七)赔礼道歉;(八)消除影响、恢复名誉";第65条规定,"因污染环境造成损害的,污染者应当承担侵权责任"。《最高人民法院关于审理环境侵权责任纠纷案件适用法律若干问题的解释》

(2015年)第6条规定:"被侵权人根据《侵权责任法》第六十五条规定请求赔偿的,应当提供证明以下事实的证据材料:(一)污染者排放了污染物;(二)被侵权人的损害;(三)污染者排放的污染物或者其次生污染物与损害之间具有关联性。"《最高人民法院关于审理环境民事公益诉讼案件适用法律若干问题的解释》(2015年)第18条规定:"对污染环境、破坏生态,已经损害社会公共利益或者具有损害社会公共利益重大风险的行为,原告可以要求被告承担停止损害、排除妨碍、消除危险、恢复原状、赔偿损失、赔礼道歉等民事责任。"

(二)关于诉讼主体的法律责任及法律依据

根据现有证据能够证明某化学公司自1997年成立至2009年停产期间在被污染土地上从事经营生产活动,并产生了污染物,经营生产中产生的污染物与被污染地块中检出的特征污染指标一致具有同源性;地块历史上其他企业及周边企业的生产所涉特征因子与本地块检出、超标因子不具备一致性,满足排他性要求。被污染地块内土壤及地下水中污染来源于该公司,即该公司产生的污染物已经对环境造成了损害,且污染物或者其次生污染物与损害之间具有关联性。

故该公司作为污染者,应按照《环境保护法》第64条,《侵权责任法》第6条、第15条、第65条,《最高人民法院关于审理环境侵权责任纠纷案件适用法律若干问题的解释》(2015年)第6条,《最高人民法院关于审理环境民事公益诉讼案件适用法律若干问题的解释》(2015年)第18条等相关法律规定承担相应的法律责任。

根据《江苏省高级人民法院关于生态环境损害赔偿诉讼案件的审理指南(一)》(2018年)第23条规定,生态环境损害赔偿诉讼中,被告应当就行为没有违反法律法规、行为与损害之间不存在因果关系以及法律规定的不承担责任或减轻责任的情形承担举证责任。《最高人民法院关于审理环境民事公益诉讼案件适用法律若干问题的解释》(2015年)第13条规定,原告请求被告提供其排放的主要污染物名称、排放方式、排放浓度和总量、超标排放情况以及防治污染设施的建设和运行情况等环境信息,法律、法规、规章规定被告应当持有或者有证据证明被告持有而拒不提供,如果原告主张相关事实不利于被告的,人民法院可以推定该主张成立。《侵权责任法》第 66 条规定,因污染环境发生纠纷,污染者应当就法律规定的不承担责任或者减轻责任的情形及其行为与损害之间不存在因果关系承担举证责任;第 67 条规定,两个以上污染者污染环境,污染者承担责任的大小,根据污染物的种类、排放量等因素确定。

若常州某科技公司不能举证证明其生产经营与污染物之间的因果关系,根据《最高人民法院关于审理环境侵权责任纠纷案件适用法律若干问题的解释》(2015 年)第 2 条之规定:"两个以上污染者共同实施污染行为造成损害,被侵权人根据侵权责任法第八条规定请求污染者承担连带责任的,人民法院应予支持",被告 2 应与被告 1 承担连带责任。

退一步讲,如果常州某科技公司能够举证证明其生产经营与污染物之间的因果关系,则根据《侵权责任法》第 67 条"两个以上污染者污染环境,污染者承担责任的大小,根据污染物的种类、排放量等因素确定"的规定,应由法庭查明事实后,根据具体情况分担被告 2 与被告 1 承担责任的比例。

如果在本案中无法认定土壤污染责任人,根据《土壤污染防治法》(2019 年)第 45 条之规定,"土壤污染责任人负有实施土壤污染风险管控和修复的义务。土壤污染责任人无法认定的,土地使用权人应当实施土壤污染风险管控和修复",最终也应由被污染地块的现土地所有权人即被告 2 常州某科技公司承担相应的法律责任。

(三)关于土壤污染责任人的认定问题

《最高人民法院关于民事诉讼证据的若干规定》(2008 年)第 4 条第 3 款规定,"因环境污染引起的损害赔偿诉讼,由加害人就法律规定的免责事由及其行为与损害结果之间不存在因果关系承担举证责任",有关因果关系的举证责任倒置规则就在环境侵权案件中得以确立。然而,从司法实践来看,多数法院对于举证责任倒置规则始终采用一种消极抵抗的态度。2007 年至 2009 年,曾有学者以 954 份环境侵权案件判决书为样本,对中国环境司法现状进行调查,发现其中"运用举证责任倒置的仅为 49.6%;更令人不解的是,一些文书一边适用举证责任倒置规则,一边仍然坚持运用鉴定结论认定因果关系"。而到了 2024 年的今天,这样的情况仍未得到根本性改变。

以本案为例,一审与二审法院在适用法律依据时,均指出在环境侵权案件中,被侵权人应就污染行为、损害结果承担举证责任,并提交污染行为和损害之间具有关联性的初步证据,侵权人应就其存在法定的减责或免责情形、行为与损害之间不存在因果关系承担举证责任。并认定,常州某公益协会已完成常州某化学公司生产经营行为与案涉土地污染存在关联的初步证明责任,常州某化学公司未能就其不承担或减轻责任、行为与损害之间不存在因果关系进行举证证明。

然而,在最终作出判决时,一审、二审法院却得出了南辕北辙的结论。一审法院根据上述认定,认为常州某化学公司应当承担举证不能的法律后果,对案涉土地承担侵权环境责任。若其认为还存在其他污染主体,可在承担责任后另行追偿。二审法院却根据《土壤污染防治法》(2019年)第48条"土壤污染责任人不明确或者存在争议的,建设用地由地方人民政府生态环境主管部门会同自然资源主管部门认定",以及《建设用地土壤污染责任人认定暂行办法》(2021年)第2条第3款"本办法所称土壤污染责任人不明确或者存在争议,包括以下情形:(一)建设用地上曾存在多个从事生产经营活动的单位和个人的;(二)建设用地土壤污染存在多种来源的;(三)法律法规规章规定的其他情形"的规定,认为因本案案涉土地曾承载不止一家生产企业,案外人提供的情况报告亦载明该土地存在历史遗留的填埋倾倒堆放危险废物的情形,且常州某公益协会提供的分析报告虽然对因果关系作出了"排他性分析",但也在"不确定性分析"中指出:"企业生产时间久远,时间过去较久,可能会受到人为或者自然变迁的影响;土壤点位取样数量的受限,地块内不同区域土壤理化性质的差异性,都将影响前期搜集到的数据。"也就是说,案涉被污染土地的土壤污染责任人仍然存在争议。在此情况下,应由相关主管部门根据前述法律、法规的规定,通过开展土壤污染责任人认定,进一步明确土壤污染责任人。

2019年1月1日实施的《土壤污染防治法》,建立了我国土壤污染责任人制度。该法规定一切单位和个人都有防治土壤污染的义务,应当对可能污染土壤的行为采取有效的预防措施防止或者减少对土壤的污染,并对所造成的土壤污染依法承担责任。该法特别规定了土地使用权人有保护土地土壤的义务,应当对可能污染土壤的行为采取有效的预防措施,防止或者减少对土壤的污染。2021年1月,生态环境部印发了《建设用地土壤污染责任人认定暂行办法》(2021年)和《农用地土壤污染责任人认定暂行办法》(2021年),针对农用地确立了以政府责任为主的制度设计,对建设用地确立了按照土壤污染责任人、土地使用权人和政府承担的顺序承担防治责任的制度框架。

对照上述法律规定,分析本案二审法院的法律适用,笔者认为,二审法院疑混淆了民事纠纷证明责任与行政职责的概念。《建设用地土壤污染责任人认定暂行办法》(2021年)第2条已明确规定,"本办法适用于生态环境主管部门会同自然资源主管部门依法行使监督管理职责中建设用地土壤污染责任人不明确或者存在争议时的土壤污染责任人认定活动。涉及建设用地土壤污染责任的单位和个人之间,因建设用地土壤污染民事纠纷引发的土壤污染责任人认定活动,不适用本办法"。因此,二审法院引导被告通过土壤污染责任人认定行政程序来进一步确认是否存在其他污染主体,不仅属于法律适用错误,而且增加了诉累。而跳出法律适用来看,二审法院在全案审理过程中,俨然呈现出一种极为扭曲的态度,其试图在侵权人已无法完成举证责任的情况下,继续以"土壤污染责任人认定""鉴定意见"等第三方判断为判决寻找更为权威、科学的依据。但结果却是直接将因果关系举证责任倒置规则虚置。

这里必须明确的是,举证责任倒置规则的本质是将本应由一方承担的客观证明责任交至另一方。而所谓客观证明责任,即具有实质意义的证明责任,它是指在案件审理进入最后阶段,在待证事实仍然真伪不明的情况下,由某一方当事人承担不利后果的责任。

《最高人民法院关于生态环境侵权民事诉讼证据的若干规定》(2023年)第3条规定:"生态环境保护民事公益诉讼案件的原告应当就以下事实承担举证责任:(一)被告实施了污染环境或者破坏生态的行为,且该行为违反国家规定;(二)生态环境受到损害或者有遭受损害的重大风险";第5条第1款规定:"原告起诉请求被告承担环境污染、生态破坏责任的,应当提供被告行为与损害之间具有关联性的证据。"在环境侵权案件中,因果关系要件的客观证明责任已全部转移至侵权人,被侵权人就"关联性"的初步证明,仅仅是受理条件之一,或者说是主观证明责任。

因此,在案件确实符合法定受理条件而不能驳回起诉的情况下,如果法院仍认为责任人不够明确,其应依职权启动鉴定,对待证事实做进一步调查,或者判断无须启动鉴定,根据客观证明责任规范,判决由侵权人承担不利后果。无论何种情况,都不应出现驳回诉讼请求由被侵权人确定责任人后再另行起诉的结果。

正如原最高人民法院审判委员会委员、环境资源审判庭庭长王旭光在《论当前环境资源审判工作的若干基本关系》一文中所指出的那样,司法判断是法官根据自身职责,基于法律思维对法律问题的判断,不能交由法官以外的任何人去从事,技术鉴定也只能是法官认定事实的辅助手段,"对于是否委托鉴定、鉴定意见能否采信等问题,都需要基于法律规则和法律程序,综合其他证据审查判断。法官要避免事实认定的司法权旁落,不能唯鉴定意见是从,不能为技术事实所迷惑,更不应存在以委托鉴定的形式推脱风险与责任的心理"。

(四)环境民事公益诉讼案件损害赔偿的司法鉴定困境

在环境民事公益诉讼案件中,污染物的性质、污染行为与后果之间的因果关系、环境在被污染前的状态、修复污染风险所应达到的修复标准、环境功能损失大小、环境修复方案及赔偿方案等都是法庭需要确认的问题。鉴于当事人和法官往往并不具有相应专业知识,长期以来我国都在推行和规范环境损害司法鉴定。

2019年1月,最高人民检察院与生态环境部等九部委联合印发《关于在检察公益诉讼中加强协作配合依法打好污染防治攻坚战的意见》,提出检察机关提起公益诉讼时,可先不预交鉴定费,待法院判决后由败诉方承担。同年8月,司法部联合最高人民检察院建立不预先收费鉴定制度,遴选推荐了58家在生态环境保护检察公益诉讼中不预先收费的环境损害司法鉴定机构,年均减免相关鉴定费用150余万元。截至2023年,司法部已将不预先收费鉴定机构增加至141家,并于2024年1月将机构名单编制成册发布。

但应当注意的是,上述举措主要针对检察机关展开,"鉴定贵"的问题仍普遍存在于由社会公益组织提起的环境民事公益诉讼中。对此,已有学者提出异议,其认为司法部遴选的不预先收费鉴定机构应向社会公益组织同步开放。

(五)关于环境损害司法鉴定困境的建议

我国《环境保护法》和《土壤污染防治法》规定"谁污染、谁治理;谁破坏,谁恢复"原则,同时又规定环境保护坚持保护优先、预防为主、综合治理、公众参与、损害担责的原则。损害担责原则是指只要有污染环境和破坏生态的行为即为损害,行为人就要承担责任。同时,《土壤污染防治行动计划》指出,强化土壤污染管控和修复,有效防范风险,让老百姓吃得放心,住得安心。笔者建议从以下几个方面完善我国土壤责任人认定及损害评估。

第一,逐步建立分阶审判制度。环境民事公益诉讼不同于一般的侵权诉讼,在损害数额的定量问题上有着极高的证明要求。笔者认为,鉴于环境民事公益诉讼的此种特征,可尝试在其审判程序中建立分阶审判制度。

第一阶段定性,即初步确认本案的责任主体。比如诉讼中,侵权行为即损害结果均可确认,且被侵权人已提供二者具有关联性的初步证据,在侵权人已穷尽手段仍无法举证证明因果关系不存在的情况下,法院可先作出中间判决,确认侵权人为本案的责任主体,依法应由其承担环境污染、生态破坏责任。

第二阶段定量,即就侵权人应承担的损害赔偿数额等作进一步审理认定。在确有必要启动司法鉴定程序的情况下,法院可依据职权启动鉴定,或者由被侵权人、侵权人申请启动,后者的鉴定费应由侵权人承担。这一做法的依据在于,法院判令被侵权人承担的环境污染、生态破坏责任中已包括赔偿被侵权人为诉讼所支出的合理费用。

上述制度遵循了正向审理思维,引导法官充分运用诉讼技术规则,同时也更具有效率,缓解了被侵权人前期本不应承担的鉴定成本压力。

第二,建立健全环境公益诉讼专项基金制度。当前,我国部分地区已尝试设立环境公益诉讼专项基金。譬如2011年9月,海南省高级人民法院与河南省财政厅联合印发了《海南省省级环境公益诉讼资金管理暂行办法》,对国家机关、其他法人组织及公民提起环境公益诉讼涉及的诉讼费用设立专项资金进行补助,其中就包含了司法鉴定费用。2018年12月,江苏省昆山市人民检察院牵头推动设立江苏首个"维权资金"专项账户,专门用于保障公益诉讼案件的及时办理,以及检测鉴定、聘请专家或第三方专业机构等前置程序。该账户开户500万元,当余额少于100万元时,将由昆山市财政局根据申请补足资金缺口。但上述制度均仍停留在探索阶段。

笔者认为,基金制度的运转,需要稳定而持续的资金保障,从这一层面来说,应尽可能建立多元化的筹资渠道,其主要包括:(1)政府财政拨款。这也是目前实践中最普遍的诉讼基金来源途径。(2)社会捐赠。鉴于公益基金往往来源于社会个人或企业的捐赠,诉讼专项基金同样可以考虑通过此种方式进行筹资。(3)无特定受益人的环境民事公益诉讼赔偿金。其法律依据是《最高人民法院关于审理环境民事公益诉讼案件适用法律若干问题的解释》(2020年)第24条规定,即"人民法院判决被告承担的生态环境修复费用、生态环境受到损害至修复完成期间服务功能丧失导致的损失、生态环境功能永久性损害造成的损失等款项,应当用于修复被损害的生态环境。其他环境民事公益诉讼中败诉原告所需承担的调查取证、专家咨询、检验、鉴定等必要费用,可以酌情从上述款项中支付"。(4)环境保护税的部分提取。这一做法主要借鉴了美国的危险物质超级基金,其资金来源主要包括对石油和化工原料征收原料税、对年收入200万美元的公司征收环境税等。

第三,建立健全环境公益诉讼司法鉴定法律援助。2021年发布的《法律援助法》第53条第2款规定:"公证机构、司法鉴定机构应当对受援人减收或者免收公证费、鉴定费。"尽管我国法律援助案件范围并不包括环境公益诉讼,但在实践中也有部分地区对此进行了探索。譬如2016年《广东省法律援助条例》第12条第2款曾规定:"社会组织依法对污染环境、破坏生态等损害社会公共利益的行为向人民法院提起民事公益诉讼的,法律援助机构根据其申请可以提供法律援助。"然而,在2024年新修订的《广东省法律援助条例》中已无该条规定。

笔者认为,根据2018年《司法部关于全面推动长江经济带司法鉴定协同发展的实施意见》第2条第7款"……将司法鉴定援助纳入法律援助统一管理,由法律援助机构统一受理、统一审查、统一指派、统一监督、统一支付办案补贴。加快制定环境损害司法鉴定收费标准,加强对环境公益诉讼中环境损害司法鉴定援助力度,切实缓解环境损害鉴定费用过高的问题……"的核心思想,将社会公益组织提起的环境民事公益诉讼案件纳入法律援助范围确有必要,也是能有效缓解环境损害司法鉴定困境的举措之一。

第四,切实发挥专家、其他技术鉴定机构等主体的优势作用。司法部公布的消息显示,截至2023年年底,全国经司法行政机关登记的环境损害司法鉴定机构共有287家,鉴定人5098名。从其数量来看,仍无法满足环境司法的现实需求。基于案件审理的需要,法院及当事人应充分发挥由行政机关主管或社会力量设立的其他鉴定机构优势,并通过建立专家库、聘请专家作为人民陪审员、特邀调解员等形式,拓宽法院技术信息的来源途径。

第五,引入技术调查官制度。传统的技术鉴定、技术咨询、专家陪审"三位一体"的技术事实审查方式,在实操中有显著的缺陷,容易造成法官在技术事实查明过程中处于被动地位。鉴于此,2019年,最高人民法院颁布《最高人民法院关于技术调查官参与知识产权案件诉讼活动的若干规定》,规定法院在审理专利、植物新品种、集成电路布图设计、技术秘密、计算机软件、垄断等专业技术性较强的知识产权案件时,可以指派技术调查官参与诉讼活动,作为审判辅助人员。

截至目前,对于技术调查官制度的讨论主要集中于知识产权领域,但也有部分地区已开始尝试在环境民事公益诉讼中引进技术调查官制度。譬如自2020年6月开始,福建省漳州市中级人民法院开始试点实行生态环境技术调查官制度,2023年2月,福建省高级人民法院制定下发《关于推广生态环境审判技术调查官制度助力打造美丽中国示范省的意见》。截至目前,该地已有多起技术调查官参审生态环境案件的事例。从试行结果上来看,此制度完全可以大力推广。

第六,加强法官办案专业性,引导规范法官的办案逻辑。对于环境民事公益诉讼而言,鉴定意见或许是关键,但绝非必需。最高人民法院等有关部门,应尽快采取发布文件、组织培训活动等方式,督促法官增强对环境案件的专业了解,打破法官因知识壁垒产生的对鉴定意见的依赖心态,并引导其学会运用诉讼技术规则,以弥补鉴定手段的不足。

◆ 律师介绍

郝秀凤,女,一级律师,法律硕士,中国民主促进会江苏省委员会下设法律与中介专门委员会委员;北京市盈科(常州)律师事务所名誉主任、第一、第二届盈科常州管委会主任。

环境资源领域主要任职:盈科全国第五届环境资源与能源法律专业委员会主任;江苏省法学会环境资源法学研究会理事;江苏省律师协会第十届环境与自然资源保护业务委员会副主任;常州市第十六届、十七届人大常委会环资城建工委委员。

环境资源领域主要业务:曾担任江苏常隆化工有限公司和维尔利环保科技集团股份有限公司等法律顾问,参与处理顾问单位所涉的环境污染公益诉讼、生态环境保护和环境治理及合规、环境行政处罚合法性审查及行政诉讼等业务,并作为人大代表参与地方生态环境立法和执法等工作。先后在《中国法学会》《才智》等刊物上发表论文三十余篇,其中一篇被《中国人民大学报刊复印资料》全文转载。

主要荣誉:全国优秀律师、江苏省优秀律师、江苏省维护妇女儿童权益优秀公益律师、江苏省律师行业高质量发展引领奖、常州市第二届十大优秀青年法学人才、常州市教育局三等功、常州市优秀人大代表、最美常州人——法律服务人。

矿山企业应承担生态修复义务

——福建省绿家园环境友好中心诉漳州某建材公司生态破坏环境民事公益诉讼案

摘要 漳州某建材公司多次超越采矿许可证批准的范围开采矿产,破坏生态环境。律师代理环保组织福建省绿家园环境友好中心(以下简称福建绿家园)起诉该建材公司生态破坏环境民事公益诉讼,法院判决该建材公司赔礼道歉、履行环境治理修复义务、赔偿生态服务功能损失、支付环保组织为案件支出的合理费用等。该案例入选2022年福建法院生态环境审判典型案例。

案情简介

福建省漳州某建材公司成立于2011年7月13日,注册资本为1000万元,经营范围为建筑花岗石露天开采、石材加工、销售。2011年9月5日,福建省漳州市诏安县桥东镇含英村村民委员会与漳州某建材公司签订承包合同,约定将火卷坑内约50亩石区承包给漳州某建材公司开采石矿,承包期30年,承包金额为每年30,000元。2014年1月29日,漳州某建材公司与原诏安县国土资源局签订《诏安县桥东镇含英村旗官山建筑用花岗岩矿采矿权出让合同》,该合同约定:将位于诏安县桥东镇含英村境内面积为0.1189亩的矿区以1,170,000元的价格出让给漳州某建材公司,出让的矿种为建筑用花岗岩矿,采矿权四至范围及界址点坐标见附件,采矿能力为10万立方米/年。采矿权的出让期限为10年,自出让方向受让方颁发采矿许可证之日起算至采矿许可证有效期到期为止。漳州某建材公司于同年5月22日核实矿区的坐标范围。

2014年6月3日,原诏安县国土资源局向漳州某建材公司颁发采矿许可证,有效期为10年,时间自2014年6月3日至2024年6月3日,采矿许可证载明内容为:开采矿种建筑用花岗岩;开采方式露天开采;生产规模10万立方米/年;矿区面积0.1189平方公里。后因坐标系统变化,2018年8月22日,原诏安县国土资源局再次向漳州某建材公司颁发证号相同、内容相同的采矿许可证,有效期至2024年6月3日。2019年3月8日,福建省应急管理厅向漳州某建材公司颁发安全生产许可证,有效期为2019年3月8日至2020年11月3日。

2018年10月29日,因漳州某建材公司2018年5月的越界开采行为,原诏安县国土资源局据此作出诏国土资罚〔2018〕77号行政处罚决定书对漳州某建材公司进行处罚:没收漳州某建材公司越界开采的违法所得66,120元及处以违法所得的25%的罚款计16,530元。2019年7月10日,因漳州某建材公司2018年3月的越界开采行为,诏安县自然资源局作出诏自然资罚〔2019〕14号行政处罚决定书对漳州某建材公司进行处罚:没收漳州某建材公司越界开采的违法所得97,983元及处以违法所得的25%的罚款计24,496元。漳州某建材公司于2018年11月20日缴交罚款等82,650元,于2019年7月26日缴交罚款等122,479元。

经诏安县林业局核实,漳州某建材公司在诏安县并未办理林木采伐许可证,也未办理永久性和临时性占用林地许可证。

诉讼中,环保组织福建绿家园申请对漳州某建材公司生态破坏行为导致的损害后果及部分环境修复的效果进行鉴定,具体内容如下:(1)受损的采矿许可证批准之外包含几种用途(林地、农田、矿山等)的土地;各不同用途土地受损范围、面积及其损害程度。(2)采矿许可证批准之外的林地、农田、矿山地质环境受损程度,制定地质环境保护与恢复治理方案、评估治理费用。(3)在采矿许可证范围内的部分环境修复,是否符合矿山地质环境保护与恢复治理方案。后经福建绿家园、漳州某建材公司双方协商一致,一审法院依法委托福建省闽东南地质大队出具专家意见。福建省闽东南地质大队接受委托后,于2020年12月编制《诏安县桥东镇含英村旗官山矿区建筑用花岗岩矿矿山地质环境保护与治理方案》(以下简称《矿山治理方案》),编制总费用(鉴定费等费用,包括专家出庭费用)为200,000元。福建省闽东南地质大队编制《矿山治理方案》第三章"矿山地质环境影响评估"中"现状评估"的综合评估内容为:矿山采矿活动总体对地形地貌景观的影响为较严重,对含水层的破坏为较轻,对地质灾害的影响程度为较轻,对土地资源的影响程度为较严重,综合评估结论为较严重;"预测评估"中关于矿山开采对土地资源的影响预测评估内容为:预测矿山开采对土地资源的占用与现状相同,矿山采矿总破坏土地面积约32.288km^2,预测矿山开发利用对矿山地质环境影响评估为较严重。《矿山治理方案》第九章"结论与建议"载明:矿山地质环境保护与治理恢复总经费为1390.4116万元,关闭前投资经费约695.6858万元,关闭后投资经费约694.7258万元。

2019年9月,漳州某建材公司已停止涉案矿山的开采行为。

福建绿家园与北京盈科(厦门)律师事务所签订委托代理合同,约定由北京盈科(厦门)律师事务所指派律师作为福建绿家园的委托诉讼代理人。

2019年,福建绿家园向漳州市中级人民法院递交立案材料。经福建省高级人民法院批准,该案指定漳州市龙海区人民法院管辖。福建绿家园向一审法院起诉请求:(1)判令漳州某建材公司立即停止违反采矿许可证规定的采矿行为(含采石、洗沙等),清除采矿许可证规定采矿范围以外的生产设备、设施,以及石料和弃石等;(2)判令漳州某建材公司立即停止违反林木采伐规定的采伐行为,清除采伐许可证规定采伐范围以外的生产设备、设施;(3)判令漳州某建材公司修复采矿、采伐破坏的生态环境(破坏范围最终以人民法院采信的专家意见或者环境损害评估鉴定为准),漳州某建材公司不履行前述修复义务的,赔偿生态修复费用,该款用于修复破坏的生态环境;(4)判令漳州某建材公司赔偿采矿、采伐导致的生态环境受到损害至恢复原状期间服务功能损失;(5)判令漳州某建材公司在省级媒体上承认错误,向社会公众赔礼道歉;(6)判令漳州某建材公司承担因本案诉讼实际支出的检测检验费、环境损害鉴定评估费、专家咨询费、律师费、差旅费、调查取证费等。

福建绿家园(甲方)与北京中林资产评估有限公司(乙方)于2021年5月签订编号为中林咨约字〔2021〕021号评估咨询委托合同。2021年5月14日,福建绿家园向北京中林资产评估有限公司支付本案的前期评估费用10,000元。福建绿家园为本案支出交通费、住宿费及市内交通及用餐费等其他合理费用2929.75元。

(2021)闽06刑终327号刑事裁定书认定:漳州某建材公司、周某非法占用林地等农用地,改变被占用土地用途,面积共计95.41亩。同时,漳州某建材公司、周某对涉案非法占用并毁坏的林地进行一定程度的补植复绿,其中55.06亩林地已种植相思树,成活率90%,另有11亩林地造林成活率不足85%,尚需补植。

▶ 办理结果

一审判决:(1)漳州某建材公司应于本判决生效后按照福建省闽东南地质大队出具的《矿山治理方案》履行矿山环境治理及修复责任,即应于判决生效后1年内完成采矿许可证到期前应治理修复的部分,治理完成后养护期1年;(2)漳州某建材公司若未能在第一项判决指定的期限内履行矿山环境治理修复责任,应于期限届满之日起20日内赔偿矿山地质环境保护与治理恢复费用6,956,858元(支付到一审法院指定账户),上述款项用于本案的生态环境修复;(3)漳州某建材公司应于判决生效后10日内赔偿生态环境服务功能损失976,400元(支付到一审法院指定账户),上述款项用于本案的生态环境修复,并从中支付福建绿家园所支出的生态环境服务功能损失专家辅助人评估咨询费10,000元;(4)漳州某建材公司应于判决生效后10日内支付福建绿家园所支出的律师费152,600元、为诉讼支出的其他合理费用2929.75元,上述合计155,529.75元;(5)漳州某建材公司应于判决生效后30日内,在福建省省级报纸上就其破坏生态环境行为公开赔礼道歉(内容须经一审法院审核);(6)驳回福建绿家园的其他诉讼请求。

二审判决:驳回上诉,维持原判。

办案策略

办理案件首先需要全面收集证据,掌握案情。一方面,代理律师多次到矿山现场查看,与当地村民交流,并通过政府网站检索漳州某建材公司所受行政处罚、行政许可等相关材料。此外,代理律师还走访当地林业局、生态环境局、检察院等部门,以获取行政机关支持。另一方面,律师从法律数据库检索相关法律法规、近百份现有环境民事公益诉讼案例,对诉求、鉴定事项、法律适用等进行分析,以全面掌握现有裁判规则。

本案起诉后,代理律师多次与法院沟通该案,提交补充证据,并提供专家辅助人意见、河南省高级人民法院案例、福建省森林生态服务价值统计数据等资料供法院参考。在涉案鉴定报告作出后,律师及时向一审法院申请财产保全,冻结漳州某建材公司名下的银行存款695.6858万元。案件生效后,因漳州某建材公司名下无可供执行的财产,律师代福建绿家园向法院申请追加漳州某建材公司未出资股东为被执行人,并代理执行异议之诉一审、二审程序,以确保生效判决得以执行。

律师评析

一、典型意义

本案系福建省法院首例适用《民法典》绿色原则作出判决的环境民事公益诉讼案件。采矿企业在生产过程中应注意履行矿山治理恢复义务,同时不可超越采矿许可范围采矿,否则除承担行政责任外,还可能承担刑事、民事责任。本案入选福建法院生态环境审判典型案例,法院评析,"环境民事公益诉讼中,原告依法可以提起赔偿生态环境服务功能损失费的诉请,但在目前法律尚未明确规定该费用具体计算方式及标准的情况下,如何认定服务功能损失数额成为审判实践中的一大难点。本案中,一审法院在综合考虑受损害至修复完成的期间、损害面积、森林覆盖率、邻近民众意见,并参考福建省2020年每亩森林生态服务价值等多种因素的情况下,对生态环境服务功能损失作出认定,对类案具有较强的参考借鉴作用"。

生态文明建设是推动经济社会高质量发展的必然要求,也是人民群众追求优质环境的共识和呼声。因此,在合理开发利用矿石资源活动中,应当遵守法律有关规定,保证物的利用符合资源节约和生态环境的保护,避免损害国家自然资源利益、污染环境及破坏生态。

该案案情复杂,漳州某建材公司同时涉及刑事案件及多次行政处罚,重要事实的确定依赖鉴定或评估等第三方意见,法院聘请技术调查官参与案件,律师办案过程中针对专业技术问题也多次咨询专家。另外,环境民事公益诉讼中原告的诉求、举证责任等均与常规案件不同。该案起诉后,漳州某建材公司主动停止违法行为,在当地取得了一定的社会效果,这对律师来说是最大的鼓舞。

二、法律评析

本案漳州某建材公司开发利用矿石资源属于民事活动,应注意环境保护和污染防治,坚持矿产资源开发利用与生态环境保护并重,防止对生态环境造成破坏。根据本案查明的事实及福建省闽东南地质大队编制的《矿山治理方案》,可证实漳州某建材公司未能遵守国家法律法规的相关规定和生态文明建设要求,其在开采过程中擅自超过采矿许可证核准的四至范围,超量、超范围进行开采,擅自超过原治理方案批准的范围进行占用,对生态环境造成实际损害,应承担相应的侵权责任。漳州某建材公司违法采矿,应当依法承担停止侵害、排除妨碍的侵权责任,还应修复被损害的生态环境,若不能自行修复,应当承担修复费用。同时,漳州某建材公司对生态环境的损害,造成了生态服务功能损失,亦应依法予以赔偿。根据刑事裁定书认定的内容,漳州某建材公司非法占用并毁坏的林地等农用地面积共计95.41亩,已补植复绿55.06亩林地,涉案林地尚未补植复绿面积为40.35亩。律师提供福建省2020年每亩森林生态服务价值的数据(10,082.64元)供法院参照,同时结合涉案林地原始地貌情况及破坏程度等因素,法院酌定生态环境服务功能损失为976,400元。

无论采矿期限是否到期,只要确有污染环境破坏生态的事实,依照有关法律和司法解释规定应当承担侵权责任的,人民法院就可以依法裁判。在采矿许可证红线范围内,漳州某建材公司"边开采边治理",对不符合备案的矿山地质环境保护与恢复治理方案部分,也应承担修复责任。

漳州某建材公司污染环境破坏生态行为,已造成生态环境损害。从权利救济与过错担责并重的角度出发,环境破坏者不仅应认真吸取教训,采取环境保护措施,履行生态环境保护义务,更应就其对社会公众生态环境精神利益造成的损害,通过向社会公开表达悔过与歉意的方式,承担民事责任。同时,在省级媒体上予以发布,可以起到警示他人、预防污染环境、损害生态事件发生、便于公众参与监督等作用。根据《最高人民法院关于审理环境民事公益诉讼案件适用法律若干问题的解释》的相关规定,对污染环境、破坏生态,已经损害社会公共利益或者具有损害社会公共利益重大风险的行为,原告可以请求被告承担赔礼道歉等民事责任。

福建绿家园为维护社会公共利益提起本案诉讼,依据环境民事公益诉讼司法解释规定,酌情判决福建绿家园为诉讼支出的专家辅助人评估咨询费、律师费等合理费用。

有关行政机关对漳州某建材公司的行政监管,不妨碍漳州某建材公司承担本案的民事侵权责任。建立环境民事公益诉讼制度,可以在行政主管部门由于某种原因对污染环境、破坏生态的行为无暇顾及的情况下,由符合法律法规规定的环保组织通过公益诉讼进行补救。无论是行政监管还是公益诉讼的司法裁判,其目的均是保护被损害的生态环境,行政与司法两种生态环境救济制度应为并行关系,而非单行关系,以避免行政与司法的互相推诿。如果司法机关以司法权力不应干涉行政权力为由,拒绝处理采矿许可证范围内污染环境、破坏生态的行为,显然不利于保护生态环境,且与《民法典》关于"民事主体因同一行为应当承担民事责任、行政责任和刑事责任的,承担行政责任或者刑事责任不影响承担民事责任"的规定相悖。

◆ 律师介绍

王嘉鹏,北京盈科(厦门)律师事务所律师。现任盈科福建区域ESG与合规法律专业委员会主任、盈科厦门ESG与合规法律事务部主任。业务领域:涉环境民事、刑事、行政诉讼等。所获荣誉:2019年盈科厦门特殊贡献奖。

林坤武,北京盈科(厦门)律师事务所律师。业务领域:合同法、环境污染纠纷。

陈韵,北京盈科(厦门)律师事务所律师,现任盈科福建区域ESG与合规法律专业委员会秘书长。所获荣誉:2022年度盈科全国优秀政府与公共事务律师;2023年度盈科全国优秀公益律师。

深入研究案件证据、合理运用行业知识推翻司法鉴定意见

——某公益组织诉某集团某化工有限公司环境民事公益诉讼案

摘要 环境民事公益诉讼是环境类诉讼中较为典型的诉讼类型,目前越来越受到大众的关注。环境民事公益诉讼是一种允许与争议案件无直接利害关系的原告出于维护社会公共利益的目的,以环境污染行为人为被告向法院提起的民事诉讼。通过提起诉讼,确认被告的环境侵权行为是否得到有效整改、是否存在环境风险,让其对造成的环境损害加以赔偿。环境民事公益诉讼对于社会公共利益价值的救济,笔者认为,其也是对环境保护的一种有效宣传和促进。环境民事公益诉讼不仅是社会参与环境治理的一种有效途径,也是对行政机关履行环境监管职能的重要辅助。

案情简介

本案为原告××绿色生态××中心与被告××集团××化工有限公司的环境民事公益诉讼案件,我方代理原告。

案件基本事实如下:被告自2018年至2022年因为多次环境违法行为被生态环境主管部门予以处罚。2018年5月,被告因为通过排洪沟外排污水受到行政处罚。2018年至2021年两次因为大气污染物超标排放受到行政处罚,且被告2021年的自动在线监测数据平台上存在多次超标情况。2019年9月,被告渣场附近被

生态环境主管部门发现有个渗滤液渗坑。2022年被告又在下雨时段使用雨水排口外排超标污水被行政机关处罚。

原告作为符合《环境保护法》第58条规定的适合主体,根据《最高人民法院关于审理环境民事公益诉讼案件适用法律若干问题的解释》第8条规定,将上述涉及被告具有损害社会公共利益重大风险的初步证明材料递交法院提起诉讼。以期被告能切实整改并对生态环境的损害加以赔偿。

办理结果

由于本案被告提供的相关证据能够证明其在受到行政处罚后确实有积极的整改行为,并且其环境违法行为对环境造成的损害数额较小,被告经过多次的庭前会议以及辩论环节也充分认识到环境违法行为给生态环境造成的损害,因此在双方的沟通下,被告根据损害鉴定结果赔偿环境损害费用用于生态环境的改善。原告的诉讼请求均得到合理实现。

被告对于其环境违法行为造成环境损害的事实的态度从最初的完全否认转变为意识到其环境违法行为的环境损害风险。对于原告而言,让被告能够真正地认识到环境违法行为对于环境造成的损害并且承诺今后更加注重环境保护的投入,杜绝污染物的超标排放是环境民事公益诉讼的根本意义所在。

办案策略

本案是典型的环境民事公益诉讼案件。在环境民事公益诉讼制度的设计上,原告社会组织、法院其实都被赋予了对社会公共利益价值的救济者的角色,不同的是其各自在职权范围内为社会公共利益发挥重要作用。

在实践中,部分环境违法责任人认为行政处罚决定书不能作为证明其存在环境损害风险的相关证据。其认为在立案程序上明显对原告的举证责任要求过低。但是根据《最高人民法院关于适用〈中华人民共和国民事诉讼法〉的解释》(2022年)的相关规定,国家机关在其职权范围内制作的文书所记载的事项推定为真实的,但有相反的证据足以推翻的除外。而《最高人民法院关于审理环境民事公益诉讼案件适用法律若干问题的解释》第 8 条规定要求提供初步证明材料。那么，行政处罚决定书所记载事项在推定为真实的情况下，原告以行政处罚决定书作为被告具有损害环境风险的初步证明材料是符合法律规定的。但是立案后污染事实是否造成污染后果、被告在被处罚后是否做出有效整改并且消除对环境的影响才是案件争议的核心问题。

第一，我方律师在查阅被告的建设项目环境影响评价报告书以及被告的排污许可证时发现，被告的雨水排水管的受纳水体是黄河的重要支流。在第二次开庭时，我方律师多次提示法官注意被告的污染行为可能会给黄河流域重要支流造成环境损害，引起了法官的重视。在《黄河保护法》正式实施并得到足够重视的背景下，法官对于本案的重视程度非同一般。

第二，充分利用法院社会公共利益救济者的角色。根据《民事诉讼法》第 67 条、《最高人民法院关于适用〈中华人民共和国民事诉讼法〉的解释》(2022 年) 第 96 条的规定，环境民事公益诉讼所涉及的相关证据属于人民法院认为审理案件需要的证据，人民法院应当调查收集。因此，原告向法院提交了调取证据申请书，要求法院向生态环境局调取多次行政处罚的完整案卷材料、建设项目环境影响评价报告书、环境污染后影响评价报告等相关的生产建设材料。

第三，针对证据材料深入分析。在第二次庭前会议时，被告提交了其相应的整改材料，主要是行政处罚后生态环境部分的现场检查记录等。我方律师发现法官对于被告提交的已经完成整改的主张给予认可。对于生态环境主管部门而言，其监管目的是寻求社会秩序的保障。经过对法院调取的相关证据材料以及被告多次提供的证明材料的质证，原告认可被告部分环境违法行为已经得到有效整改。被告污水管道已经转接入污水处理厂，消除了污水直接排入外部环境的风险，且被告的大气污染行为也得到了改善，近年来暂时未发现超标排放的情形。此时关注点聚集到被告方通过雨水排口超排污水以及渗滤液渗漏形成的渗坑这项环境违法事实上。那么如何说服法官、让被告意识到环境污染行为的损害后果以及其应当承担的损害责任是作为本案的原告律师应当据理力争的问题。被告认为其针对污水泄漏形成渗坑的情况已经进行了整改，对环境没有造成损害。但是被告无法拿出整改的相关照片、整改后效果评估的相关证据。生态环境部门提供的行政处罚后督察记录记载现场已经将渗坑中的污水抽干,但是针对土壤污染的情况并未进一步地查明。因此,在引起法官足够重视的前提下,我方要求对该渗坑进行环境损害鉴定来确定其整改是否消除了环境风险。最后,通过环境损害鉴定向被告证明其整改行为是否到位,是否存在损害。

第四,由于前期不断地向法院表明案件对于黄河流域保护的重要性,最终法院同意我方提交的生态环境损害鉴定申请,且考虑到原告的经济条件无法承担高额的鉴定费用,法院与被告商议由其先行垫付。本案生态环境损害鉴定的司法意见对本案案件结果起到至关重要的作用。因此,在司法鉴定机构现场采样的当天,我方安排相关人员现场参与,并且针对现场鉴定人员的不规范操作提出了异议。司法鉴定人员针对原告的异议给予了原告情况说明。在庭审过程中,法官认为鉴定机构已经对我方的异议进行情况说明,无须进一步在庭前进行辩论。我方为争取对鉴定意见的进一步质证,向法官表明上一次是对现场踏勘及采样操作行为的异议,庭审中的异议是针对司法鉴定报告中的内容的异议。

对于本案的生态损害鉴定与其他案件不同之处在于,被告在被生态环境部门发现后,已经做出了相应的部分整改行为,包括抽走渗坑中的积水,清挖渗坑的底泥,并运来清洁土对渗坑进行回填。理论上是对该渗坑进行了一部分的修复工作。那么本案的司法鉴定环节所鉴定的内容就变成了对该渗坑修复效果的评估鉴定,即通过司法鉴定来确定被告抽走污水、清挖并且回填的整改行为是否已经完全消除了损害风险。应当依据《污染地块风险管控与土壤修复效果评估技术导则(试行)》(HJ 25.5 – 2018)的规定作为采样鉴定的技术规范。

最终,我们依据环境损害鉴定的技术导则和指南等,对司法鉴定报告的异议被法官所采纳,且当天开庭时旁听的生态环境主管部门工作人员也对我方律师的专业性给予肯定。

律师评析

一、典型意义

在环境民事公益诉讼中,环境损害鉴定的意见对于绝大部分这类案件的最终结果起到了决定性的作用。环境损害鉴定的专业性强,法官往往不可能在短时间内掌握如此专业又庞杂的知识。因此,司法鉴定在该类诉讼中对于法官的审理起到了很大程度的辅助作用。在实践中,出于对待案件的审慎态度,法官往往会选择具备环境司法鉴定资质的机构进行鉴定,以确保鉴定意见的准确性。然而在本案中,司法鉴定的采样布点的深度和位置不符合相应的技术导则规范。其采集的土壤样品主要是回填后的新土,因而后续的鉴定意见也不具备真实性,无法反映被告对渗坑进行处理后的修复情况。因此,在针对环境司法鉴定报告时,除针对鉴定报告的形式要求对该类证据质证外,还应当进一步深入了解相关的操作规范,结合专业知识去质证,不要因为是司法鉴定机构提供的报告而对其结论过于采信。对于任何证据,都应当保持合理的怀疑。

二、法律评析

(一)环境民事公益诉讼立案的证据依据

《最高人民法院关于审理环境民事公益诉讼案件适用法律若干问题的解释》(2020年)第8条规定:"提起环境民事公益诉讼应当提交下列材料:(一)符合民事诉讼法第一百二十一条规定的起诉状,并按照被告人数提出副本;(二)被告的行为已经损害社会公共利益或者具有损害社会公共利益重大风险的初步证明材料;(三)社会组织提起诉讼的,应当提交社会组织登记证书、章程、起诉前连续五年的年度工作报告书或者年检报告书,以及由其法定代表人或者负责人签字并加盖公章的无违法记录的声明。"

《最高人民法院关于适用〈中华人民共和国民事诉讼法〉的解释》(2022年)第114条规定:"国家机关或者其他依法具有社会管理职能的组织,在其职权范围内制作的文书所记载的事项推定为真实,但有相反证据足以推翻的除外。必要时,人民法院可以要求制作文书的机关或者组织对文书的真实性予以说明。"

(二) 请求法院依职权调取证据的法律依据

《民事诉讼法》(2023 年) 第 67 条规定:"当事人对自己提出的主张,有责任提供证据。当事人及其诉讼代理人因客观原因不能自行收集的证据,或者人民法院认为审理案件需要的证据,人民法院应当调查收集。人民法院应当按照法定程序,全面地、客观地审查核实证据。"

《最高人民法院关于适用〈中华人民共和国民事诉讼法〉的解释》(2022 年)第 96 条规定:"民事诉讼法第六十七条第二款规定的人民法院认为审理案件需要的证据包括:(一)涉及可能损害国家利益、社会公共利益的;(二)涉及身份关系的;(三)涉及民事诉讼法第五十八条规定诉讼的;(四)当事人有恶意串通损害他人合法权益可能的;(五)涉及依职权追加当事人、中止诉讼、终结诉讼、回避等程序性事项的。除前款规定外,人民法院调查收集证据,应当依照当事人的申请进行。"

(三) 司法鉴定中关于土壤修复效果评估的相关标准

《生态环境损害鉴定评估技术指南 环境要素 第 1 部分:土壤和地下水》
(GB/T 39792.1 – 2020)

6.2.2 点位和深度布设

对于损害来源单一、损害时间较短、污染物排放量较小、疑似损害范围有限或污染物迁移扩散范围相对较小的情况,可根据污染发生的位置、污染物的排放量、土壤和地下水环境及其生态服务功能受损情况以及区域的地质和水文地质条件等,判断污染物可能的迁移扩散范围(包括水平和垂直范围)或土壤和地下水环境及其生态服务功能受损区域,在该范围或区域合理布设土壤和地下水调查点位,确定采样深度,进行采样分析。水平方向采样点位数量应满足 HJ 25.5 表 1 坑底采样点数量要求。对于爆炸事件,以放射性同心圆方式布点。原则上接近污染源的位置点位密集,采样深度深,远离污染源的位置点位相对稀疏,采样深度浅。

《污染地块风险管控与土壤修复效果评估技术导则(试行)》(HJ 25.5－2018)

6 布点采样与实验室检测

6.1 土壤修复效果评估布点

6.1.1 基坑清理效果评估布点

6.1.1.1 评估对象

基坑清理效果评估对象为地块修复方案中确定的基坑。

6.1.1.2 采样节点

6.1.1.2.1 污染土壤清理后遗留的基坑底部与侧壁,应在基坑清理之后、回填之前进行采样。

6.1.1.2.2 若基坑侧壁采用基础围护,则宜在基坑清理同时进行基坑侧壁采样,或于基础围护实施后在围护设施外边缘采样。

6.1.1.2.3 可根据工程进度对基坑进行分批次采样。

6.1.1.3 布点数量与位置

6.1.1.3.1 基坑底部和侧壁推荐最少采样点数量见表1。

6.1.1.3.2 基坑底部采用系统布点法,基坑侧壁采用等距离布点法,布点位置参见图2。

6.1.1.3.3 当基坑深度大于1m时,侧壁应进行垂向分层采样,应考虑地块土层性质与污染垂向分布特征,在污染物易富集位置设置采样点,各层采样点之间垂向距离不大于3m,具体根据实际情况确定。

6.1.1.3.4 基坑底和侧壁的样品以去除杂质后的土壤表层样为主(0~20cm),不排除深层采样。

6.1.1.3.5 对于重金属和半挥发性有机物,在一个采样网格和间隔内可采集混合样,采样方法参照HJ 25.2执行。

(四)律师代理意见

通过对司法鉴定意见的内容有针对性地进行深入分析后,我方向法律提交了以下质证意见,对司法鉴定的内容提出了异议。

质证意见(节选)

原告于××××年××月××日收到××环境污染损害司法鉴定中心出具的《×××环境污染损害司法鉴定中心关于原告××中心与被告××集团××责任公司环境损害司法鉴定意见书》。现针对该鉴定书发表以下质证意见:

首先,根据《生态环境损害鉴定评估技术指南 环境要素 第1部分:土壤和地下水》第6.2.2条的规定,"对于损害来源单一、损害时间较短、污染物排放量较小、疑似损害范围有限或污染物迁移扩散范围相对较小的情况……水平方向采样点位数量应满足HJ 25.5表1坑底采样点数量要求"。那么根据HJ 25.5表1的要求,基坑面积大于100平方米小于1000平方米的,基坑底部采样点应不少于为3个,侧壁采样点不少于5个。而本次鉴定的在渗坑内的采样点总共4个。这不满足相关技术规范的要求。

其次,根据《污染地块风险管控与土壤修复效果评估技术导则(试行)》(HJ 25.5–2018)第6.1.1.2.1条的要求,污染土壤清理后遗留的基坑底部与侧壁,应在基坑清理之后、回填之前进行采样。本案在渗滤液渗坑的污水清理后,××公司自己进行了回填,因此采样的时候对于回填的土,应该不计为表层土壤的范畴,应当在回填土即0.8米之下垂直方向继续采集1~2个样品。而本鉴定的采样,直接将回填土作为表层土壤进行采样,除T2点位外,其他3个点位均只采集到1米处。这不符合相关要求。

综上所述,原告认为该鉴定报告中针对渗滤液渗坑的采样操作因不符合相关技术导则规范,其产生的结论不具有真实性。

❖ 律师介绍

陈黎,环境科学学士,法学硕士。北京盈科(杭州)律师事务所律师。曾就职于环境保护局,并且在土壤修复公司从事过土壤和地下水修复的技术和法律法规的研究工作。具备5年多环保行业背景。参与几十件环境民事公益诉讼的办理。具备丰富的水、大气、土壤和地下水及固体废物污染的相关专业知识和实践经验。

发包方和承包方以履行总承包合同为目的签署的各单项合同发生付款纠纷时的处理

——中国××有限公司与山西某能源公司发电设备供货合同纠纷案

摘要 发包方和承包方以履行总承包合同为目的签署的各单项合同,总承包合同与各单项合同之间相互独立,各单项合同履行、款项支付等事项,亦应当秉持总承包合同与各单项合同分离的独立原则,分别承担法律责任。

案情简介

2018年5月2日,山西某能源公司与中国××有限公司签订《山西某能源公司Y县电厂2×100万千瓦发电项目总承包工程总承包合同》(以下简称《总承包合同》),约定中国××有限公司为山西Y县电厂2×100万千瓦发电项目总承包方,以总承包的方式承担发包方/业主方山西某能源公司发包的该工程总承包方工作范围内的有关设施的设计、采购(部分建筑设备及材料、部分安装装置性材料)、运输、交货、土建、安装、调试、机组168小时试运行、168小时试运行后的540天质保期及完成修补由总承包方责任造成的任何缺陷等工作,合同总金额146,584万元。

《总承包合同》签订后,中国××有限公司与32家分包单位签订分包合同,其中就包括本案争议的 2018 年 11 月中国××有限公司、山西某能源公司与供货方××重工公司三方共同签订的《山西某能源公司 Y 县电厂 2×100 万千瓦发电项目四大管道管材、管件及配管设备供货合同》(以下简称《四大管道合同》)、《山西某能源公司 Y 县电厂 2×100 万千瓦发电项目四大管道管材、管件及配管设备供货合同补充合同》(以下简称《四大管道合同补充合同》)。分包合同约定由××重工公司负责对 Y 县电厂 2×100 万千瓦发电项目四大管道管材、管件及配管设备进行供货,合同总金额 27,358.77 万元。

2021 年 8 月,供货方××重工公司已完成《四大管道合同》项下的全部合同义务,对四大管道管材完成交付、设备安装调试验收合格,并成功通过 168 小时试运行且质保期已届满。××重工公司已向中国××有限公司开具累计总额为 27,358.77 万元的发票,中国××有限公司亦已向山西某能源公司开具累计总额为 27,358.77 万元的发票。至此,山西某能源公司应当按照《四大管道合同》的约定向中国××有限公司支付《四大管道合同》全部款项 27,358.77 万元,但山西某能源公司以资金紧张、存在未完成"尾项、消缺"等事项为由拖延支付 5371.754 万元。中国××有限公司工作人员在付款条件成就后的 3 年时间内多次催要均未果,故委托盈科律师团队进行诉讼解决。

▶ 办理结果

盈科律师团队在对案件事实及材料进行梳理,以及对法律风险及结果经过一系列分析、论证后,依据《总承包合同》第 20.3 条"如果在双方间就本合同或对本合同的违反,有效性或终止产生任何争议,双方应努力在 30 天内通过双方协商解决该争议,如果该争议不能在 30 天内协商解决,则双方可向业主所在地 C 市仲裁委员会提起仲裁"的约定,向 C 市仲裁委员会提起仲裁。仲裁请求:(1)请求依法判令山西某能源公司向中国××有限公司支付设备供货款 5371.754 万元及逾期付款利息。利息以 5371.754 万元为基数,按照全国银行间同业拆借中心公布的贷款报价利率(LPR)支付自 2022 年 9 月 1 日至申请仲裁之日暂计 1,643,309.06元,并按 LPR 支付至实际付款之日止。(2)本案的仲裁费由山西某能源公司承担。

在仲裁过程中,盈科律师团队与仲裁员以及对方代理人进行充分沟通、交流,找准关键点促使对方妥协,最终在山西某能源公司同意全部仲裁请求,所有款项6个月内一次性支付的条件下由仲裁庭出具调解书,双方达成调解,后山西某能源公司在调解书约定的付款时间内向中国××有限公司支付全额款项。至此案件顺利执结。该案既达到了委托人的全部预期,满足了委托人的法律需求,又以调解的方式结案,保全了委托人中国××有限公司与山西某能源公司的良好合作关系,为双方后续《总承包合同》的继续履行奠定了积极的基础。至此该案取得圆满成功,盈科律师团队成功地帮助客户达成了最佳解决方案。

办案策略

在《总承包合同》履行过程中,除《四大管道合同》外,其他31个分包合同也有部分合同履行存在问题,所以《四大管道合同》的妥善解决不仅仅关系到《四大管道合同》本身,同时也会对其他分包合同的履行产生影响。但截至委托人接受中国××有限公司委托时,32个分包合同中仅《四大管道合同》试运行完成且质保期届满,已完全履行完毕,付款条件已全部成就。故盈科律师团队最终与委托人中国××有限公司共同商定先以《四大管道合同》作为切入点,采取法律手段"以打促谈"进行维权。

律师评析

一、典型意义

山西某能源公司未能按照合同约定支付《四大管道合同》的款项,这直接导致了中国××有限公司的应收账款大幅增加。作为一家中央企业,中国××有限公司的财务状况会受到严格的监管,应收账款的增加影响到公司的财务比率,进而影响到其在全集团年度考核中的表现。年度考核结果不佳可能导致中国××有限公司在集团内的排名下降,影响公司的声誉和发展机会。此外,还可能会影响到公司的资金分配、项目审批以及其他一系列重要决策。

中国××有限公司属于中央企业,其管理的是国有资产,其任何财务问题都会引起政府相关部门的高度关注。山西某能源公司的行为可能导致国有资产遭受损失,这不仅影响公司的经营状况,还可能引发更深层次的责任追究问题。

同时,中国××有限公司与供货方××重工公司的后续交易也受到了影响。按照《总承包合同》和《四大管道合同》的约定,中国××有限公司收到山西某能源公司的款项后,需要向《四大管道合同》的最终供货方××重工公司支付相应的款项。山西某能源公司的拖延支付使得中国××有限公司无法按时向××重工公司付款,增加了违约的风险,进而影响了中国××有限公司与××重工公司之间的信任、合作关系。

为了应对这一挑战,中国××有限公司选择通过仲裁的方式解决与山西某能源公司之间的纠纷。盈科律师团队代表中国××有限公司参与了仲裁过程,并通过有效的沟通策略促使山西某能源公司同意全部仲裁请求,最终达成了调解。调解书的签署意味着该纠纷得到了妥善解决,山西某能源公司也按照约定支付了全额款项。这一解决方案不仅解决了当前的纠纷,还为中国××有限公司与山西某能源公司之间的后续合作奠定了基础,确保了双方能够顺利、愉快地履行后续的《总承包合同》。

二、法律风险

盈科律师团队接受委托后,经过法律分析、研究论证,认为在实现仲裁目标的过程中,存在以下风险和难点:

风险一:根据《四大管道合同》,基于合同相对性,欠款应当由供方××重工公司向山西某能源公司及中国××有限公司主张。如果中国××有限公司基于《四大管道合同》向山西某能源公司主张付款,应当得到××重工公司的配合,与××重工公司共同行动,但××重工公司因与山西某能源公司保持长期合作关系,恐难以与中国××有限公司作为共同申请人一起提起仲裁。

风险二:中国××有限公司单独向山西某能源公司提起仲裁主张支付设备款的依据只在《总承包合同》中有约定,即材料购置费按照材料分包合同约定的付款方式和材料合同价格进行支付。《四大管道合同》并未约定山西某能源公司的付款义务,因此《四大管道合同》虽已履行完毕,但《总承包合同》尚未履行完毕,山西某能源公司有可能会以《总承包合同》项下其他工作未履行完毕作为抗辩理由,不予支付四大管道设备款。

风险三:中国××有限公司向山西某能源公司提起仲裁主张支付设备款的依据只在《总承包合同》中有约定,故中国××有限公司向山西某能源公司提起仲裁的仲裁依据只能是《总承包合同》。那么在此种情况下,中国××有限公司依据《总承包合同》仅主张四大管道设备款,后续如果因《总承包合同》项下发生其他争议是否会涉及一事不再理。

风险四:中国××有限公司与山西某能源公司签订的《总承包合同》中约定的争议解决方式为C市仲裁委员会仲裁,因山西某能源公司地处C市,当地仲裁委在案件审理过程中是否会存在地方保护主义。同时,C市仲裁委员会规模较小,从事建筑、房地产类的仲裁员仅有12位,从案件审理经验及专业能力上有可能不及一线城市仲裁委员会的仲裁员。

三、法律分析与论证

(一)《总承包合同》项下的单项合同的责任承担具有独立性

本项目采取"平进平出"合同模式,其结算次序是32个分包合同全部结算完成,同时完成总承包单位"设计费+总承包管理费"结算,上述汇总后即为总承包合同最终结算额。因此,不能简单地认为,分包合同的问题不解决,《总承包合同》项下的32个分包合同全部停止付款或停止履行。各分包的单项合同的双方就该单项合同应当依据《民法典》第509条"当事人应当按照约定全面履行自己的义务"的规定,即合同法中的适当履行原则。《总承包合同》附件八的付款方式第2.2条约定:"材料购置费按照材料分包合同约定的付款方式和材料合同价格进行支付。总承包方按照合同约定的付款审批程序,每月22日向业主提交下一个月的付款计划,由业主审核,按照具体设备分包合同,总承包方每次按照具体设备合同付款要求,办理付款申请,提交付款证明相关资料及相关票据,经业主审核无误后,按照业主审核金额支付具体设备款。"《四大管道合同》第5.2条付款方式约定,××重工公司开具全额增值税专用发票给中国××有限公司,货款由中国×

×有限公司收到山西某能源公司相应款项后支付给××重工公司;第5.3条约定,合同付款按1∶2∶5∶1∶1的比例支付,即合同签订20日内支付10%,设备投料开始生产制造支付20%,每台机组设备全部到达现场经验收后支付50%,每台机组设备全部安装调试验收合格并完成168小时试运行后支付10%,剩余10%作为设备质量和服务保证金在1年后支付。应当认为,本案中山西某能源公司与中国××有限公司签订的《总承包合同》起到对其项下各合同的指引功能。发包方和承包方以履行《总承包合同》为目的签署的各单项合同,与《总承包合同》相互独立,各单项合同履行、款项支付等事项,亦应当秉持《总承包合同》与各单项合同分离的独立原则,分别承担法律责任。

对于山西某能源公司以资金紧张、中国××有限公司存在未完成"尾项、消缺"等事项为由拖延支付5371.754万元的行为,依据双务合同的"对待给付"原则,当一方在合同或其他法律关系下有给付义务时,另一方有权要求其按照约定的方式和时间给付相应的款项或物品。在中国××有限公司已经完成合同约定的主要义务的情况下,山西某能源公司应当依据合同约定履行相应义务。对于迟迟不支付货款的行为,依据《民法典》第577条的规定,当事人一方不履行合同义务或者履行合同义务不符合规定的,应当承担继续履行、采取补救措施、赔偿损失等违约责任。

(二)诉讼标的不同,不会引起法院依据一事不再理,而对后续纠纷不予受理

一事不再理原则,又称"禁止重复起诉"原则,这是民事诉讼中的一个重要原则。该原则的含义主要有两个方面:(1)当事人不得就已经向法院起诉的案件重新起诉。(2)一案在判决生效之后,产生既判力,当事人不得就双方争议的法律关系,再行起诉。从法院角度讲,就是不得再受理。所谓"一事"是指同一当事人就同一法律关系而为同一的诉讼请求。因为这个同一事件已在法院受理中或者已被法院裁判,所以就不得再起诉,法院也不应再受理,避免作出相互矛盾的裁判,也避免当事人纠缠不清,造成诉累。此外,对于已经起诉或者正在审理的案件也适用这一原则。如果当事人就已经提起诉讼的事项在诉讼过程中或者裁判生效后再次起诉,同时符合下列条件的,构成重复起诉:后诉与前诉的当事人相同;后

诉与前诉的诉讼标的相同；后诉与前诉的诉讼请求相同，或者后诉的诉讼请求实质上否定前诉裁判结果。当事人重复起诉的，裁定不予受理；已经受理的，裁定驳回起诉，但法律、司法解释另有规定的除外。

如果基于不同的诉讼标的、诉讼当事人向法院提请不同的诉讼请求，一般不认定为"重复起诉"。基于前述《总承包合同》与单项分包合同之间的相对独立性原理，后续如果因其他单项分包合同履行问题涉及《总承包合同》中双方当事人的权利义务关系纠纷，只要基于不同的诉讼标的（民事诉讼或仲裁所争议的实体民事关系）、诉讼请求，仍不违反"一事不再理原则"。

(三) 律师对企业合同管理的建议

第一，在总合同项下的各单项合同应当注重完善合同形式、完备重要合同条款。对于比较关切、涉及自身重大利益的合同条款，一定注意要在合同中有所体现。建议企业在合同中增加合同责任承担的相关条款，如违约责任等。在设计相关条款时不仅需要立足于法律规定，更要注重自身情况和关切利益，相关文字表述既要明确，又要保留一定空间。

第二，企业在签订合同时，其应当注意所处的交易链条位置，以便更好规避风险。应当采取适当手段规避因上游交易异常对下游交易的不利影响，否则将会因此对下游交易异常承担法律责任。

第三，企业在面对争议时应当采取多元的争议解决方式（ADR），可以通过从与对方洽谈、商业谈判、仲裁、诉讼等方式中挑选对自己更加有利的争议解决方式，因时制宜，因事制宜。不宜盲目动辄采取诉讼方式，否则既有可能南辕北辙，错失对自己利益最大化的解决方式，加剧矛盾，又会因为漫长的诉讼程序浪费大量人力、财力，最后却因对方财务状况恶化等"竹篮打水一场空"。

◆ 律师介绍

张建武，盈科中国区董事会董事。现为中国电力企业联合会法律分会法治合规专家库人员、《法治日报》律师专家库成员。业务领域：能源、电力与水利工程，金融与投融资，房地产与建设工程，EPC 工程总包。

闫拥军,盈科律师事务所全球总部合伙人。盈科北京第五届管委会副主任、盈科全国业务指导委员会副主任、盈科北京房地产与建设工程法律事务部(二部)主任。业务领域:房地产与建设工程,能源、电力与水利工程,PPP项目,政府法律事务。所获荣誉:"legal500"房地产与建筑工程领域推荐律师。

任若飞,盈科北京律师。天津师范大学法学学士。业务领域:房地产与建设工程,能源、电力与水利工程,EPC工程总包。

未经环保部门验收构成根本违约

——云南某公司被诉请支付监测设备款提起反诉请求解除合同获成功案

摘要

在自动监测设备买卖合同中,双方互付履行义务,当发生货款争议时,被要求支付货款一方应如何应对?本案中,代理律师指导委托人提出反诉,通过对合同文本约定的货款支付条件、合同解除条件以及法律规定的合同解除规定进行深入分析,并从自动监测设备的政策背景和环保价值出发,充分论证本诉原告诉请的设备尾款未达到支付条件,同时涉案合同已达到法律规定、合同约定、会议纪要约定的解除条件,最终案件获得了驳回本诉全部诉请、支持反诉全部诉请的全面胜诉。本案的胜诉为其他同类案件的相同或类似争议提供了参考和指导。

案情简介

2015年6月,杭州某公司(以下简称杭州公司)与委托人云南某公司(以下简称云南公司)签订在线监测设备买卖合同,由杭州公司向云南公司出售在线监测设备。合同签订后,杭州公司向云南公司交付了在线监测设备,云南公司支付了50%设备款,尚余50%设备款未支付。杭州公司向云南公司交付并安装设备后,经多次调试均无法稳定运行,未通过环保主管部门的验收。2016年4月初,双方召开视频会议并形成会议纪要,杭州公司承诺在月底前负责解决监测设备存在的各种问题并通过环保部门的验收。后杭州公司未能根据会议纪要承诺解决设备问题,委托人亦未支付剩余设备款。2018年7月,杭州公司向法院提起诉讼,诉请云南公司支付剩余50%设备款,而云南公司则提起反诉,诉请解除合同,杭州公司返还已支付的50%设备款。

办理结果

云南公司委托我们作为其诉讼代理人应诉并提起反诉。经我们代理,法院判决驳回了杭州公司要求支付剩余50%设备款的全部本诉请求,并支持了云南公司的反诉请求,确认在线监测设备买卖合同自反诉提起之日解除,杭州公司退还已支付的全部货款并赔偿云南公司的经济损失。

办案策略

本案本诉系杭州公司要求支付设备尾款,是典型的给付之诉。给付之诉是一方当事人向法院提出的判令对方当事人向自己履行一定的民事给付义务的诉讼,是最为常见的民事诉讼。当事人之间的合同法律关系一旦依法成立,各方当事人就会基于合同产生相应的权利及义务,支付合同价款是合同义务中最为重要的义务之一,合同价款支付纠纷亦是合同纠纷中最为常见的纠纷形态之一。对于权利方来说,须举证证明价款支付时间已届满或支付条件已成就,其价款支付请求才能获得支持。相应地,对于义务方来说,如果能举证证明价款支付时间并未届满或支付条件并未成就,则可有效对抗权利方关于支付价款的权利请求。因此,对于本案杭州公司的本诉诉请,主要抗辩思路是举证证明杭州公司设备尾款的支付时间并未届满或支付条件并未成就。

本案反诉的是云南公司要求解除合同且杭州公司退还已收到的全部设备款,是变更之诉。变更之诉是指当事人要求改变或者消灭某种民事法律关系的诉讼。解除合同是将双方的合同关系恢复到合同签订之前的初始状态,是典型的变更之诉。合同解除后,卖方应向买方退还其收到的全部合同价款,买方则向卖方退回其收到的设备,双方根据合同成立的交易关系将完全灭失,不复存在,双方签订的合同被彻底推翻，相当于自始不存在。市场经济就是法治经济，法治经济的核心是契约，契约的核心特征是稳定，而解除合同势必造成契约的不稳定，是对契约稳定性的重大挑战。因此，法院在裁判解除合同的诉请时通常非常慎重，只有当合同一方当事人的履约行为构成根本违约，达到合同约定或法律规定的解除条件时，才有可能支持该诉请。因此，对于本案反诉，须仔细甄别并判断合同明确约定及法律规定的解除条件究竟是什么，并严格对照这些条件逐项举证予以证明。

在对合同条款、证据材料及相关法律规定进行全面分析研究后，我们判断："当地环保部门验收通过"是支付剩余50%设备款的条件，未能按时"解决设备数据漂移严重、无法稳定运行、不符合环保烟气监测数据等问题并通过环保验收"等要求，既是合同约定的解除条件也是法定的解除条件。只要能举证证明云南公司未能按时解决前述问题，构成对合同的根本违约，则不仅可证明对方支付剩余设备款的条件尚未成就，也可证明约定的解除条件和法定的解除条件均已成就，云南公司便享有合同解除权对合同予以解除。随后，我们根据上述策略，围绕云南公司未能按时"解决设备数据漂移严重、无法稳定运行、不符合环保烟气监测数据等问题并通过环保验收"的情形，全面收集整理各种证据，例如环保主管部门的处罚决定书、设备闲置照片、另行购置设备的合同及支付凭证、证人证言等。最终，我们的举证被法院所认可，代理意见被法院采纳。法院最终判决驳回杭州公司的全部本诉请求并支持了云南公司的全部反诉请求，案件获得了全面胜诉。我们的代理工作达到并超出了当事人的预期。

律师评析

一、典型意义

近年来，我国垃圾焚烧发电厂迅速发展，新建、改建的垃圾焚烧发电厂的技术装备水平已经达到国际先进水平，烟气排放自动监测设备的性能与技术也与国际接轨。

委托人云南公司作为生活垃圾焚烧发电企业，其日常生产经营中会产生氮氧化物、颗粒物、二氧化硫、二噁英类、一氧化碳等大气污染物，是大气污染物重点监管单位,尤其是其产生的二噁英类污染物,毒性是砒霜的 900 倍,过量吸入会对人体健康造成严重损害。自动监测具有连续在线运行的优势,安装自动监测设备可实现对企业大气污染物排放情况的实时掌握及有效治理,是监督垃圾焚烧发电厂排放行为的"前沿哨兵",且自动监测数据可以作为判定垃圾焚烧发电厂是否存在环境违法行为的证据,超标排放数据可直接作为行政处罚的依据。

2017 年 9 月,原环境保护部发文要求全国所有垃圾焚烧发电厂实施"装、竖、联",即依法安装自动监测设备、在厂区门口竖立电子显示屏、自动监测数据与环保部门联网。国家对环境的重视以及对企业排放行为的强势监管,为环境监测设备制造企业创造了良好的市场发展机遇。彼时,由于国家对环境的严格监管和治理刚刚起步,环境监测设备制造企业的技术尚不太成熟,监测设备缺乏足够的技术储备及实践锤炼,在实际使用中经常会发生这样那样的问题。本案的裁判,为环境监测设备质量纠纷或其他环境设备质量纠纷的处理明确了裁判尺度,立场鲜明地表明了态度:对质量低劣的环境设备不纵容、不放任,对其进入市场毫不含糊、毫不犹豫地说"不"。本案的处理,从司法角度对我国环境治理、为"美丽中国"建设提供了有力的支撑。

同时,由于委托人云南公司隶属某知名环境控股集团,该环境集团下属的多家电厂均从杭州公司采购了在线监测设备,亦均因相同或相似的质量问题产生纠纷,本案的全面胜诉为其他电厂提供了参考。通过谈判,最终该环境集团下属所有购买该在线监测设备的电厂均以与该案相同的方式对设备进行了处理。

二、法律评析

(一)关于双务合同中解除权法律分析

本案中,云南公司不履行尾款支付义务的抗辩理由是监测设备未通过环保部门验收的事实不具备合同约定的支付尾款的条件。同时,法院亦认定对方交付的自动检测设备存在质量问题、无法正常使用构成根本违约,云南公司享有解除权。

合同解除权包括意定解除权和法定解除权。意定解除权包括合意解除和约定解除权,即当事人之间协商一致可以解除合同,也可以约定一方解除合同的事由,解除合同的事由发生时,解除权人可以解除合同。法定解除权来源于法律规定,《民法典》第 563 条规定了 5 种法定解除事由,分别为因不可抗力致使不能实现合同目的、履行期限届满前拒绝履行主要债务、迟延履行主要债务且在催告后未在合理期限内履行、迟延履行债务或有其他违约行为致使合同目的不能实现以及法律规定的其他情形。第五种情形即法律规定的其他情形发挥指引作用,指引适用《民法典》合同编分则及特别法关于合同解除的相关规定。

除双方协商一致解除合同外,无论是按照《民法典》第 562 条第 2 款规定行使约定解除权,还是按照《民法典》第 563 条规定行使法定解除权,当事人一方依法主张解除合同的,应当通知对方。合同自通知到达对方时解除;通知载明债务人在一定期限内不履行债务则合同自动解除,债务人在该期限内未履行债务的,合同自通知载明的期限届满时解除。对方对解除合同有异议的,可以请求人民法院或者仲裁机构确认解除行为的效力。当事人一方未通知对方,直接以提起诉讼或者申请仲裁的方式依法主张解除合同,人民法院或者仲裁机构确认该主张的,合同自起诉状副本或者仲裁申请书副本送达对方时解除。

同时,根据《民法典》第 566 条的规定,"合同解除后,尚未履行的,终止履行;已经履行的,根据履行情况和合同性质,当事人可以请求恢复原状或者采取其他补救措施,并有权请求赔偿损失。合同因违约解除的,解除权人可以请求违约方承担违约责任,但是当事人另有约定的除外……"

(二)代理意见摘录

本诉部分:剩余设备款尚未达到合同约定的付款条件,应驳回其诉讼请求

双方签订的《烟气排放连续监测系统总包合同》(以下简称《总包合同》)第 8 条第 2 款明确约定:"设备安装调试完成后,当地环保部门验收通过,数据联网正常后、连续负荷运行 168 小时正常后,支付合同总价 40% 的货款,同时乙方开具合同全额增值税发票提供甲方。"从该条约定可知,云南公司支付合同总价 40% 货款须同时具备下述三项条件,即设备经当地环保部门验收通过、数据联网正常、连续

负荷运行168小时正常。三项付款条件须同时具备,缺一不可。

通过环保部门验收是剩余40%货款支付的首要条件。杭州公司虽然提交了监测报告、检测报告用以证明其设备通过环保部门验收,但由于监测报告、检测报告并非环保部门验收文件,因此不能证明合同约定的其"经当地环保部门验收通过"的条件已具备。

由于"数据联网正常"、"连续负荷运行168小时正常"与"通过当地环保部门验收"是并列的支付40%货款的必备条件,即使杭州公司供应的设备通过环保部门验收,但杭州公司未提供任何证据证明其供应的设备已实现"数据联网正常""连续负荷运行168小时正常",故仍未具备合同约定的三项付款条件。事实上,杭州公司供应的设备由于数据漂移严重、无法稳定运行、不符合环保烟气监测数据要求等原因无法使用,目前已被拆除。这通过云南公司提交的会议纪要、云南晨怡弘宇环保公司出具的情况说明、设备拆除照片可以充分证明。

由于合同约定的支付合同总价40%货款须同时具备的"数据联网正常""连续负荷运行168小时正常""通过当地环保部门验收"三项付款条件未同时具备,且云南公司已举证证明杭州公司供应的设备因无法使用已被拆除。依据《民事诉讼法》(2012年)第64条第1款"当事人对自己提出的主张,有责任提供证据",以及《最高人民法院关于民事诉讼证据的若干规定》(2008年)第2条"当事人对自己提出的诉讼请求所依据的事实或者反驳对方诉讼请求所依据的事实有责任提供证据加以证明。没有证据或者证据不足以证明当事人的事实主张的,由负有举证责任的当事人承担不利后果"的规定,应驳回杭州公司的全部诉求。

反诉部分:涉案合同已达到法律规定、合同约定、会议纪要约定的解除条件,应当予以解除,合同解除后杭州公司应立即退回云南公司已付货款并赔偿损失

1. 合同约定的解除条件已成就。

《总包合同》第9条第5款约定,"本合同为总包交钥匙工程,乙方(本案杭州

公司)全权负责合同设备到当地环保局的验收事宜,如乙方无法在约定时间(设备安装完成一个月内)完成验收,甲方(本案云南公司)有权取消合同,同时乙方必须退回已付款,并承担甲方由此引起的一切经济损失"。

本案所涉设备约于2015年6月完成安装,由于其至今未提交环保验收文件,早已超过1个月的验收期限。合同约定的解除条件已成就。

2. 会议纪要约定的合同解除条件已成就。

2016年4月1日,杭州公司与云南公司的管理平台公司"杭州绿能(企业)管理有限公司"相关人员在杭州锦江大厦709会议室召开会议,就杭州公司向云南公司及云南公司关联企业共11家电厂供应设备存在的质量问题进行了沟通,双方经沟通后形成会议纪要。云南公司在会议纪要中承诺"2016年4月20日前负责解决数据问题、设备稳定运行、并进行联网报告,并完成验收""设备供应商按照会议约定的时间节点和要求,解决各电厂所存在的所有问题,如果逾期,将由锦江绿能物资部门协调,按退货处理"。

杭州公司至今未能按会议纪要承诺,解决数据问题、设备稳定运行,且时间已远超会议纪要承诺的验收期限2016年4月20日。因此,云南公司有权根据会议纪要承诺要求退货、解除合同。

3.《合同法》规定的合同解除条件亦已成就。

《合同法》第94条规定,"有下列情形之一的,当事人可以解除合同:……(四)当事人一方迟延履行债务或者有其他违约行为致使不能实现合同目的……"

杭州公司供应的设备存在"数据漂移严重,不予出具联网报告;氧量偏高;上传数据与现场不一致"等问题,设备在安装约两年后也一直无法连续稳定运行。在环保主管部门对企业的环保监管日趋严格的大背景下,在昆明当地环保部门的监管要求下,云南公司不得已只好拆除设备,另行从第三方云南晨怡弘宇环保公司重新购置了在线监测设备。由于云南公司通过购买杭州公司出售的烟气在线监测系统以实现对其生产设备排放烟气的实时在线监测的目的无法达到,因此云南公司有权依《合同法》第94条规定解除双方签订的合同。

综上所述,云南公司请求解除合同既符合法律规定,又符合双方签订的合同约定,还符合杭州公司在会议纪要中所作的承诺。

4.合同解除后,杭州公司应立即退回云南公司已付货款并赔偿损失。

依据《合同法》第97条"合同解除后,尚未履行的,终止履行;已经履行的,根据履行情况和合同性质,当事人可以请求恢复原状或者采取其他补救措施,并有权要求赔偿损失"的规定,以及涉案合同第9条第5款的约定,云南公司解除合同后,杭州公司应退回云南公司已支付的全部款项。

如前文所述,由于杭州公司并未按会议纪要承诺在2016年4月20日前解决设备存在的问题,依据《最高人民法院关于审理买卖合同纠纷案件适用法律问题的解释》(2012年)第26条的规定,"买卖合同因违约而解除后,守约方主张继续适用违约金条款的,人民法院应予支持",杭州公司应当自2016年4月21日起向云南公司承担违约金。同时,根据涉案合同第9条第7款第3项的约定,合同解除后,云南公司购买新设备的差额损失,亦应由杭州公司承担;云南公司购买的涉案设备拆除后,又另行与第三方云南晨怡弘宇环保公司签订《烟气连续监测系统采购合同》,对于该部分重新购买设备的差额损失,杭州公司亦应向云南公司赔偿。

❖ 律师介绍

沈晓刚,北京盈科(杭州)律师事务所律师,高级合伙人。美国亚利桑那州立大学EMBA,浙江省律师协会资源与环境保护专业委员会副主任、浙江省及杭州市涉案企业合规第三方监督评估机制专业人员、杭州市中级人民法院特邀调解员、曾获最高人民检察院民事行政检察专家咨询网专家称号,主编出版《环境民事公益诉讼典型案例与实务精要》。业务领域:代理环境民事侵权私益诉讼、环境民事公益诉讼、环境损害赔磋商、环境行政处罚听证、环境行政复议等以及环保工程、环保设备买卖等民商事争议案件,为环境污染类刑事犯罪嫌疑人提供辩护,代理能源与资源类民事及行政案件,办理环保合规、环境尽职调查以及环境、资源与能源类企业投资并购等非诉业务,为环保企业提供常年法律顾问服务,双碳业务法律服务,ESG报告编制法律服务。

污水处理工程完工但水质不达标的应认定工程质量不合格

——河北某肉类产业公司与四川某环境工程公司
建设工程施工合同纠纷案

摘要 污水处理工程合同中,发包人的合同目的不仅仅是工程完工,还包括经该工程处理后的水质符合相应的标准。污水处理工程完工后,在试运行期间发现排放的水质不达标,属于工程质量不合格。工程经验收不合格,继续调试或改造的,不属于发包人"未经验收擅自使用"的情形,发包人仍然可以向承包人主张工程质量不合格并索赔。经承包人多次整改仍达不到要求的,属于《民法典》第563条第1款第3项规定的合同目的无法实现的情形,应允许发包人解除合同,并由承包人承担违约责任。

案情简介

2016年9月,发包人河北某肉类产业公司与承包人四川某环境工程公司签订《污水处理2500吨扩容土建/设备安装工程合同》。合同约定:实行设计施工总承包;排放量为每日2500吨污水;处理后的出水水质符合《肉类加工工业水污染物排放标准》(GB 13457-92)二级标准;完工后1个月不能验收合格的,发包人有权解除合同,承包人按工程款的20%支付违约金。合同还对双方其他权利义务作了约定。

2017年1月工程完工进入试运行阶段。但试运行一周后开始出现故障——活性污泥丧失活性;又运行一周后,污水处理系统瘫痪,无法起到净化作用。

这里需要介绍一下污水处理的方法。污水处理大体分为三步:第一步是去除悬浮物,常用的是物理法,如沉淀。第二步是去除溶解物,常用的是化学法,如活性污泥法。第三步是去除特殊污染物,属于深度处理,常用的是化学法,具体方法需要根据污染物性质确定。本案发包人的污染物主要是有机物,不涉及第三步。该工程的主要部分就是第二步,即采用活性污泥法净化污水。活性污泥是一种对污水进行处理后产生的富含微生物群落的泥状物质,其正常运行后持续产生微生物,同时改善水质。因此,活性污泥丧失活性意味着工程无法起到净化水质的作用。

承包人经多次调试,仍然无法达到排放标准,导致发包人受到环境部门的罚款处罚。后发包人被迫停用该工程,只使用原有的污水处理系统,一周后排放达标。承包人整改后再次启用本案工程,一周后排放再次超标。就这样,承包人先后三次整改,每次整改后启用不久就排放超标,然后发包人停用,不久后排放达标。2017年10月,承包人第四次整改后仍然排放超标。2018年2月底,承包人提出总费用70万元的整改方案,要求发包人承担整改费用,双方谈判破裂,承包人撤场,不再整改。发包人遂于2018年10月提起本案诉讼,要求解除合同、承包人返还已付工程款260万元并支付违约金69万元。

办理结果

法院经审理认定承包人构成违约,判决确认合同解除,承包人向发包人支付违约金69万元。

办案策略

鉴于发包人已经支付了大部分工程款,承包人又拒不履行修复义务,律师协助发包人收集证据后提起诉讼,要求解除合同、承包人承担违约责任。

发包人起诉要求解除合同、承包人承担违约责任的依据是工程质量不合格。

而工程质量是否合格,双方各执一词。虽然从工程验收和运行过程以及环保部门的处罚来看,工程质量大概率是不合格的,但是污水超标排放的原因比较复杂,不排除存在工程以外的因素。为了保证诉讼的顺利,律师建议发包人通过司法鉴定来证明工程不合格。因此,在起诉后律师第一时间向法院提出了鉴定申请,申请对本案工程的污水处理能力是否达每日 2500 吨及出水水质是否符合《肉类加工工业水污染物排放标准》(GB 13457 – 92)二级标准进行鉴定。但令人意外的是,法院组织双方当事人随机抽取的 3 家鉴定机构先后退回了鉴定委托,答复理由是没有相应的鉴定能力,无法接受委托。

事已至此,为了稳妥起见,律师建议邀请专家进行论证。法院也认为事关重大,既然鉴定机构都自称没有能力进行鉴定,法院就更不敢自己判断了。2020 年 4 月,法院组织双方当事人从鉴定人名册中抽取专家对该工程的设计方案的合理性、有效性进行论证。发包人抽取了两名给排水专业的高级工程师、一名环境科学与工程专业的教授,承包人抽取了一名农业专业的副研究员。双方都对对方的人选提出了异议,但是承包人的异议显然缺乏依据。后法院确定由两名给排水专业工程师和一名环境科学与工程教授组成专家组,对承包人的设计方案进行论证。

需要说明的是,根据全国人大常委会 2005 年通过的《关于司法鉴定管理问题的决定》,司法鉴定人员应当具备下列条件之一:(1)具有与所申请从事的司法鉴定业务相关的高级专业技术职称;(2)具有与所申请从事的司法鉴定业务相关的专业执业资格或者高等院校相关专业本科以上学历,从事相关工作 5 年以上;(3)具有与所申请从事的司法鉴定业务相关工作 10 年以上经历,具有较强的专业技能。

该决定同时又规定,国家对法医类、物证类、声像资料类鉴定实行登记管理制度(后来增加了环境损害鉴定),这就导致实践中存在一种误解,把资质等同于登记,认为没有登记就是没有资质,不需要登记就是不需要资质。其实,所有的鉴定机构和鉴定人都需要资质,这是毫无疑问的,这是由司法鉴定的专业性决定的。而登记是指在司法鉴定这个广袤的领域中选择了几种最常见、应用范围最广的鉴定,由司法行政机关实施进行登记管理,以提高其专业性、规范性。对没有纳入登记管理的鉴定种类仍然需要资质,只是不需要登记而已。具体到本案,双方提出的4位专家人选均符合"具有高级专业技术职称"这一条件,所争议的只是其专业是否"与司法鉴定业务相关"。因此,4位专家均具备鉴定人资质,只是其能够从事鉴定的范围不同。

专家论证后出具意见书认为:承包人的设计存在四个方面的问题,一是没有提供详细的设计文件,二是没有提供调试方案,三是没有对原水水质进行复检的环节,四是没有根据需要增加鼓风量。从上述问题可以看出,污水处理工程的专业性强,发包人虽有技术人员,但仍然高度依赖承包人的自我约束。

据此,律师申请专家出庭作证,当庭说明设计存在的问题。经开庭审理,法官接受了发包人的观点,认定该工程质量不合格,并在此基础上作出了判决。

律师评析

一、典型意义

环保工程的验收不仅仅是土建、设备本身的验收,还包括经工程处理后的污水、废气等达标排放。因此,在签订这类合同时,应注意区分不同阶段的验收,对土建、设备验收、试运行验收、环境部门验收分别作出明确约定。本案合同虽然注意到了这一点,但相关约定不够明确。特别是在合同履行过程中,发包人的工作人员在一张工程验收单上签署了"工程合格"的意见,给发包人的诉讼带来了很大的被动。此外,环保工程类案件高度依赖鉴定意见,律师要及时申请鉴定并提供相关证据材料。对于不具备鉴定条件的,可以通过专家论证、专家出庭作证等方式变通解决。

二、法律评析

(一)环保工程质量是否合格如何确定

环保工程是否合格,不仅是土建、设备安装等物理实体的完成,更重要的是工程能起到相应的作用,使经处理的污染物达标排放。本案的争议焦点就围绕这一点展开。

发包人起诉时，提供了 3 份检测报告，证明涉案工程在 2017 年 1 月 23 日、2 月 4 日至 5 日、8 月 14 日至 15 日出现污染物超标排放；3 份行政处罚决定书及罚款收据，证明当地环境部门以污水排放超标为由对发包人 3 次进行罚款处罚；双方签字的 2017 年 2 月 9 日至 18 日施工日志，证明工程试运行期间出水水质不达标；2017 年 11 月 23 日的现场视频，证明承包人的法定代表人在现场认可出水水质不达标；2018 年 2 月 4 日的双方会议纪要，证明出水水质不达标。上述证据已经能够初步证明工程质量不合格，但承包人辩称出水水质不达标系发包人所致，法院亦不敢轻易判断。发包人申请鉴定又没有合适的鉴定机构。最终以邀请专家论证并出庭作证的方式，促使法院作出了工程质量不合格的认定。理由分析如下：

第一，承包人据以证明工程质量合格的 2017 年 4 月 13 日"验收单"虽有发包人现场工作人员签字，但只能证明该工程中的设备安装完成，不能证明经处理的污水符合要求。验收单中记载的"按合同要求完成所有设备安装"只是合同第 8 条第 3 项约定的"工程安装完成后，承包人应通知发包人进行验收，验收完成后进行设备移交手续"，而该条第 4 项、第 5 项、第 6 项约定的向环保部门申请监测验收并取得合格报告、分夏季、冬季两次验收合格以及环保部门最终验收合格均未进行。双方的合同目的是通过该工程使发包人的污水处理能力达到每日 2500 吨，且处理后的污水符合《肉类加工工业水污染物排放标准》(GB 13457-92)二级标准，而验收单对此并未提及，故该验收单不能证明工程质量合格。

第二，当地环保部门对发包人的行政处罚、双方互相发送的电子邮件、函件特别是承包人于 2018 年 2 月 23 日向发包人提交的《关于××项目曝气系统及氨氮去除的改造方案》，证明经处理的污水水质不达标。

第三，具备相关资质的专家进行论证并出庭作证，证明承包人的设计方案不合理、无法有效地处理污水并达到排放标准，根据该设计方案实施的工程自然无法合格。

(二)发包人是否因擅自使用工程丧失质量抗辩权

自 2018 年 2 月双方谈判破裂、承包人撤场后至 2018 年 10 月发包人起诉前，涉案工程处于发包人实际控制下。承包人主张发包人擅自使用，不得再就工程质量提出异议。

《最高人民法院关于审理建设工程施工合同纠纷案件适用法律问题的解释（一）》（2020年）第14条规定，建设工程未经竣工验收，发包人擅自使用后，又以使用部分质量不符合约定为由主张权利的，人民法院不予支持。本案还有一个特殊情况，就是发包人做这个工程是因为产能在增加。现在工程不合格，要么维持原有产能但企业就没法发展，要么扩大产能就会超标排放，就要被处罚。为此，发包人起诉后很快和案外人某环保公司签订了合同，对涉案工程进行改造，以达到扩大污水处理能力进而扩大产能的目的。因此，工程质量虽然确实不合格，但发包人是否因擅自使用而丧失权利，就成为本案必须解决的问题。

经分析，律师认为司法解释规定的因"擅自使用"而丧失质量抗辩权的前提是工程"未经竣工验收"。而本案并非"未经验收"，而是经验收不合格。司法解释之所以这样规定，一方面是基于《民法典》第799条第2款的规定，建设工程竣工经验收合格后，方可交付使用；未经验收或者验收不合格的，不得交付使用。擅自使用可能导致安全风险。另一方面是由于未经验收说明工程质量是否合格处于不明确的状态，发包人擅自使用后工程质量不合格的，很有可能是发包人使用不当导致的不合格。为了杜绝"擅自使用"这一违法行为，司法解释才如此规定。

而本案其实已经进行了验收，并且在验收阶段就发现了工程质量不合格，承包人还进行了多次整改。从2018年1月工程完工到10月承包人撤场，工程一直处于试运行阶段，这当然不属于擅自使用。在承包人拒绝整改、撤场后，发包人为了扩大产能的需要才对工程进行改造。在已经明确工程质量不合格的情况下，不存在因擅自使用导致发包人丧失权利的前提。

(三) 承包人应承担何种违约责任

《民法典》第577条规定，当事人一方不履行合同义务或者履行合同义务不符合约定的，应当承担继续履行、采取补救措施或者赔偿损失等违约责任。第801条规定，因施工人的原因致使建设工程质量不符合约定的，发包人有权请求施工人在合理期限内无偿修理或者返工、改建。经过修理或者返工、改建后，造成逾期交付的,施工人应当承担违约责任。在这里,第801条是对第577条的具体化。承包人的整改其实就是采取补救措施,但多次整改后仍然不符合合同约定,属于《民法典》第563条规定的"当事人一方迟延履行债务或者有其他违约行为致使不能实现合同目的"的情形,应允许当事人解除合同。

至于合同解除后的处理,根据《民法典》第566条的规定,合同解除后,尚未履行的,终止履行;已经履行的,根据履行情况和合同性质,当事人可以请求恢复原状或者采取其他补救措施,并有权请求赔偿损失。合同因违约解除的,解除权人可以请求违约方承担违约责任,但是当事人另有约定的除外。《民法典》第806条第3款规定,"合同解除后,已经完成的建设工程质量合格的,发包人应当按照约定支付相应的工程价款;已经完成的建设工程质量不合格的,参照本法第七百九十三条的规定处理";第793条规定:"建设工程施工合同无效,但是建设工程经验收合格的,可以参照合同关于工程价款的约定折价补偿承包人。建设工程施工合同无效,且建设工程经验收不合格的,按照以下情形处理:(一)修复后的建设工程经验收合格的,发包人可以请求承包人承担修复费用;(二)修复后的建设工程经验收不合格的,承包人无权请求参照合同关于工程价款的约定折价补偿。发包人对因建设工程不合格造成的损失有过错的,应当承担相应的责任。"

根据上述规定,因工程验收不合格解除合同的,发包人有权按合同约定请求承包人承担违约责任,并不支付剩余工程款。法院判决支持了发包人要求承包人按工程款的20%支付违约金的诉讼请求。

◆ 律师介绍

王仁峰,北京市盈科(石家庄)律师事务所律师、合伙人。石家庄市律师协会第七届理事会环境、资源与能源专业委员会主任。

发电企业炉渣处置合同纠纷与《民法典》绿色履行原则的适用

——JX 某燃煤发电厂炉渣处置合同纠纷案

摘要 燃煤发电厂的炉渣究竟属于谁,是发电厂还是炉渣清运处置企业?本案通过发电厂与炉渣清运企业合同纠纷的一审、二审及再审申请的解剖分析,解开是确权还是违约的迷惑;通过对《民法典》第509条的绿色履行原则的重点运用,争取了法院对案涉环境污染风险、责任的重视,对合同违约行为和炉渣的权属给予了明确的认定。本案的审判结果对发电企业固体废物处置过程中的核心风险要素做了充分的揭示,有较强的指导意义。

案情简介

案外人 B 公司在负责清运发电企业发电生产所产生的炉渣过程中,将 30 多万吨的灰渣长期存放于发电企业的应急事故灰场,灰渣堆积高度高于灰场坝体十几米,这存在极大的安全、环保隐患。为此,2017 年 8 月 1 日,发电企业与 A 公司及案外人 B 公司签订了一份炉渣清理及处置合同。合同约定,案外人 B 公司所有遗留炉渣均转由 A 公司进行符合环保要求的处置,应急事故灰场的炉渣必须自 2018 年 1 月 1 日起每年处置 10 万吨以上,直至全部处置完;若未按要求处理,之后未处置的炉渣产权归发电企业所有。2018 年 8 月 1 日,发电企业与 A 公司续签炉渣清运合同,约定由 A 公司继续清运发电企业事故灰场存放的炉渣(约 40 万吨),并自 2018 年 8 月 1 日起,每年至少处置炉渣 10 万吨。上述合同签订后,A 公司每年处置的炉渣均未达到 10 万吨,发电企业多次向 A 公司催告、督促均无效,至一审立案,炉渣堆积高度仍高于灰场坝体十几米,大部分没有被清运处置,存在极大的安全、环保隐患。故发电企业向一审法院提起诉讼,请求依法判决 A 公司在 60 日内将其堆放在发电企业应急事故灰场内的全部灰渣清理完毕,对于 A 公司逾期仍未清理的灰渣所有权归发电企业所有,由发电企业负责清理处置。

本案争议焦点:(1)A 公司是否存在违约行为(A 公司认为其将未处理的炉渣堆放至发电企业应急事故灰场系经发电企业默示);(2)逾期未处理的炉渣是否归发电企业所有。

办理结果

一审裁判结果:由 A 公司在 2021 年 12 月 31 日前,按照环保部门要求清理完毕位于发电企业事故灰场所存放的炉渣,将灰场场地腾空交付给发电企业。如果未按时全部清理处置,所剩炉渣归发电企业所有,由发电企业负责清理处置。

二审裁判结果:驳回上诉,维持原判。

再审法院认为:第一,关于 A 公司是否完全履行合同义务以及是否存在以实际履行变更 2018 年 8 月 1 日续签的炉渣清运合同内容的行为。2018 年 8 月 1 日续签的炉渣清运合同中约定由 A 公司继续清运发电企业事故灰场存放的炉渣(约 40 万吨),A 公司自 2018 年 8 月 1 日起,每年至少处置炉渣 10 万吨。同时 A 公司不得将新渣运到事故灰场。经查,A 公司自 2018 年 1 月至争议之日,每年均未能处置发电企业事故灰场存放的炉渣 10 万吨以上,其行为已经构成违约。故 A 公司并未完全履行合同义务,存在违约情形。关于 A 公司表明其在实际履行中,已经发电企业同意将每年新产生的炉渣存放于事故灰场内的行为系对炉渣清运合同内容变更的主张,A 公司并未举证证明其主张事实,根据现有证据无法认定 A 公司将新渣运到事故灰场系经发电企业同意后变更炉渣清运合同履约的行为,对 A 公司的该抗辩主张二审判决未予采信,认定事实并无不当。

第二,关于涉案炉渣归属问题。经调查,2017 年 8 月 1 日发电企业为甲方、A

公司为乙方、B 公司为丙方,三方签订了一份炉渣清理及处置合同,期限为 1 年。该合同既约定了发电企业与 A 公司在 2017 年 8 月 1 日至 2018 年 7 月 31 日对炉渣清理与处置的权利义务,又特别对原有炉渣的后续清运作出明确约定,其中第 4 条约定,"(乙方)2018 年 1 月 1 日起每年必须符合环保部门要求处置事故灰场的炉渣 10 万吨以上(折合每月处置 8300 吨),否则不给予支付合同款,扣除履约保证金,解除合同,之后未处置的炉渣归甲方所有,处置收益归甲方,在此期间给甲方带来的损失乙方承担连带责任"。一审、二审判决已查明并认定 A 公司从 2018 年 1 月至争议之日,每年均未能处置发电企业事故灰场存放的炉渣 10 万吨以上,存放的炉渣因未被及时清运现场已存在极大的安全、环保隐患,A 公司构成违约。按照合同约定"未处置的炉渣归甲方所有,处置收益归甲方",一审、二审判决逾期未被清理的炉渣归发电企业处置并无不当。在合同期限届满后,三方于 2018 年 8 月 1 日续签炉渣清运合同。2018 年签订的炉渣清运合同虽未约定炉渣所有权归属问题,但根据炉渣清运合同中约定 A 公司不得将新渣运到事故灰场可知,事故灰场存有的是旧存炉渣,旧存炉渣是发电企业生产经营过程中产生的废弃物,亦应由发电企业享有所有权。一审、二审判决按照合同约定再给予 A 公司一定期限清理完毕未处置的炉渣,逾期所剩炉渣归发电企业所有,认定事实、适用法律均无不当。

再审法院裁定:驳回 A 公司的再审申请。

◆ 办案策略

本案争议焦点为,A 公司认为其每年已按合同约定清运 10 万吨炉渣,否则发电企业不会与其续签合同,且合同中约定未处置炉渣归发电企业所有的前提为合同解除,在发电企业未解除合同的前提下,未及时清理处置的炉渣不能归发电企业所有。因此 A 公司不服一审法院判决并提出上诉,在二审法院维持原判的情况下,向江西省高级人民法院提出再审申请。

彭雯、潘旻娜律师在接受发电企业再审阶段的委托后,经过仔细研读案件,他们认为:本案应当帮助再审法院厘清案件背景、阐明两次签订合同的具体原因及实际履行情况（是否违约）。且本案若不及时处理，堆积高度十几米的炉渣已经埋下极大安全隐患，亦造成了周边环境污染，A 公司的行为不仅违反了合同约定，更违反了"绿色原则"，即《民法典》第 509 条第 3 款"当事人在履行合同过程中，应当避免浪费资源、污染环境和破坏生态"的规定。任何一级法院或任何一位主审官都不可能忽视或无视巨大的环境污染风险而作出裁决。基于此，受托律师提出以下核心观点：

第一，A 公司未能依照合同约定每年清运 10 万吨炉渣，且 A 公司违反合同约定将炉渣堆放至发电企业事故灰场，存在明显的违约行为。争议双方于 2017 年 8 月 1 日签订的 2017 年合同到期与否并不能代表该合同义务已经履行完毕，双方于 2018 年 8 月 1 日签订的 2018 年合同也并不能代表答辩人认可 A 公司已经全部履行 2017 年合同的义务。发电企业未追究 A 公司违约责任的行为不能被理解为默示或认可其违约行为，A 公司企图将违约行为合理化以掩盖其违约事实。实际上，某市环境监察队于 2017 年多次对灰场现场检查的整改要求都是"加快对应急灰坝的环境安全管理，按环评要求，尽快落实整改，将灰场清理"。这也是发电企业与 A 公司签订 2017 年合同及 2018 年合同的主要原因。且两份合同中都明确约定，"两台机组所排出新渣处置必须符合环保要求，不得进入发电企业事故灰场和不符合环保要求的堆放场地"。若发电企业默认让 A 公司将不断产出的新渣不停堆放至事故灰场，那么发电企业每年向其支付的上百万元处理炉渣费的意义何在？

第二，涉案炉渣应当归发电企业所属。2017 年 8 月 1 日发电企业、A 公司及案外人 B 公司三方签订炉渣清理及处置合同，其中第 4 条约定，"（A 公司）2018 年 1 月 1 日起每年必须符合环保部门要求处置事故灰场的炉渣 10 万吨以上，否则不给予支付合同款，扣除履约保证金，解除合同，之后未处置的炉渣归发电企业所有，处置收益归发电企业，在此期间给发电企业带来的损失 A 公司承担连带责任"。因 A 公司从 2018 年 1 月至争议之日，每年均未能处置发电企业事故灰场存放的炉渣 10 万吨以上，其存放的炉渣因未被及时清运已存在极大的安全、环保隐患，A 公司构成违约，故按照合同逾期未被清理的炉渣应当归发电企业处置。

律师评析

一、典型意义

燃煤电厂的炉渣是发电企业生产经营过程中产生的一种固体废物,属于工业固体废物,及时处理炉渣是发电企业生产安全和环保合规的基本要求,也是发电企业的一项重要日常工作。随着工业资源综合利用产业的发展以及对固体废物污染防治管理要求的进一步严格,发电企业对外委托处理炉渣过程中不断涌现出新的法律问题。依据《固体废物污染环境防治法》(2020年)第36条的规定,产生工业固体废物的单位应当建立健全工业固体废物产生、收集、贮存、运输、利用、处置全过程的污染环境防治责任制度,建立工业固体废物管理台账,如实记录工业固体废物的种类、数量、流向、贮存、利用、处置等信息,实现工业固体废物可溯源、可查询,并采取防治工业固体废物污染环境的措施。发电企业是炉渣处置的法定第一责任主体,即便是发电企业将其产生的炉渣委托给具有资质的企业进行处置,也不能完全免除其对外所应承担的炉渣处置的环境污染防治责任。在绿色原则成为《民法典》的基本原则的背景下,发电企业将《民法典》第509条的绿色履行原则具体化后纳入炉渣处置合同,这既是对《民法典》第9条所规定的绿色原则在合同编中的回应之一,"也符合我国市场经济进行高质量和可持续发展的转型需求,是进一步落实党中央提出的完善绿色生产和消费的法律制度和政策导向的要求"。该原则体现了国家推动生态文明建设、坚持可持续发展、人类与自然和谐相处的发展理念,其不能也不该成为纸上的法律。

因此,当事人或行政机关应该将该原则具体化或原则性载入合同或行业示范文本,这不仅是发电企业合法合理地运用该绿色履行原则,在保护自身权益的同时,也降低了环境污染的风险,有利于实现法律效果与社会效果的统一。

二、法律评析

炉渣属于工业固体废物,体量大,对周边生态环境存在严重威胁。炉渣中的有害成分会造成环境水、土壤、扬尘等污染,对周边居民健康安全影响重大。为提升固体废物的环境监督管理,我国现行的法律法规、部门规章中制定了预防和减少固体废物污染环境的法律要求。根据《固体废物污染环境防治法》的规定,作为炉渣产生者的发电企业和炉渣处置者的 A 公司,都需承担不同内容的环境责任,否则不但自身面临民事责任、行政处罚、刑事处罚,而且更重要的是会造成重大环境事件。

第一,发电企业会和 A 公司达成炉渣处置合同正是因为炉渣长期存放在应急事故灰场,存在安全和环保隐患,发电企业也因此被当地环保部门多次督查,如果处理不当可能面临环保部门的处罚和污染周边生态环境的风险。为了依法合规地处理炉渣,发电企业与 A 公司才达成炉渣处置合同。因此,该合同的履行除了需要符合委托合同的通常要求,还需要符合环境污染防治的需要。

第二,在合同履行的过程中,A 公司怠于履行合同的行为也导致合同目的没有完全实现。炉渣作为案涉合同所属标的物,具有特殊性,按照《固体废物污染环境防治法》的规定,炉渣属于工业固体废物,对其的处置要坚持资源化和无害化原则,促进固体废物的综合利用,降低固体废物的危害性。根据国家发展和改革委员会发布的《产业结构调整指导目录》(2019 年本),固体废物处理行业属于第 43 项"环境保护与资源节约综合利用"行业,属于我国国民经济发展的鼓励类行业。在社会经济可持续发展的要求下,提高炉渣的综合利用水平,通过适当的工艺,将炉渣中有价值的资源变废为宝或对炉渣的科学处置,对缓解资源压力、实现环境治理都有积极意义。案涉合同的 A 公司由于炉渣市场竞争、供求不平衡、价格波动等原因,为了自身利益最大化,无视合同的规定不及时处置炉渣,将炉渣继续堆积在发电企业的应急事故灰场的行为,可能导致发电企业面临环境污染和被环保部门处罚的双重风险。因此,出于环境保护和再利用的目的,对炉渣的处置必须严格遵守《环境保护法》《固体废物污染环境防治法》《火电厂污染防治技术政策》等法律和规范性文件。

第三,《民法典》中也有许多关于环境保护的条款,《民法典》总则编的绿色原则(《民法典》第 9 条)与合同编的绿色履行原则(《民法典》第 509 条第 3 款)以及其他绿色条款反映了中国特色新时代的生态文明建设需求,节能减排、保护环境已经深入国家和社会生活的方方面面,对很多民事行为的评判都直接或间接地涉及经济发展和环境保护平衡问题。

第四,合同条款由当事人自主决定,这是意思自治的体现。意思自治原则肯定合同当事人自由选择合同相对方、标的、履行方式、具体违约责任等合同内容的权利。但自由从来不是绝对的。除意思自治外,还包括契约正义。契约正义不仅体现在合同当事人之间的对待给付以及对合同当事人合法权益的保护,还涉及对公共利益的维护。在我国步入生态文明建设的新时代,将具有公法意义的绿色履行原则注入高度重视意思自治的合同领域,是对时代需求的回应。这表明合同法律关系作为市场经济的核心交易规则,同样要遵循绿色原则,在履行合同的整个过程中,当事人都应当考量自己的行为,避免浪费资源、污染环境和破坏生态。该条款的规定对合同当事人承担保护生态环境的责任也有积极推动作用。

第五,由于裁判文书的公开性,人民法院的裁判文书除有定分止争之效果外,其对于绿色原则和绿色履行原则等绿色条款的引用将有利于提升社会大众的环保意识,有利于使绿色原则和绿色履行原则像社会主义核心价值观一样融入社会生产生活的各个方面,转化为人们的情感认同和行业习惯,为民事主体从事民事活动确立价值导向。

环境资源审判作为国家环境治理体系的重要环节,应当依据绿色原则、绿色履行原则以及公序良俗、权利不得滥用等概括性条款以及特别法之具体规定,结合效率、正义等法的基本价值,对炉渣处置合同的相关条款或合同当事人的履行行为做出评价,为生态文明建设保驾护航。A公司也应当按照合同约定及时且合规处置炉渣,以践行绿色服务方式,从源头降低环境保护的风险。该类案件裁判的参考价值可带动整个炉渣处置行业积极贯彻现代环境治理要求,推进生产服务绿色化。从这个角度来讲,绿色履行原则在环境公益诉讼当中更具有依据价值。

三、律师代理意见

再审阶段受理后,代理律师从帮助再审法院厘清案件背景、阐明两次签订协议的具体原因及协议实际履行情况(是否违约),重点强调本案若不及时处理,堆积高度十几米的炉渣已成为发电企业严重的安全隐患,将造成周边环境的严重污染。其向再审审查机关提交了如下代理意见:

发电企业炉渣处置合同纠纷再审代理意见

答辩人:发电企业(以下亦称燃煤电厂或答辩人)

被答辩人:A公司(以下称A公司或被答辩人)

答辩人认为,JX省××市中级人民法院作出的(2021)赣02民终×号民事判决书认定事实清楚,适用法律正确。A公司主张的再审事由根本不成立。因此,请求人民法院依法驳回A公司的再审申请。现将事实和理由陈述如下:

一、燃煤电厂与A公司合同纠纷一案涉及的基本事实

(一)燃煤电厂炉渣(灰渣)清运处置方式及情况

燃煤电厂是一家2012年投产的燃煤火力发电厂,每年产生的炉渣约有10万吨。国家环保要求燃煤电厂的炉渣实行零库存,因此燃煤电厂只设计建造了一个容量很小的事故(应急)灰场。历年来,炉渣都由外包单位负责对炉渣进行符合环保要求的清运和处置。

(二)2017年燃煤电厂、A公司、B公司三方签订炉渣清理及处置合同的背景情况

1. 在2017年之前,原外包单位B公司将其清运处理的所有炉渣的小部分堆放在义城村道路三处;大部分(约30多万吨)堆放在燃煤电厂事故灰场上面的斜坡上,堆放高度超出坝体十几米(见现场图片)。

2. 2017年1月11日和3月27日,×市环境监察支队分别两次到燃煤电厂现场核查,其在企业环境问题及处理整改建议中明确要求,"加强对应急灰坝的环境安全管理,按环评要求,尽快落实整改,将灰场清理""督促外包公司尽快清运煤灰暂存处的煤灰及灰场煤灰,加强厂区内环境安全管理"。

3. 2017年7月,正当燃煤电厂与A公司商谈当年新生炉渣清运处置合同时,B公司主动要求参与其中,商讨受到环保部门核查的炉渣处置事宜。经三方商定,最终签订了编号为2017-×-×的炉渣清理及处置合同(以下简称2017合同)。该合同既约定了燃煤电厂与A公司在2017年8月1日至2018年7月31日

对新生炉渣清理与处置的权利和义务,又特别对 B 公司原有炉渣的后续清运处置作出了多项明确约定。

(三)2018 年燃煤电厂与 A 公司签订炉渣清运合同的情况

2018 年 8 月,燃煤电厂与 A 公司商定签订了一份期限为一年的炉渣清运合同(以下简称 2018 合同)。该合同继续约定 A 公司负责及时清理新渣及事故灰场炉渣,且对于事故灰场炉渣的清理每年不少于 10 万吨。

二、理由陈述

答辩人认为 2017 合同到期与否并不代表该合同义务已经履行完毕,涉案双方续签 2018 合同也并不代表答辩人认可 A 公司已经全部履行了 2017 合同的义务。

(一)A 公司未按 2017 合同约定履行其主要义务

根据 2017 合同的约定,A 公司应当承担的主要合同义务为:(1)A 公司应于 2017 年 12 月 30 日前将堆放于义城村的旧炉渣清理完毕;(2)A 公司应于 2018 年 1 月 1 日起每年处置事故灰场的炉渣 10 万吨以上,直至全部处置完毕;(3)处置答辩人两台机组所排出的新渣。

但 A 公司并未按照合同约定按时按量履行合同义务,其处理事故灰场的旧炉渣远不足 10 万吨。根据《民法典》第 577 条的规定,"当事人一方不履行合同义务或者履行合同义务不符合约定的,应当承担继续履行、采取补救措施或者赔偿损失等违约责任"。因此,答辩人认为 A 公司的事故灰场炉渣处置义务并不会因合同是否到期而终止,答辩人有权要求 A 公司依照 2017 合同的约定继续履行清理事故灰场炉渣的义务。

(二)答辩人认为 A 公司不仅严重违约而且虚构事实

A 公司自认其将新生炉渣运送到燃煤电厂事故灰场,不仅证实了其严重违反"两台机组所排出新渣处置必须符合环保要求,不得进入甲方事故灰场和不符合环保要求的堆放场地"的合同约定,而且虚构事实真相。该事故灰场 30 多万吨的炉渣,全部是 B 公司所遗留的,从 2017 年 1 月至 2021 年 12 月,燃煤电厂从未允许任何人将新生炉渣运至事故灰场。

第一,2017年1月、3月和10月,×市环境监察支队共3次检查事故灰场,3次责令"尽快落实整改,督促外包单位尽快清运灰场煤灰"。这也是答辩人与A公司签订2017合同及2018合同的主要原因。按常理说,在这种情况下,谁敢顶风作案,谁敢将新生炉渣运至事故灰场,谁又敢同意将新生炉渣运至事故灰场?

第二,2017年8月至2018年7月和2018年8月至2019年7月,这两年A公司都是清运新生炉渣的承包单位,燃煤电厂每年支付其110万元的高额清运费用,且2017合同及2018合同均在第1条明确约定,"两台机组所排出新渣处置必须符合环保要求,不得进入甲方事故灰场和不符合环保要求的堆放场地",明确禁止A公司将新渣堆放至事故灰场。

第三,自2019年8月以后,清运新生炉渣的业务由他方承包,A公司更不可能有新生炉渣运送至事故灰场。因此,答辩人绝不会允许或默认A公司将新渣堆放至事故灰场的行为。但A公司却不顾环保安全及合同约定,将新渣存放于事故灰场内,导致事故灰场的炉渣越积越多,环保隐患越来越大,还将答辩人未追究其违约责任的行为理解为认可其违约行为,企图将违约行为合理化以掩盖其严重违约的事实。

(三)答辩人有权依照根据2017合同的约定要求被答辩人A公司承担违约责任,继续履行合同义务

2017合同的违约责任不因该合同是否到期而终止。该合同约定若A公司未履行合同义务,则"不给予支付合同款,扣除履约保证金,解除合同,之后未处置的炉渣产权归甲方所有,处置收益归甲方"的约定,系选择性约定,即被答辩人作为守约方,有权选择前述一项或多项权利行使,解除合同、扣除履约保证金并非前提。在A公司未履行清理事故灰场炉渣的合同义务的情况下,答辩人燃煤电厂有权依据2017合同提起诉讼,要求被答辩人A公司承担违约责任,继续履行合同义务,限期清运事故灰场炉渣。

被答辩人A公司应当遵守诚实信用及绿色原则,按照合同约定全面履行自己的义务。《民法典》第509条规定:"当事人应当按照约定全面履行自己的义务。当事人应当遵循诚信原则,根据合同的性质、目的和交易习惯履行通知、协助、保

密等义务。当事人在履行合同过程中,应当避免浪费资源、污染环境和破坏生态。"而 A 公司的违约行为导致至今仍有 30 余万吨的炉渣存放在答辩人的应急事故灰场,造成极大的安全、环保隐患,随时都有发生险情、造成重大环境事故的可能。因此,A 公司应当继续履行合同约定义务,避免重大事故的发生。

(四)答辩人认为本案涉及的是合同违约纠纷

燃煤电厂与 A 公司之间实质上并不存在事故灰场炉渣的权属之争,只要被答辩人认真履行合同义务,按合同的约定对事故灰场遗留的炉渣进行清理,消除电厂生产安全隐患,解决灰场环境污染问题,燃煤电厂不会主张炉渣的所有权。但综观本案的争议过程,被答辩人 A 公司始终置燃煤电厂的安全生产和环境污染于不顾,拖延扯皮,一再违约。因此,一审、二审法院依据 2017 合同的约定,作出"由被告 A 公司在 2021 年 12 月 31 日前,按照环保部门要求清理完毕位于原告燃煤电厂事故灰场所存放的炉渣,将灰场场地腾空交付给原告;如未按时全部清理处置,所剩炉渣归原告所有,由原告负责清理处置"的判决。其认定事实清楚,适用法律正确。

首先,2017 合同约定,"2018 年 1 月 1 日起每年必须符合环保部门要求处置事故灰场的炉渣 10 万吨以上……之后未处置的炉渣产权归甲方所有,处置收益归甲方,在此期间给甲方带来的损失乙方承担连带责任"。这是对违约责任承担方式的一种约定。

其次,本案既涉及安全、环保问题,又涉及排除妨害,消除危险的民事责任承担问题。

最后,《民法典》第 581 条规定:"当事人一方不履行债务或者履行债务不符合约定,根据债务的性质不得强制履行的,对方可以请求其负担由第三人替代履行的费用。"该规定是为了完善违约责任制度而设立,而本案就属于一起合同违约纠纷案件。A 公司未能按期履行清运事故灰场 30 多万吨炉渣的义务,且该未履行的债务的性质属于无法强制义务人实际履行的范畴。假如人民法院从合同违约、排除妨碍、消除危险的角度考虑,作出限期 A 公司负责清运 30 多万吨炉渣的判决,A 公司可能仍然不会履行清理义务。现人民法院根据 2017 合同的约定,作出

"如未按时全部清理处置,所剩炉渣归原告所有,由原告负责清理处置"的判决,据此判决,燃煤电厂在实质上只是起到了替代履行的作用。若燃煤电厂替代被答辩人履行完毕后,仍有要求其支付合理费用的权利。

综上所述,答辩人认为,一审及二审判决认定事实清楚,适用法律正确,应当依法予以维持。

答辩人:燃煤电厂
2022 年 3 月 21 日

◆ 律师介绍

彭雯,北京市盈科(南昌)律师事务所律师,澳门科技大学法学硕士。现任盈科南昌能源与环境资源法律事务部主任、盈科华中区域能源与环境法律专业委员会主任、南昌市律师协会环境与资源法律专业委员会委员。业务领域:新能源项目投资并购、国有企业资产运营及监管、公司治理,风电、光伏、储能、充电桩等新能源行业投资咨询、碳中和业务投资咨询。所获荣誉:2023 年度盈科全国优秀商事律师。

潘旻娜,北京市盈科(南昌)律师事务所律师,大连海事大学法学本科毕业,现任盈科南昌能源与环境资源法律事务部秘书、南昌市律师协会环境与资源法律专业委员会委员。业务领域:民商事纠纷、新能源项目投资并购等。

环境监测应遵守有关标准与方法

摘要 A公司是一家处理综合污水的城镇污水厂，乙市生态环境监测站对其采集了一个水样，其检测结果超过了国家标准，因此乙市丙区生态环境分局对其进行了60万元的行政处罚。张玉宇律师及其团队根据采样规则以及标准中的有关规定，通过行政诉讼、行政复议等手段，成功使该公司免予行政处罚，间接减少损失数千万元。

案情简介

甲公司是设计出水指标达到《城镇污水处理厂污染物排放标准》(GB 19918-2002)一级A标准的城镇污水处理厂。某日，乙市生态环境监测中心站对甲公司排放废水进行了采样(瞬时采样)，在对样品进行检测后，出具监测报告，报告认定所采的水样中，NH_3-N等三项检测结果超过国家标准。乙市丙区生态环境分局依监测报告，对甲公司作出了责令立即停止违法行为并处罚款60万元的处罚决定。

甲公司对该行政处罚不服，首先向乙市生态环境局提出行政复议，乙市生态环境局复议决定，维持原处罚决定。后甲公司以丙区生态环境分局和乙市生态环境局为被告，向乙市丁区人民法院提起行政诉讼。

该案是否应予行政处罚，关系着采样方式与采样标准应用的因果关系问题，也影响着对部分特殊类企业的监管方式问题。同时，甲公司作为污水处理类型公司，享受国家税收优惠政策，但如果该处罚正式生效，甲公司将自处罚决定下达的次月起36个月内,不再享受优惠政策,面临数千万元的损失。

办理结果

本案经过一审、二审、发回重审、重新二审,最终法院判决撤销乙市丙区生态环境分局的处罚决定,撤销乙市生态环境局的复议决定。

办案策略

本案属于影响较大案件,处罚单位为政府机关,被处罚单位为央企下属企业,又因为案涉行为是否应予行政处罚对全市乃至全国类似行为的监管都将产生巨大影响,因此,律师在接受委托后,经过分析,确定采取以下程序:

1. 通过申请听证的方式,获取本案处罚证据,并初步了解丙区生态环境分局对本案的态度和理念以及本案的背景。

2. 通过申请复议的方式,将本案的影响扩大,同时可以将本案管辖法院进行变更。

3. 制定诉讼方式。经仔细研究本案证据,律师发现本案制作监测报告的采样方式没有满足《城镇污水处理厂污染物排放标准》(GB 18918-2002)中关于采样频次等要求,因此本案的诉讼策略主要为针对核心证据监测报告予以辩论。同时,律师收集了甲公司的在线监测数据,针对进水超标采取的汇报、加大投入等辅助证据来证明甲公司没有排污超标的事实。最终以达到证明甲公司没有排污超标并且如果行政处罚导致显失公平的目的。

律师评析

一、典型意义

《环境行政处罚办法》(2010年)规定,环境保护主管部门可以将现场即时采样获得的监测结果作为判定污染物排放是否超标的证据。生态环境部《关于环境行政处罚即时采样问题的复函》(环办法规函〔2018〕1246号)对此进行了补充,即"现场即时采样是指现场检查时可以取一个样品进行监测"。但《城镇污水处理厂污染物排放标准》(GB 18918-2002)第4.1.4.2条却规定"取样频率为至少每2h一次,取24h混合样,以日均值计"。那么"一个样品"的监测结果是否能突破"日均值"呢?

本案正是在规定并不明确的基础上,通过法律分析、现有科学技术分析来证明突破排放标准规定的采样方式是不能成为规范的行政处罚证据。在本案之后,该案所在地区及周边地区针对城镇污水处理厂的监管与处罚,都统一使用"日均值"。

在此之后,为了避免类似案件再次发生,生态环境部2023年制定了《生态环境行政处罚办法》,删除了"即时采样"的表述,并在第29条明确规定了"生态环境主管部门现场检查时,可以按照相关技术规范要求现场采样,获取的监测(检测)数据可以作为认定案件事实的证据"。

二、法律评析

(一)"瞬时采样"的监测结果不能认定城镇污水处理厂排污超标的唯一证据

本案中,针对采样规范的问题,律师当庭提出如下意见:

1. 针对污水处理厂的处罚应依据"日均值",而非瞬时值

(1)原国家环境保护总局、原国家质量监督检验检疫总局发布的中华人民共和国国家标准《城镇污水处理厂污染物排放标准》(GB 18918-2002)第4.1.4.2条对涉及污水处理厂的取样与监测方法进行了"取样频率为至少每2h一次,取24h混合样,以日均值计"的规定,但对污水处理企业的最高排放浓度标准只规定了"日均值"。

《标准化法》(2017年)第2条第3款规定,"强制标准必须执行";第10条第1款规定,"对保障人身健康和生命财产安全、国家安全、生态环境安全以及满足经济社会管理基本需要的技术要求,应当制定强制性国家标准"。

因此,《城镇污水处理厂污染物排放标准》(GB 18918-2002)是国家强制性标准,在认定城镇污水厂污染物排放时必须执行。也只有采用"日均值"才是科学全面的,才能真正地客观显示水质是否超标。

(2)原告的环评报告书、乙市生态环境局作出的环评批复等行政审批都规定

了原告的出水要符合《城镇污水处理厂污染物排放标准》(GB 18918 - 2002)。既然行政审批已经对监管标准进行了规定,那么被告肆意改变审批中提出的要求,用瞬时值进行处罚,不仅违反法律规定、违反监管标准,更是不客观、不科学且不符合常理的。

2. 瞬时采样不能作为处罚的依据,且瞬时采样必定是不科学、不客观的

(1)污水处理厂不同于一般的排污企业,其进水水质不是由污水厂所能控制的,而是由上游上百家企业所决定的。每当上游企业大量违法排污时,进水水质会发生高频率起伏变化,而随着进水水质变化来立即调节工艺使水质符合标准这是不可能实现的。所以原告排放水质有高低起伏是极其正常的现象。也正因如此,才需要用"日均值"(24 小时,每 2 小时采样一次)来客观反映水质情况。

(2)被告主张根据《环境行政处罚办法》(2010 年)第 37 条即时采样监测结果可以作为判定是否超标的证据。但是该办法第 32 条第 2 款同时也规定,证据应当符合最高人民法院有关行政诉讼证据的规定,并经查证属实才能作为认定事实的依据。《最高人民法院关于适用〈中华人民共和国行政诉讼法〉的解释》(法释〔2018〕1 号)第 43 条第 2 项规定了"以违反法律强制性规定的手段获取且侵害他人合法权益的证据材料"不得作为认定案件事实的依据。

法院在判决中作出以下观点:

原国家环境保护总局、原国家质量监督检验检疫总局为贯彻《水污染防治法》(2017 年)等相关环境保护法律法规,促进城镇污水处理厂的建设和管理,加强城镇污水处理厂污染物的排放控制和污水资源化利用,制定了《城镇污水处理厂污染物排放标准》(GB 18918 - 2002)并于 2003 年 7 月 1 日实施,上述标准自实施之日起,城镇污水处理厂水污染物、大气污染物的排放和污泥的控制一律执行上述标准。《城镇污水处理厂污染物排放标准》(GB 18918 - 2002)第 4.1.4.1 条规定,"水质取样在污水处理厂处理工艺末端排放口。在排放口应设污水水量自动计量装置、自动比例采样装置,pH、水温、COD 等主要水质指标应安装在线监测装置";第 4.1.4.2 条规定:"取样频率至少为每 2h 一次,取 24h 混合样,以日均值计。"可见,"以日均值计"的检测取样方法更科学、更具有客观真实性。故上述标准确立

了我国水污染物的检测方法。本案中,被告乙市丙区生态环境分局以乙市环境监测中心站一次取样检测的数值认定原告超标排放水污染物,继而作出被诉处罚决定,属于主要证据不足,应予撤销。

通过律师意见以及法院观点可以得出,超脱于标准方法的采样是不能达到准确证明目的的。

(二)排放标准、监测分析方法、监测技术规范的适用顺序

通过上文可以看出,相关排放标准中配套的要求至关重要,并且目前生态环境监管领域对于监测报告的制作提出了明确的要求,即"按照相关技术规范要求采样的数据,可以作为认定案件事实的证据",那么"相关技术规范"又是什么?

《生态环境标准管理办法》规定,"生态环境监测标准包括生态环境监测技术规范、生态环境监测分析方法标准、生态环境监测仪器及系统技术要求、生态环境标准样品等"。因此,判定一份监测报告的法律效力时,就不应仅考虑"监测技术规范",还应包含"监测分析方法、监测仪器及系统要求、生态环境标准样品"等内容。

但在实践中,偶尔会遇到监测技术规范、监测分析方法标准、污染物排放标准对同一内容要求不一致的情况,那么此时就需要对三者的适用顺序进行排序。

1. 什么是监测技术规范、监测分析方法标准、污染物排放标准

(1)污染物排放标准

现行《环境保护法》第16条规定:"国务院环境保护主管部门根据国家环境质量标准和国家经济、技术条件,制定国家污染物排放标准。省、自治区、直辖市人民政府对国家污染物排放标准中未作规定的项目,可以制定地方污染物排放标准;对国家污染物排放标准中已作规定的项目,可以制定严于国家污染物排放标准的地方污染物排放标准。地方污染物排放标准应当报国务院环境保护主管部门备案。"

《标准化法》第2条规定:"本法所称标准(含标准样品),是指农业、工业、服务业以及社会事业等领域需要统一的技术要求。标准包括国家标准、行业标准、地方标准和团体标准、企业标准。国家标准分为强制性标准、推荐性标准,行业标

准、地方标准是推荐性标准。强制性标准必须执行。国家鼓励采用推荐性标准。"

《标准化法》第 10 条规定："对保障人身健康和生命财产安全、国家安全、生态环境安全以及满足经济社会管理基本需要的技术要求,应当制定强制性国家标准。国务院有关行政主管部门依据职责负责强制性国家标准的项目提出、组织起草、征求意见和技术审查。国务院标准化行政主管部门负责强制性国家标准的立项、编号和对外通报。国务院标准化行政主管部门应当对拟制定的强制性国家标准是否符合前款规定进行立项审查,对符合前款规定的予以立项。省、自治区、直辖市人民政府标准化行政主管部门可以向国务院标准化行政主管部门提出强制性国家标准的立项建议,由国务院标准化行政主管部门会同国务院有关行政主管部门决定。社会团体、企业事业组织以及公民可以向国务院标准化行政主管部门提出强制性国家标准的立项建议,国务院标准化行政主管部门认为需要立项的,会同国务院有关行政主管部门决定。强制性国家标准由国务院批准发布或者授权批准发布。法律、行政法规和国务院决定对强制性标准的制定另有规定的,从其规定。"

由此可见,污染物排放标准是由法律规定而制作的,并且生态环境领域标准属强制性标准必须执行。其中应用较多的污染物排放标准有《大气污染物综合排放标准》(GB 16297 – 1996)、《污水综合排放标准》(GB 8978 – 1996)等,特定行业的污染物排放标准有《加油站大气污染物排放标准》(GB 20952 – 2020)、《医疗机构水污染物排放标准》(GB 18466 – 2005)等。

(2)监测技术规范

现行《环境保护法》第 17 条规定："国家建立、健全环境监测制度。国务院环境保护主管部门制定监测规范,会同有关部门组织监测网络,统一规划国家环境质量监测站(点)的设置,建立监测数据共享机制,加强对环境监测的管理。有关行业、专业等各类环境质量监测站(点)的设置应当符合法律法规规定和监测规范的要求。监测机构应当使用符合国家标准的监测设备,遵守监测规范。监测机构及其负责人对监测数据的真实性和准确性负责。"

常见的监测技术规范有《污水监测技术规范》(HJ 91.1 – 2019)、《固定源废气监测技术规范》(HJ/T 397 - 2007)等。

(3) 监测分析方法标准

监测分析方法标准也依据《环境保护法》第 17 条规定内容。常见的监测分析方法有《固定污染源废气　挥发性有机物的测定　固相吸附 - 热脱附/气相色谱 - 质谱法》(HJ 734 - 2014)、《固定污染源废气　挥发性有机物的采样　气袋法》(HJ 732 - 2014)等。

2. 监测技术规范、监测分析方法标准、污染物排放标准的适用顺序

(1) 污染物排放标准的要求应首先适用

从技术层面讲,《污水监测技术规范》(HJ 91.1 - 2019 部分代替 HJ/T 91 - 2002)规定:"污单位的排污许可证、相关污染物排放(控制)标准、环境影响评价文件及其审批意见、其他相关环境管理规定等对采样频次有规定的,按规定执行。"《固定源废气监测技术规范》(HJ/T 397 - 2007)第 10.2.1 条规定,"相关标准中对采样频次和采样时间有规定的,按相关标准的规定执行";第 10.2.2 条规定:"除相关标准另有规定,排气筒中废气的采样以连续 1 小时的采样获取平均值,或在 1 小时内,以等时间间隔采集 3~4 个样品,并计算平均值。"

从法律层面讲,《生态环境标准管理办法》第 5 条规定,"国家和地方生态环境质量标准、生态环境风险管控标准、污染物排放标准和法律法规规定强制执行的其他生态环境标准,以强制性标准的形式发布。法律法规未规定强制执行的国家和地方生态环境标准,以推荐性标准的形式发布。强制性生态环境标准必须执行。推荐性生态环境标准被强制性生态环境标准或者规章、行政规范性文件引用并赋予其强制执行效力的,被引用的内容必须执行,推荐性生态环境标准本身的法律效力不变"。因此,以水污染及大气污染为例,由于相关污染物排放标准被《大气污染防治法》《水污染防治法》等援引,因而可以认定相关标准已被赋予了法律效力。此时,相较于效力仅为生态环境标准的监测技术规范、监测分析方法标准,当采样频次内容存在冲突时,即使监测技术规范、监测分析方法标准未明确优先顺序,也应当优先适用污染物排放标准。

因此,在污染物排放标准对监测方式等有具体规定时,应首先应用污染物排

放标准。

(2) 监测分析方法标准优先于监测技术规范

从技术层面讲,一般由监测分析方法标准对采样等事项进行规定。《固定源废气监测技术规范》(HJ/T 397-2007)对采样频次和采样时间进行了规定,其中第10.2.1条规定,"相关标准中对采样频次和采样时间有规定的,按相关标准的规定执行";第10.2.2条规定,"除相关标准另有规定,排气筒中废气的采样以连续1小时的采样获取平均值,或在1小时内,以等时间间隔采集3~4个样品,并计算平均值"。《固定污染源废气 挥发性有机物的采样 气袋法》(HJ 732-2014)第5.1条规定:"采样位置、采样频次和采样时间的选择和有关操作执行HJ/T 397的相关规定。"

从法律方面讲,《生态环境标准管理办法》第29条第1款、第2款规定:"生态环境监测技术规范应当包括监测方案制定、布点采样、监测项目与分析方法、数据分析与报告、监测质量保证与质量控制等内容。生态环境监测分析方法标准应当包括试剂材料、仪器与设备、样品、测定操作步骤、结果表示等内容。"根据上述规定,生态环境监测技术规范偏向一般性、普遍性、框架性要求,而生态环境监测分析方法标准则偏向特殊性、具体性要求。参考同一效力位阶特别法优于一般法的处理原则,当监测技术规范与监测分析方法标准的规定存在不一致的情形时,宜优先适用生态环境监测分析方法标准。对于分析方法标准没有明确的内容,则执行监测技术规范的要求。

综上所述,当采样频次问题即污染物排放标准、监测技术规范、监测分析方法标准三者之间存在冲突时,应当按照"污染物排放标准—监测分析方法标准—监测技术规范"的先后顺序选择适用。

(三) 环境监测报告常见问题

《行政处罚法》中规定了"鉴定意见"须经查证属实,才可以作为认定案件事实的根据,同时规定了以非法手段取得的证据,不得作为认定案件事实的根据。前文已经提到,监测需要依据监测技术规范、监测分析方法标准、污染物排放标准等规定、技术规范作出。那么同理,一份监测报告是否合法、有效,也需要上述规定、技术规范予以规制。一份监测报告是否合法、有效,对一个行政处罚能否作出以及涉案污染物排放是否超标起着决定性作用。因此,作为律师,尤其是做环保业务的律师,不能看不懂监测报告。

1. 监测机构以及监测人员是否具有相应资质

(1)监测机构需要经过资质认定

《检验检测机构资质认定管理办法》(2021 修改)第 15 条规定,质认定证书内容包括发证机关、获证机构名称和地址、检验检测能力范围、有效期限、证书编号、资质认定标志。检验检测机构资质认定标志,由 China Inspection Body and Laboratory Mandatory Approval 的英文缩写 CMA 形成的图案和资质认定证书编号组成。式样如下:

[CMA 标志图案,下方为 xxxxxxxxxxx]

《检验检测机构资质认定管理办法》第 21 条规定,检验检测机构向社会出具具有证明作用的检验检测数据、结果的,应当在其检验检测报告上标注资质认定标志。

《检验检测机构资质认定管理办法》第 35 条规定,检验检测机构有下列情形之一的,由县级以上市场监督管理部门责令限期改正;逾期未改正或者改正后仍不符合要求的,处 1 万元以下罚款。"未按照本办法第二十一条规定标注资质认定标志的"便是其中规定的情形之一。

《国家认监委关于推进检验检测机构资质认定统一实施的通知》(国认实〔2018〕12 号)规定,未加盖资质认定标志(CMA)的检验检测报告、证书,不具有对社会的证明作用。

因此,作为律师,当看到一份监测报告,第一步就应该去找其上面是否有 CMA 章。

(2）监测人员需取得相应资质

《环境监测管理办法》第12条第2款规定，环境保护部门所属环境监测机构从事环境监测的专业技术人员，应当进行专业技术培训，并经国家环境保护总局统一组织的环境监测岗位考试考核合格，方可上岗。

《环境监测质量管理规定》第10条规定，从事监测、数据评价、质量管理以及与监测活动相关的人员必须经国家、省级环境保护行政主管部门或其授权部门考核认证，取得上岗合格证。

《环境监测人员持证上岗考核制度》第2条规定，持有合格证的人员，方能从事相应的监测工作；未取得合格证者，只能在持证人员的指导下开展工作，监测质量由持证人员负责。

因此，环境监测报告必须是由经国家、省级环境保护行政主管部门或其授权部门考核认证，取得上岗合格证的监测人员作出。

2. 采样点位是否合法合规

监测点位的设置应根据监测对象、污染物性质和具体条件，按国家标准、行业标准及国家有关部门颁布的相关技术规范和规定进行，保证监测信息的代表性和完整性。

例如，《城镇污水处理厂污染物排放标准》（GB 18918－2002）中对监测城镇污水处理厂排放污水的点位进行了规定，即水质取样在污水处理厂处理工艺末端排放口。《大气污染物综合排放标准》（GB 16297－1996）中对有组织排放与无组织排放气体监测的布点进行了规定，即排气筒中颗粒物或气态污染物监测的采样点数目及采样点位置的设置，按 GB/T 16157－1996 执行；无组织排放监测的采样点即监控点数目和采样点位的设置方法比较复杂，依据不同的情况采取不同的监测点位，并在表内设置了相应的条件。

3. 采样频次是否合法合规

采样频次、时间和方法应根据监测对象和分析方法的要求，按国家标准、行业标准及国家有关部门颁布的相关技术规范和规定执行，保证监测信息能准确反映监测对象的实际状况、波动范围及变化规律。

本案例的争议焦点就是采样频次问题。《城镇污水处理厂污染物排放标准》(GB 18918-2002)中规定了取样频率为至少每 2 小时一次,取混合样,以"日均值"计。《大气污染物综合排放标准》(GB 16297-1996)规定了针对不同情况的 3 种采样时间和频次,比如针对排气筒中废气的采样要以连续 1 小时的采样获取平均值,或者在 1 小时内,以等时间间隔采集 4 个样品,并计平均值。

4.采样过程是否合法合规

样品在采集、运输、保存、交接、制备和分析测试过程中,应严格遵守操作规程,确保样品质量。

《污水监测技术规范》(HJ 91.1-2019 部分代替 HJ/T 91-2002)规定了样品保存、运输和交解等,具体为:样品采集后应尽快送实验室分析,并根据监测项目所采用分析方法的要求确定样品的保存方法,确保样品在规定的保存期限内分析测试。根据采样点的地理位置和监测项目保存期限,选用适当的运输方式。样品运输前应将容器的外(内)盖盖紧。装箱时应用泡沫塑料等减震材料分隔固定,以防破损。除防震、避免日光照射和低温运输外,还应防止沾污。同一采样点的样品应尽量装在同一样品箱内,运输前应核对现场采样记录上的所有样品是否齐全,应由专人负责样品运输。现场监测人员与实验室接样人员进行样品交接时,须清点和检查样品,并在交接记录上签字。样品交接记录内容包括交接样品的日期和时间、样品数量和性状、测定项目、保存方式、交样人、接样人等。

环境监测报告的问题其实远不止以上所列,任何一个环节出现问题都可能导致监测结果的不准确。

◆ 律师介绍

张玉宇,中共党员,辽宁大学法律硕士,盈科全国环境资源与能源法律专业委员会副主任、盈科沈阳环境资源与能源法律事务部主任。曾就职于辽宁省环境监察局。

环境监测采样不规范
不应当作出行政处罚

——因超标排污拟被行政处罚的云南
某公司经行政听证免予处罚案

摘要 环境行政主管单位监测"认定"企业超标排放大气污染物,拟对企业作出行政处罚,律师受企业委托后对在案证据和相关事实进行综合研判,发现该拟作出的行政处罚所依据的监测行为、监测报告存在众多不规范的问题,遂指导企业申请了行政听证。经律师充分发表代理意见,生态环境行政主管单位最终未对该企业进行处罚。

▰ 案情简介

2019年8月,中国环境监测总站委托四川省环境监测总站对云南某公司外排废气二噁英进行监督性监测,随后出具的监测报告显示,该公司焚烧炉烟囱排放口二噁英类排放浓度为 $0.18ngTEQ/m^3$,超过《生活垃圾焚烧控制标准》(GB 18485-2014)中二噁英允许平均值 $0.1gTEQ/m^3$ 的标准,超标0.8倍。昆明市生态环境局以该公司超标排放二噁英违反《大气污染防治法》(2018修正)第18条规定为由,拟对该公司处以20万元罚款。该公司申请召开听证会,并委托沈晓刚律师作为听证代理人参加听证。

办理结果

我们代理该公司参加听证会,充分陈述了处罚依据不足的理由,先后两次发表了专业的代理意见。昆明市生态环境局最终未对该公司进行行政处罚。

办案策略

在环境行政执法过程中,必须通过污染物采样、分析等环境监测活动确定污染物排放是否符合国家规定的污染物排放标准。因工厂生产活动的不确定性,污染物排放的种类和浓度往往随时间而变化;污染物和污染因子进入环境后会随着水和空气的流动而被稀释扩散,不同污染物的稳定性和扩散速度与污染物性质有关,不同空间位置、不同时间点污染物的浓度和强度分布是不同的。要想准确判断企业污染物排放数值,不能单靠某一点位、时间点的监测结果作判断,而是必须根据污染物的时间、空间分布特点,科学地制订监测计划(包括监测网、点设置、监测项目和采样频率设计等),然后对根据监测计划取得的监测数据进行统计分析。这样才能得到较全面、科学、客观的结论。因此,污染物采样时间、地点、监测频次以及保管容器等因素直接影响监测结果的科学性、准确性。前述因素是否符合技术规范操作要求,是判断行政处罚事实依据是否充分的要点,也是行政处罚听证代理工作应关注的焦点。

我们接受委托后,首先研究了《生活垃圾焚烧污染控制标准》(GB 18485 - 2014)、《环境二噁英类监测技术规范》(HJ 916 - 2017)等标准及技术规范,然后前往现场实地查看了项目场地和相关设备运行情况,调阅了现场检查(勘察)笔录、调查询问笔录、监测报告、排污许可证、环评批复、检查存在问题整改措施报告等相关证据,重点从监测时间、监测频次、监测点位、监测方法等角度分析了该拟作出的行政处罚决定可能存在的问题,拟定了听证代理思路和重点。

律师评析

一、典型意义

2016 年起,我国开始建立中央环保督察制度,自上而下推动环境治理执法督察,分区域、分行业对重点企业污染物排放治理情况进行执法检查。然而,因督察人员数量严重不足且督察企业多、督察任务重,导致大量督察中的监测活动不符合相关标准及技术规范的要求,对企业排放污染物监测采样的时间、点位、频次等存在较多问题,监测程序不够规范,在此基础上作出的行政处罚显然也存在证明违法事实存在的证据明显不足的问题。

环境监测报告在证据类别中属于"鉴定意见",根据《行政诉讼法》(2017修正)第33条第2款的规定,证据须经法庭审查属实,才能作为认定案件事实的根据。实践中,被检查人很少质疑监测报告。原因有二:一是被检查人不敢得罪生态环境行政部门。环境监测报告是生态环境行政部门下属机构环境监测站或由其委托的第三方社会化监测单位出具,报告结论代表了生态环境行政部门的意见。二是被检查人很多并非环境专业机构和人员,无法识别监测报告中存在的问题,无法质疑。因此,实践中在处罚金额不大的情况下,很多被检查人质疑不会监测报告,而是会选择认罚。但如果处罚金额较大,被检查人可能不得不行使听证权、复议权和诉讼权。

本案我们从取样记录、监测报告必要记载内容、监测频次、监测时间等角度进行突破,在听证会上充分阐述了监测及执法活动中存在的种种问题,并认真撰写了代理意见。最终环境主管部门接受了我们的代理意见,未对委托人实施行政处罚。我们的代理工作达到了预期效果,获得了当事人的高度认可。我们在本案代理中提出的问题,基本涵盖了环境执法监测活动中关系到执法规范性的关键性问题,不仅从法律服务角度为律师代理类似案件寻找突破口提供了借鉴,也从行政执法角度为环境执法部门规范执法监测活动提供了指引,对律师及执法部门均具有重大借鉴价值。

二、法律评析

(一) 超标排放大气污染物时企业可能面临行政处罚

《大气污染防治法》第18条规定:"企业事业单位和其他生产经营者建设对大气环境有影响的项目,应当依法进行环境影响评价、公开环境影响评价文件;向大气排放污染物的,应当符合大气污染物排放标准,遵守重点大气污染物排放总量控制要求。"该法明确要求企业事业单位和其他生产经营者不得超标排污。同时，该法第 99 条规定："违反本法规定，有下列行为之一的，由县级以上人民政府生态环境主管部门责令改正或者限制生产、停产整治，并处十万元以上一百万元以下的罚款；情节严重的，报经有批准权的人民政府批准，责令停业、关闭：(一)未依法取得排污许可证排放大气污染物的；(二)超过大气污染物排放标准或者超过重点大气污染物排放总量控制指标排放大气污染物的；(三)通过逃避监管的方式排放大气污染物的。"企业违法超标排放大气污染物可能面临被责令改正或者限制生产、停产整治、10 万元以上 100 万元以下的罚款，情节严重的可能被责令停业、关闭等行政处罚。

本案中云南某公司因为外排废气二噁英被采取监督性监测，结果显示其排放的废气中二噁英超标，昆明市生态环境局以该公司超标排放二噁英违反前述规定为由，拟对该公司处以 20 万元罚款。

(二)拟被行政处罚的企业申请行政听证的具体规定

《行政处罚法》(2021 修订)第 63 条规定，"行政机关拟作出下列行政处罚决定，应当告知当事人有要求听证的权利，当事人要求听证的，行政机关应当组织听证：(一)较大数额罚款；(二)没收较大数额违法所得、没收较大价值非法财物；(三)降低资质等级、吊销许可证件；(四)责令停产停业、责令关闭、限制从业；(五)其他较重的行政处罚；(六)法律、法规、规章规定的其他情形……"本案中云南某公司拟被处以 20 万元罚款，属于"较大数额罚款"，符合前述提起行政听证的条件。

关于行政听证的启动程序，《行政处罚法》第 64 条规定："听证应当依照以下程序组织：(一)当事人要求听证的，应当在行政机关告知后五日内提出；(二)行政机关应当在举行听证的七日前，通知当事人及有关人员听证的时间、地点；(三)除涉及国家秘密、商业秘密或者个人隐私依法予以保密外，听证公开举行；(四)听证由行政机关指定的非本案调查人员主持；当事人认为主持人与本案有直接利害关系的，有权申请回避；(五)当事人可以亲自参加听证，也可以委托一至二人代理；(六)当事人及其代理人无正当理由拒不出席听证或者未经许可中途退出听证的，视为放弃听证权利,行政机关终止听证;(七)举行听证时,调查人员提出当事人违法的事实、证据和行政处罚建议,当事人进行申辩和质证;(八)听证应当制作笔录。笔录应当交当事人或者其代理人核对无误后签字或者盖章。当事人或者其代理人拒绝签字或者盖章的,由听证主持人在笔录中注明。"

云南某公司在收到拟作出行政处罚的告知书后,在法定期限内申请了听证,并委托律师充分发表了申辩和代理意见。

(三)代理意见摘录

1. 缺少取样记录

《环境行政处罚办法》(2010修订)第34条规定,"需要取样的,应当制作取样记录或者将取样过程记入现场检查(勘察)笔录,可以采取拍照、录像或者其他方式记录取样情况"。

为规范执法人员的执法行为,环境行政处罚办法规定,执法人员必须对作为执法关键环节的现场取样的取样人员、时间、地点、仪器、取样过程进行客观、完整记录,并须要求企业人员对取样记录或记录取样过程的现场检查笔录签字确认。本案执法部门未提交取样记录或记录取样过程的现场检查笔录,显然无法有效证明其出具监测报告的污染物是取自申请人的生产现场,其行政处罚的依据明显不足。

2. 监测报告缺少必要记载内容

《环境二噁英类监测技术规范》(HJ 916-2017)第7条规定,"监测报告包括:监测目的、监测点位、监测频次、监测时间、采样方法、仪器名称及型号、分析测定方法、质量保证措施实施、实测质量分数、采用的毒性当量因子及毒性当量(TEQ)质量分数、监测人、审核人、批准人等内容"。《环境行政处罚办法》(2010修订)第35条规定,"环境保护主管部门组织监测的,应当提出明确具体的监测任务,并要求提交监测报告。监测报告必须载明下列事项:(一)监测机构的全称;(二)监测机构的国家计量认证标志(CMA)和监测字号;(三)监测项目的名称、委托单位、监测时间、监测点位、监测方法、检测仪器、检测分析结果等内容;(四)监测报告的编制、审核、签发等人员的签名和监测机构的盖章"。

四川省环境监测总队出具的监测报告缺少监测点位、监测频次、采样方法、仪器名称及型号、分析测定方法、质量保证措施实施等关键内容,不具备监测报告应具备的法定要件,无法证明其在监测报告缺少关键内容的情形下实施的监测活动是否符合相关环保标准的要求,其结论不应作为认定超标排污二噁英类的依据。

3. 监测报告的测定值不符合国家标准规定

监测报告结论系单次取样的测定值,不符合国家标准关于二噁英类浓度应为连续3次测定值的算术平均值的规定,不能作为认定二噁英类超标排放的依据。

在听证调查中,执法部门提交的现场检查(勘验)笔录显示,四川省环境监测总队于2019年8月16日9:30在检查现场只进行了一次采样,并根据该次样品进行了分析化验、制作了监测报告。

《生活垃圾焚烧污染控制标准》(GB 18485 - 2014)第3.15款"测定均值"规定,"取样期以等时间间隔(最少30分钟,最多8小时)至少采集3个样品测试值的平均值;二噁英类的采样时间间隔为最少6小时,最多8小时";第9.4款规定,生活垃圾焚烧厂运行企业"对烟气中二噁英类的监测应每年至少开展1次,其采样要求按HJ 77.2的有关规定执行,其浓度为连续3次测定值的算术平均值"。

根据国家标准的上述规定可知,对二噁英类的监测,应为连续3次(每次时间间隔最少6小时)测定值的平均值。但本案中四川省环境监测总队仅进行了一次取样并依该次取样的测定值制作了监测报告,该单次取样的测定值不符合国家标准的规定,不能作为认定企业排放二噁英类超标的依据。

4. 执法部门未提交反映监测全过程记录的证据材料

《环境二噁英类监测技术规范》(HJ 916 - 2017)第6.2.2款规定:"实验室应制定标准操作程序手册,标准操作程序应详细、易懂,相关人员必须完全了解标准操作程序。标准操作程序应包括以下内容:……5)监测全过程的记录(包括电子文件)。必须包括采样记录、仪器分析原始记录和质量控制记录。"

对废气中各种污染物含量的测定过程,是一系列物理操作、化学反应及科学计算的综合过程,其不仅受监测点位、监测频次、监测时间、采样方法、仪器名称及型号的影响,还与分析测定方法、质量保证措施实施、实测质量分数、采用的毒性当量因子及毒性当量(TEQ)质量分数相关。同时,测定过程还与采样储存环境、储存时长相关,是否闭光储存、储存环境温度、储存时长等均对测定结果数据有较大影响。因此,为保证监测数据的科学、精确,监测全过程均须严格按照国家环境监测方法标准、国家环境标准样品标准的规定操作。

在行政听证过程中,执法部门未提交采样记录、仪器分析原始记录、质量控制记录及其他反映监测全过程记录的文件,因而无法对其监测的合规性、科学性进行合理判断。《环境行政处罚办法》(2010年公布,已失效)第32条规定,"证据应当符合法律、法规、规章和最高人民法院有关行政执法和行政诉讼证据的规定,并经查证属实才能作为认定事实的依据"。依据《行政诉讼法》关于由行政机关承担举证责任,如果行政机关无法提交充分、确凿的证据证明其行政行为的合理性及合法性,可以撤销相关行政行为的相关规定,因执法部门未提交反映监测全过程的记录文件,则不应对委托人作出行政处罚。

5. 监测采样时2#炉运行工况不符合环境保护标准要求

《环境二噁英类监测技术规范》(HJ 916-2017)第5.3.7项规定:"监测期间,炉窑系统应处于正常的运行状态,对生产负荷有明确要求的按相关规定执行;如无特殊要求,生产负荷应和运行状况与日常生产负荷一致。"

2019年8月16日,因焚烧炉高温过热器管出现泄漏,烟道积灰堵塞严重,准备停炉检修。监测当日焚烧炉系故障运行,属于非正常运行状态,不符合《环境二噁英类监测技术规范》(HJ 916-2017)规定的监测条件。

综合来看,由于监测报告结论系单次取样的测定值,不符合国家标准关于二噁英类浓度应为连续3次测定值的算术平均值的规定,监测采样的焚烧炉系故障运行,运行工况不符合HJ 916-2017号环境保护标准要求,监测报告缺少必要记载内容,执法部门未提交反映监测全过程记录的证据材料。因此,证明委托人违法排放污染物的证据明显不足,不应对其实施行政处罚。

(四)《生态环境行政处罚办法》强化了对环境行政执法的规范性要求

2023年5月,生态环境部为规范生态环境行政处罚实施,保障严格规范公正文明执法,维护行政相对人合法权益,对2010年公布的《环境行政处罚办法》进行了修订,制定了《生态环境行政处罚办法》,对处罚种类、时限、权限、程序、执法方式等进行了进一步规范。其中,《生态环境行政处罚办法》第39条规定了行政处罚案件审查的主要内容,即"(一)本机关是否有管辖权;(二)违法事实是否清楚;(三)证据是否合法充分;(四)调查取证是否符合法定程序;(五)是否超过行政处罚追责期限;(六)适用法律、法规、规章是否准确,裁量基准运用是否适当";第41条规定了行使行政处罚裁量权应当考虑的情节,即"(一)违法行为造成的环境污染、生态破坏以及社会影响;(二)当事人的主观过错程度;(三)违法行为的具体方式或者手段;(四)违法行为持续的时间;(五)违法行为危害的具体对象;(六)当事人是初次违法还是再次违法;(七)当事人改正违法行为的态度和所采取的改正措施及效果。同类违法行为的情节相同或者相似、社会危害程度相当的,行政处罚种类和幅度应当相当";第42条规定了"首违不罚""违法行为轻微不罚"的内容;第43条规定了"应当从轻或减轻行政处罚"的内容。同时,在该行政处罚办法第五节还规定了应当进行法制审核和集体讨论等内容。《生态环境行政处罚办法》进一步确保了生态环境执法队伍严格规范依法开展执法活动,保障行政相对人的合法权益不受侵害。

❖ 律师介绍

沈晓刚,北京盈科(杭州)律师事务所律师,高级合伙人。美国亚利桑那州立大学EMBA,浙江省律师协会资源与环境保护专业委员会副主任、浙江省及杭州市涉案企业合规第三方监督评估机制专业人员、杭州市中级人民法院特邀调解员、曾获最高人民检察院民事行政检察专家咨询网专家称号,主编出版《环境民事公益诉讼典型案例与实务精要》。业务领域:代理环境民事侵权私益诉讼、环境民事公益诉讼、环境损害赔磋商、环境行政处罚听证、环境行政复议等以及环保工程、环保设备买卖等民商事争议案件,为环境污染类刑事犯罪嫌疑人提供辩护,代理能源与资源类民事及行政案件,办理环保合规、环境尽职调查以及环境、资源与能源类企业投资并购等非诉业务,为环保企业提供常年法律顾问服务,双碳业务法律服务,ESG报告编制法律服务。

某餐饮管理有限公司与南京某生态环境局
涉饮用水水源地保护行政诉讼案

摘要 饮用水水源地的安全关乎人民群众的用水安全,保护好饮用水水源地是维护供水安全的重要保障。本案的查处将有效地引导相关企业正确处理饮用水水源地保护与产业发展之间的关系,自觉遵守饮用水水源地相关法律法规,树立维护饮用水水源地环境安全的意识。

案情简介

某餐饮管理有限公司成立于2021年4月13日,其经营范围为餐饮服务、食品经营、婚庆礼仪服务等。某餐饮管理有限公司所在建筑除东侧角落外均位于夹江饮用水水源地二级保护区范围内。2022年3月10日,南京某生态环境局联合建邺区市场监管局、住建局、消防大队等部门对某餐饮管理有限公司进行约谈,要求其拆除位于水源地二级保护区建筑内的排污设施,关停餐饮服务项目,于3月16日前完成整改。2022年4月27日上午,南京某生态环境局约谈某餐饮管理有限公司法定代表人,针对近期该公司擅自恢复上下水的行为,要求其立即停止违法行为接受进一步调查处理。2022年4月30日,南京某生态环境局执法人员到现场检查时发现,某餐饮管理有限公司仍在从事餐饮服务,上下水已经恢复使用。

2022年5月,南京某生态环境局对某餐饮管理有限公司的上述行为予以立案。经过调查和审议讨论,该局于同年6月7日作出宁环罚告〔2022〕05051号行政处罚事先(听证)告知书,对拟作出行政处罚的内容(责令立即改正违法行为,处罚款410,800元)、事实理由以及享有的陈述、申辩、听证的权利进行告知,并于同年6月9日送达某餐饮管理有限公司。某餐饮管理有限公司于2022年6月10日提出听证申请。2022年7月5日,南京某生态环境局组织进行听证。在听证过程中,某餐饮管理有限公司提出南京某生态环境局委托江苏润环环境科技有限公司出具核查报告系程序违法,其认定案涉项目位于夹江水源地二级保护区的依据不足,某餐饮管理有限公司是基于行政信赖承租案涉房屋,无从知晓水源保护区的存在,且南京某生态环境局未及时明确告知,其作出的处罚金额与公司经营时间较短的显著轻微违法情节不符。后南京某生态环境局结合某餐饮管理有限公司的意见、违法情节进行了再次审议讨论,并就夹江水源地保护区范围进行勘界测绘,所涉长江南京段堤防数据与南京市水务局进行核对,结果形成的意见与江苏润环环境科技有限公司出具的报告内容吻合,进一步确认了案涉项目位于夹江水源地二级保护区范围。最终,南京某生态环境局决定维持之前的处理意见。

2022年7月22日,南京某生态环境局作出宁环罚〔2022〕05051号行政处罚决定书,认定某餐饮管理有限公司上述行为违反了《水污染防治法》第66条第1款的规定,依据该法第91条第1款的规定,并经江苏省生态环境行政处罚裁量基准系统核定,对该公司作出以下处理:(1)责令立即改正违法行为;(2)罚款人民币410,800元。该处罚决定于同年7月26日向某餐饮管理有限公司送达。某餐饮管理有限公司于同年8月9日缴纳了前述罚款。

某餐饮管理有限公司不服行政处罚结果提出行政诉讼,后不服南京市玄武区人民法院作出的(2022)苏0102行初23号行政判决书,向南京市中级人民法院提起上诉,现该案已办理完结。

▶ 办理结果

本案中,二审查明的主要事实与原审一致。

二审法院认为,《水污染防治法》第66条第1款规定,禁止在饮用水水源二级保护区内新建、改建、扩建排放污染物的建设项目;已建成的排放污染物的建设项目,由县级以上人民政府责令拆除或者关闭。本案中,首先,某餐饮管理有限公司所在建筑除东侧角落外均位于南京市夹江饮用水水源地二级保护区范围,有南京某生态环境局提交的现场检查(勘察)笔录、照片、《某餐饮管理有限公司与夹江水源地位置关系核查报告》、《南京滨江公园局部地形测量技术总结》、《关于核对夹江水源地保护区勘界测绘图的复函》等证据在卷佐证,足以认定。某餐饮管理有限公司认为,根据江苏省人民政府2023年3月28日印发的《省政府关于同意南京市长江夹江南、长江夹江北河口饮用水水源地保护区划分调整方案的批复》(苏政复〔2023〕7号),已将某餐饮管理有限公司案涉项目从所处的二级水源保护区调整出来。对此二审法院认为,南京某生态环境局作出案涉处罚决定时,根据当时的《省政府关于全省县级以上集中式饮用水水源地保护区划分方案的批复》(苏政复〔2009〕2号),认定某餐饮管理有限公司所在建筑除东侧角落外均位于南京市夹江饮用水水源地二级保护区范围,并无不当。其次,某餐饮管理有限公司所涉餐饮项目属于新建项目。本案中,依据江苏省人民政府于2009年1月6日印发的《省政府关于全省县级以上集中式饮用水水源地保护区划分方案的批复》(苏政复〔2009〕2号),南京市夹江水源地二级保护区陆域为二级保护区水域与相对应的夹江两岸背水坡堤脚外100米范围内的陆域。某餐饮管理有限公司成立于2021年4月,属于饮用水水源二级保护区内新建排放污染物的建设项目。综上所述,某餐饮管理有限公司的行为违反了上述法律规定,理应受到行政处罚。

《水污染防治法》第91条规定,在饮用水水源二级保护区内新建、改建、扩建排放污染物的建设项目的,由县级以上地方人民政府环境保护主管部门责令停止违法行为,处10万元以上50万元以下的罚款;并报经有批准权的人民政府批准,责令拆除或者关闭。本案中,某餐饮管理有限公司在南京市夹江饮用水水源二级保护区范围内新建排放污染物的建设项目,南京某生态环境局作为县级以上地方人民政府环境保护主管部门对某餐饮管理有限公司作出责令停止违法行为,罚款410,800元的决定,适用法律正确、量罚适当。被诉处罚决定的程序,原审法院进行了合法性评判,经二审法院审查,无不当之处,不再重复。

综上所述,南京某生态环境局作出的被诉行政处罚决定事实清楚、证据充分、适用法律正确、程序合法、量罚适当,某餐饮管理有限公司的上诉请求缺乏事实和法律依据,依法不予支持。原审法院判决驳回某餐饮管理有限公司的诉讼请求,符合法律规定,二审法院予以支持。据此,依照《行政诉讼法》第 89 条第 1 款第 1 项之规定,判决驳回上诉,维持原判。

办案策略

一审法院在审理中查明"某餐饮管理有限公司所在建筑除东侧角落外均位于夹江饮用水水源地二级保护区范围内",认定事实清楚。某餐饮管理有限公司涉案经营场地位于南京市建邺区扬子江大道 266 - 1 号楼一层商铺、二层商铺。首先,根据江苏润环环境科技有限公司出具的《某餐饮管理有限公司与夹江水源地位置关系核查报告》,某餐饮管理有限公司所在建筑除东侧角落不在夹江饮用水水源二级保护区范围内,其余部分均位于夹江饮用水水源地二级保护区范围。其次,根据南京某生态环境局的委托,长江水利委员会水文局长江下游水文水资源勘测局于 2022 年 6 月出具了《南京滨江公园局部地形测量技术总结》。该技术总结显示,根据测定的南京滨江公园局部 1∶2000 地形图,以背水堤坡脚线向内 100 米范围为界,某餐饮管理有限公司租赁建筑物主体在该界限范围内的投影面积为 3317.62 平方米。最后,南京市水务局 2019 年 12 月在网上公示了《南京市市本级河湖和水利工程管理范围划定成果公示》。根据该成果公示,某餐饮管理有限公司经营地位于饮用水水源二级保护区内。2022 年 7 月 20 日,南京市水务局根据南京某生态环境局的《关于商请核对夹江水源地保护区勘界测绘图的函》作出《关于对夹江水源地保护区勘界测绘图的复函》。该复函中明确载明,"根据你局提供的建邺区夹江饮用水水源地保护区地形图,我局对图上长江南京段堤防管理范围界桩 CJ - NJBJ - R0396 至 CJ - NJBJ - R0591 间的管理范围线进行了复核,该管理范围线走向及界桩位置与我局现有的长江南京段堤防数据保持基本一致"。

南京某生态环境局就夹江水源地保护范围委托具有甲级测绘资质的长江水利委员会水文局长江下游水文水资源勘测局进行勘界测绘,并且商请南京市水务局核对夹江水源地保护区勘界测绘图,形成的意见亦均与南京某生态环境局委托的江苏润环环境科技有限公司出具的报告内容相吻合。这更进一步证实了某餐饮管理有限公司案涉餐饮项目位于夹江水源地二级保护区范围。因此,南京某生态环境局的上述证据充分证明了某餐饮管理有限公司涉案餐饮项目位于夹江水源地二级保护区内的事实,一审法院认定的该项事实是清楚、正确的,证据确实、充分。某餐饮管理有限公司提出的"涉案项目是否处于二级水源保护区内事实不清"的观点及相关理由均没有事实和法律依据。

某餐饮管理有限公司提出的"案涉项目不属于新改扩排污设施的建设项目"及"案涉建筑自2008年建成后投入使用至今,没有被责令拆除、关闭或搬迁,证明不存在排放污染物情形……应当认定案涉房屋及设施自建成后至今均不存在排放污染物的违法事实,更不属于新改扩排污设施的建设项目"等说法,明显属于偷换概念、罔顾事实、自说自话。涉案建筑是否被责令拆除、关闭或搬迁不能证明涉案建筑中的某餐饮管理有限公司的涉案餐饮项目的合法性,更不能证明其不存在排放污染物情形。退一万步来说,即使案涉房屋2008年建设系合法建筑,但随着2009年江苏省人民政府公布的《省政府关于全省县级以上集中式饮用水水源地保护区划分方案的批复》(苏政复〔2009〕2号)、《水源地保护决定》、《水源地保护方案》以及《水污染防治法》、生态环境部办公厅《关于答复全国集中式饮用水水源地环境保护专项行动有关问题的函》(环办环监函〔2018〕767号)等法律、法规、规范性文件的相应出台,某餐饮管理有限公司2021年10月的涉案新建餐饮项目亦应严格遵守相应的规定。

律师评析

一、典型意义

绿水青山就是金山银山,要像保护眼睛一样保护生态环境。某餐饮管理有限公司涉案违法餐饮项目位于夹江饮用水水源二级保护区内,涉及广大人民群众的切身健康权益。并且经中央环保督察,南京某生态环境局亦多次向某餐饮管理有限公司明确告知、释明并责令改正。而某餐饮管理有限公司不但拒不改正反而顽固抗法,擅自恢复餐饮经营,影响恶劣。该案直接涉及饮用水水源保护地,通过该案的办理,一方面有力、高效、成功地保护了饮用水水源地的安全,排除了饮用水水源被餐饮生活污水污染的风险；另一方面生动地体现了生态环境部门秉公执法、执法为民，以生态支撑高质量发展，建设美丽江苏的现实精神。该案对江苏省涉饮用水水源地保护具有系列类案的指导意义。

二、法律评析

《水污染防治法》第66条第1款规定，"禁止在饮用水水源二级保护区内新建、改建、扩建排放污染物的建设项目；已建成的排放污染物的建设项目，由县级以上人民政府责令拆除或者关闭"；第91条第1款规定，"有下列行为之一的，由县级以上地方人民政府环境保护主管部门责令停止违法行为，处十万元以上五十万元以下的罚款；并报经有批准权的人民政府批准，责令拆除或者关闭……（二）在饮用水水源二级保护区内新建、改建、扩建排放污染物的建设项目的"。

生态环境部办公厅于2018年8月1日作出的《关于答复全国集中式饮用水水源地环境保护专项行动有关问题的函》（环办环监函〔2018〕767号）"关于饮用水水源保护区内的旅游餐饮项目"的规定为，"饮用水水源保护区内农家乐、宾馆酒店、餐饮娱乐等项目应拆除或关闭"。

禁止在饮用水水源二级保护区内新建、改建、扩建排放污染物的建设项目，已建成的排放污染物的建设项目，由县级以上人民政府责令拆除或者关闭。上述法律规定是明确的。饮用水水源地保护不容半点闪失和麻痹大意。《水污染防治法》《建设项目环境保护管理条例》（2017修订）等法律、法规、规范性文件对涉饮用水水源地保护均作出了明确而具体的规定，任何企业或个人均有严格遵守相关法律、法规、规范性文件的义务，不得存在任何侥幸心理甚至明知故犯。这一点给所有涉饮用水水源地保护的相关主体均提供了一个合规底线性的指引。

三、律师代理意见

某餐饮管理有限公司在夹江饮用水水源二级保护区内新建餐饮项目的行为违反了《水污染防治法》第66条第1款的规定，根据《水污染防治法》第91条第1款的规定，"应当由县级以上地方人民政府环境保护主管部门责令停止违法行为，处十万元以上五十万元以下的罚款"。南京某生态环境局根据某餐饮管理有限公司的违法事实和情节，依法责令改正违法行为并处罚款410,800元适用法律正确。

一审法院认定南京某生态环境局作出的行政处罚适用法律是正确的。

某餐饮管理有限公司的涉案餐饮项目于2021年10月开始装修,属于"在饮用水水源二级保护区内新建排放污染物的建设项目"。另外,关于某餐饮管理有限公司的涉案餐饮项目是否为《建设项目环境影响评价分类管理名录》中认定的应当报批的建设项目与某餐饮管理有限公司是否构成违反《水污染防治法》第66条第1款的规定没有关联。《水污染防治法》第66条或其他条款并未且从未限定"排放污染物的建设项目"系"排放污染物并且纳入《建设项目环境影响评价分类管理名录》的建设项目"。无论《建设项目环境影响评价分类管理名录》是否适用于现有的餐饮项目或者餐饮项目是否需要环评审批,均不影响某餐饮管理有限公司在夹江饮用水水源二级保护区内新建餐饮项目的违法性,按照《水污染防治法》及生态环境部办公厅《关于答复全国集中式饮用水水源地环境保护专项行动有关问题的函》(环办环监函〔2018〕767号)的相关规定,责令改正并依法处罚是完全正确的。

◆ 律师介绍

钟宏全,盈科南京公司法律事务部副主任,江苏省生态环境厅常年法律顾问(2017年至今),南京市生态环境局常年法律顾问;南京市建邺生态环境局常年法律顾问;江苏省司法厅合法性审查专家库成员;江苏省司法厅立法专业团队成员;江苏省涉案企业合规第三方监督评估机制专业人员;江苏省法学会生态法学研究会理事;盈科江苏环资城建委员会秘书长;中共北京市盈科(南京)律师事务所第三党支部委员会纪检委员;盈科南京非诉与内核委员会委员。

钟律师为中共党员,中国法学会会员,毕业于南京大学,获法学硕士学位。先后就职于国联证券股份有限公司,东亚银行南京分行等。

主要执业领域:证券与资本市场、生态环境、能源与自然资源及安全生产。擅长央企及大中型国有企业、上市公司的合规管理(含政府监管)、并购重组(含跨境并购)、破产重整(含股权重组)、首发上市(IPO)、上市公司再融资、资产证券化、各类公司债和城投债、股权投资(含股权激励)、私募基金、信托、立法咨询、法制宣传、重大环境应急事故和安全生产事故的法律处置、环境行政处罚与行政复议、行政诉讼、生态损害赔偿与环境公益诉讼等方面的非诉讼与诉讼法律服务。

未环评审批、未环保验收即投产

——某企业行政处罚经诉讼撤销案

摘要 企业未经环评审批、未环保验收即投产,属于典型的环境违法行为,实务中也将该类违法称为"书面违法"。在以往环境执法中,此种也是最容易高发行政处罚的情形,本案也是因此对涉事企业处罚20万元并责令改正。但是近年来,随着生态环境法规和政策的变更,以上"书面违法"的情形符合相应的条件,可以认定为轻微违法情节,依据《生态环境行政处罚办法》以及相关地市主管部门新出台的规范性文件,此类行为也可免罚。

案情简介

2021年,某市生态环境局执法人员到当事人企业经营场所进行检查并拍摄现场照片,制作了现场检查(勘察)笔录,该笔录载明:现场检查时,该单位处于生产状态。该单位主要生产工艺为购买旧变速箱—拆解—打磨—(废机油流到工作台储油箱)—用煤油清洗沾有废机油的变速箱—(清洗废油流至工作台储水箱)—抹油更换零件—成品—销售。该单位现场有维修工具和清洗工具。清洗废油和变速器拆解油用铁桶存。该单位危险废物贮存场所不规范,危险废物贮存场所未设置标识牌。该单位现场未提供危险废物处置相关资料,未提供相关环保手续。整个现场由该单位法人代表陪同检查。

随后,该生态环境局执法人员又对原告法定代表人进行调查询问,制作了调查询问笔录,其载明:涉案企业总投资额约100万元人民币,2021年企业开始聘用技术工人运转上述工艺,经营相关业务,生产过程中主要污染物有含有煤油和拆解油的清洗废油以及相应的拆解油,单位没有配套建设的环保治理设施,清洗废油是抽到铁桶里储存,拆解油也是放置于铁桶储存;储存到一定时候,对于这类废油废物,会委托有资质的第三方环保公司合法处置。

根据现场检查(勘察)笔录和调查询问笔录等证据材料,该生态环境局向涉事企业作出了行政处罚事先(听证)告知书,告知相关法律法规依据、企业存在的违法行为、拟对该企业作出的行政处罚决定,以及该企业享有的听证、陈述、申辩权。涉事企业签收了该告知书。2021年10月,生态环境局作出行政处罚听证通知书,告知应企业的要求,决定就该局拟实施行政处罚一案举行听证。随后主持召开了听证会。2021年12月,该生态环境局法制审核人员经审核认为涉案执法行为符合相关规定,该案件最终经局里联审,形成联审意见即同意责令涉事企业90日内改正违法行为、罚款20万元的处罚建议,并最终作出了行政处罚决定书。

在行政处罚决定下达后,涉事企业并没有第一时间委托专业律师提起行政复议,而是一直在找所谓的"关系",希望能够撤销该行政处罚。"关系"人也一直告知其可以解决,以致最终错过了行政复议的时间,最后也没有解决。直到提起行政诉讼的期限即将届满,涉事企业才联系我们盈科律师事务所环境资源法律事务部的专业律师,最终提起行政诉讼。

在提起行政诉讼后,生态环境局对于案件的审理非常重视,派出了总工程师作为出庭负责人,分管执法科室的三级高级主办作为出庭代理人之一,还聘请了律师一同出庭代理,并且安排多位工作人员到现场旁听庭审。

▶ 办理结果

代理企业行政诉讼一审即胜诉,法院撤销行政处罚。二审中,生态环境局主动求和,最终在法院调解下结案。调解方案为:行政处罚决定撤销,行政诉讼撤回,双方握手言和。

本案由非环境资源专业律师代理了涉事企业的行政处罚听证阶段,完全没有效果,其所提意见均未被采纳。在错过行政复议阶段的情况下,最终由本人代理提起了行政诉讼,一审胜诉,法院即撤销了相应的行政处罚决定。该生态环境局遂提起了上诉,经我方再次表明观点后,该生态环境局意识到上诉很有可能依然会败诉,最终选择请求法院调解。法官发挥能动性,就双方的争议进行调和,最终达成一致,即该生态环境局主动撤销行政处罚决定,我方撤回行政起诉,事情回到"从未发生"过的状态。

至此,我方不仅诉讼目的实现即撤销处罚决定,同时也与辖区的生态环境主管部门握手言和,不但没有破坏政商关系,相反据企业法定代表人过后反馈,经此诉讼,后续企业的很多环境管理问题,主管部门工作人员更能悉心提供日常的指引,真正实现了"管理在前端,监管在平时"的状态,企业也因此越来越规范。

◆ 办案策略

代理案件后,我方首先听取了涉事企业法定代表人的描述,也了解到其之前所聘请的非环境资源专业律师所代理的行政听证阶段代理意见的具体内容,无非自己不知情、没有造成环境污染、亏本没有盈利、经营惨淡、很可怜之类的观点。最终研判下,我方确定了本案的核心争议点即涉案行政处罚决定是否合法,包括程序合法和实体合法两个层面。

围绕着程序合法方面,我方重点查阅了对方作出行政处罚决定的全部证据材料,发现了几处明显的违法点。对于实体违法即法律适用和事实确证方面,我方发现,对于事实确证方面因为涉事企业的法定代表人已经在调查询问中承认没有相应的环保手续即环评审批手续和环保验收手续,但是企业又在现场检查时被发现有生产运营的投产情况,所以事实方面基本上无可争议。因此,只能针对法律适用方面进行详细审查。果不其然,本律师发现涉案行政处罚决定的作出存在严重的法律适用错误问题,违反现行有效的法律规定。至此,整个案件对于涉事企业而言,若想推翻涉案的行政处罚,只能审查并论证本案行政处罚决定的作出是否合法,即程序是否正当、法律适用是否正确。

在程序正当方面,根据执法的规律,重点关注执法人员的资质、执法行为、证据材料的制作、听证会的组织成员、召开程序、法制审核有无、集中审核有无、人员及程序等问题。

在法律适用方面,由于是最低档的行政处罚,不存在裁量规定引用错误的审核问题,只能重点关注本案的法律适用是否援引法律错误,是否未考虑最新的法律规范(环境法律及政策更新相较于其他部门法相对频繁),是否未遵循"从旧兼从轻"的适用原则等问题。

律师评析

一、典型意义

1. 本案是"从旧兼从轻"的法律适用原则在生态环境案件中最好的体现之一。专业的环境资源律师都知晓,环境资源的法律及政策变动比较频繁,新法新规变化较大。本案中生态环境主管部门查处该企业环境违法行为的时间,刚好横跨了地方最新环境法规、新政策发布和实施的节点上。由于行政案件法律适用遵循"从旧兼从轻"以及有利于行政相对人的原则,新规的发布和实施,对于环保部门的执法立刻就会带来影响。很多以往能够循规蹈矩、正常程序即可实现处罚整治的却不能再处罚,甚至根本不应该立案。但这类情况往往又被执法部门忽视,轻率处罚,从而引发行政诉讼败诉的后果。

2. 本案经诉讼方式最终达成调解,行政机关主动撤销处罚决定,涉事企业撤回行政起诉。这样既实现了涉事企业的诉讼目的,也兼顾了生态环境主管部门及时修正自身错误以及自身作为表率正确引导企业遵守环境法律法规的执法意义。案件的诉讼非但没有破坏政商关系,反而还融洽了双方的关系,更利于双方的沟通,真正实现了"管理在前端,监管在平时"的状态,破解了行政主管部门以往"不罚不行、一罚了之"的困境。

3. 本案反映出来大部分企业存在的问题:其虽有一定的环保意识,但认知不全面;虽想做到自身要尽可能不产生环境违法问题,要尽可能环保合规,尽可能避免处罚,但既不知道环保合规的具体内容,也不知道环保问题的触发点。最终因小失大,因疏忽或无知,影响了企业大方向的生产经营。

本案中涉事企业虽然不重视环保手续的齐备,未经环评审批、未开展环保验收,快速生产运营,但是其有一定的环保意识,很注重实际污染物的排放和控制,无论是因为害怕周边群众因环境污染进行投诉举报,产生不利的社会危害,影响企业的生产运营,还是害怕被行政处罚,其最后确实将生产工艺环节中产生的污染物专门收集处置或委外处置,虽然收集也不算规范。企业老板后续也感慨:庆幸的是,自己尽可能地去做环保,避免环保问题,尽自己所知去做环保合规;不幸的是,因为不懂得如何环保合规而被处罚,遭遇此劫难。

4. 生态环境部门的执法仍然存在很多的程序问题,不论是过失还是根本没有重视,这些执法问题,确实存在于自身翔实记载的行政案件卷宗的书面材料中。涉及行政复议或诉讼时,这些材料虽然能够反映出案发的基本事实,但是却没法达到司法审查所要求的法律事实之状态。在客观事实和法律事实方面,行政案件中存在很大的差距,执法人员关注客观事实,忽视法律事实的证成即合法证据所证实的事实。本案中也是如此,执法人员既当裁判员又当运动员,其参与执法的同时,在后续的听证会上或法制审核上又作为审批人员。这也揭示出了生态环境部门的工作安排上,可能因为人员不足,办案人员从经手到案件完结各环节参与的情况普遍存在。这样虽有利于案件客观事实的还原,是对于拟对外作出具有规范作用的法律文书而言,需要程序正当、合法有效证据所证明的法律事实。

5. 本案很好地反映了生态环境资源领域法律变动相对频繁的特点,以及其对于规范的及时调整,以便兼顾经济发展和环境保护实现两翼齐飞的理念。这个案件典型贯彻了《环境保护法》和习近平生态文明思想、习近平法治思想。在面对经济发展和环保管理上,及时地修改环境管理措施,执法部门和司法部门及时跟进,实现了两者相统一。

《环境保护法》第 1 条就开宗明义,提出"为保护和改善环境,防治污染和其他公害,保障公众健康,推进生态文明建设,促进经济社会可持续发展,制定本法"的内容。以习近平同志为核心的党中央深入研判经济社会发展规律,提出"绿水青山就是金山银山"理念,对加强生态文明建设、加强环境保护作出一系列安排部署。习近平总书记也强调:"减排不是减生产力,也不是不排放,而是要走生态优先、绿色低碳发展道路,在经济发展中促进绿色转型、在绿色转型中实现更大发展。"保护生态环境和发展经济从根本上讲是有机统一、相辅相成的。经济发展与环境保护并不矛盾,不能为了发展经济而牺牲环境,也不能为了保护环境而放弃发展经济。关键要在经济发展的基础上,通过科学技术的进步,实现高质量发展,从而使二者相统一。坚持绿色发展是发展观的深刻革命。这是我国生态文明建设的战略路径。习近平总书记强调"绿色发展是生态文明建设的必然要求"。坚持绿色发展是对生产方式、生活方式、思维方式和价值观念的全方位、革命性变革,是对自然规律和经济社会可持续发展一般规律的深刻把握。必须把实现减污降碳协同增效作为促进经济社会发展全面绿色转型的总抓手,加快建立健全绿色低碳循环发展经济体系,加快形成绿色发展方式和生活方式,坚定不移走生产发展、生活富裕、生态良好的文明发展道路。

本案正是经济发展与环境保护两者统一的体现,不能一罚了之,置企业的生死于不顾。本案中若是罚款下来,涉事企业立刻停业,员工离职,实际其并未排污影响环境,只是纯粹的"书面违法"。因此,应当遵循习近平总书记的"保护生态环境和发展经济从根本上讲是有机统一"的生态文明法治理念,区分不同情形、视不同情节予以管理,实现高质量管理、高质量发展,推行绿色发展的理念。

二、法律评析

1.环境资源的行政处罚案件,在常规的执法权限、处罚程序、裁量依据、法律条文的适用方面,生态环境部门的答辩模式基本固定,而且往往看似无懈可击。比如本案中生态环境部门答辩道:"一、根据《中华人民共和国环境保护法》第十条规定,违法行为发生在我局管辖的行政区域,我局依法享有管理职权。二、根据涉案企业的《现场检查笔录》和法定代表人的《调查询问笔录》,能够认定企业没有环保手续、没有环评审批、没有环保验收即投产,而且产生了污染物,没有收集规范的事实,因此我局认定事实清楚,证据确凿。三、根据《国民经济行业分类》(GB/T 4754-2017)中关于各行业的定义,认定涉事企业行业属于制造业的行业类别,根据《建设项目环境影响评价分类管理名录》(2021年版)中的规定,核实出涉事企业应当完成环境影响报告表审批的环评管理措施,最后根据《建设项目环境保护管理条例》第十九条的规定,需要配套建设的环境保护设施未经验收,建设项目即投入使用,并依据该条例第二十三条第一款规定,'违反本条例规定,需要配套建设的环境保护设施未建成、未经验收或者验收不合格,建设项目即投入生产或者使用,或者在环境保护设施验收中弄虚作假的,由县级以上环境保护行政主管部门责令限期改正,处 20 万元以上 100 万元以下的罚款;逾期不改正的,处 100 万元以上 200 万元以下的罚款;对直接负责的主管人员和其他责任人员,处 5 万元以上 20 万元以下的罚款;造成重大环境污染或者生态破坏的,责令停止生产或者使用,或者报经有批准权的人民政府批准,责令关闭',作出被诉行政处罚,法律适用正确。四、根据寄送《行政处罚事先(听证)告知书》,告知拟作出的行政处罚及相应陈述、申辩、听证权利;根据听证申请,送达听证通知书,召开行政处罚听证会,听取相关人员意见,听取当事人陈述申辩后,我局认为申辩不成立,送达被诉行政处罚决定,整个过程严格依据时限规定,及时完成,因此我局作出被诉处罚决定程序合法。五、涉案企业提起本案诉讼的理由依法不能成立。关于受疫情影响经营困难,且并无污染环境的违法行为的问题,涉案企业的相关法定义务并不以是否造成现实环境污染为前提;我局对该企业的违法行为作出处罚时,仅适用了《建设项目环境保护管理条例》第二十三条第一款中的最低罚款额,已经考虑了实际情况。综上,我局处罚决定程序正当、法律适用正确,应当维持。"

如上所述确实看不出问题所在,这也是非专业环境资源律师无法在本案的听证环节提出任何实质有效观点的原因所在,因为生态环境部门的观点和证据,完整闭环,基本上无懈可击。

2.环境资源专业律师可快速论证出案件的核心要点,突出重点、直击要害。程序和实体的双层次审查,让可能的行政违法行为无所遁形,实现委托人的目标。

本案之所以能够最终撤销涉案行政处罚决定,恰恰是因为专业的环境律师知己知彼。本代理人重点关注程序违法和法律适用,在事实证据不利的情况下,生态环境主管部门作出最低档的行政处罚后,法律适用方面尤其是关注法律的变动,新法、新政策的生效实施带来的直接影响更为重要。专业所在,直击要害,才能说服法官,才能实现委托人的目的。对于程序违法,尤其是调取证据方面的瑕疵,甚至是非法取证的问题,抑或调查取证人员的资格或者资质范围是否符合等问题,要坚决严格审查。对于实践中大量存在的执法人员既当运动员又当裁判员等程序违法问题,系严重影响案件公正的违法因素,必须据理力争。对于实体问题的论证,则必须结合涉事企业的行业特征,对于污染物的收集、处置提供合理的论证,以防执法过程中随意扩大违法行为的认定;"吹毛求疵"的现象在环境执法领域,尤其是在环境律师介入案件的代理中,必须予以坚决抵制或消除。

3. 律师代理意见。

本案代理企业提出了以下几项重要的法律意见,大部分均被法院采纳:

(1)涉事企业并无实际污染环境的违法行为。

(2)违法行为是其环保设施未验收合格即投入生产的轻微环境违法行为,虽然投产超过 3 个月,但采取了有效的环保措施,没有造成环境污染,未被群众投诉举报,被查处后也已主动停下生产,属于轻微违法情节,符合生态环境部门免予处罚的规定,应当不予处罚。具体法律依据:《生态环境行政处罚办法》第 42 条规定,"违法行为轻微并及时改正,没有造成生态环境危害后果的,不予行政处罚。初次违法且生态环境危害后果轻微并及时改正的,可以不予行政处罚"。某市《生态环境领域轻微违法行为免处罚免强制清单》规定:"一、下列违法行为符合相应轻微情节,及时纠正,没有造成危害后果的,不予行政处罚……(三)需要配套建设的环境保护设施未建成、未经验收或者验收不合格,建设项目即投入生产或者使用。处罚依据:1.《建设项目环境保护条例》第二十三条第一款……轻微情节:建设项目'未验先投'(不含建设项目位于环境敏感区或者属于化工、电镀、皮革、造纸、制浆、冶炼、放射性、印染、燃料、炼焦、炼油项目的情形),生产运营的时间不超过 3 个月,或超过 3 个月但配套建设了环境保护设施或采取了环境保护措施的,项目未造成环境污染、生态破坏或社会影响等危害后果,且在被责令改正或限期改正后立即自行停止生产、同时开展验收工作并于 12 个月内完成整改(包括采取拆除部分生产设施等措施,使建设项目保留的生产工艺及其内容均符合豁免环评手续及竣工环境保护验收的要求)或者自行直接关闭建设项目的……"

(3)涉案行政处罚程序严重违法。法制审核程序的审核人既是听证会的主持人员和听证员,又是审核人员,且其并非专门从事法制监督的人员。听证程序中的非案件调查人员未经调查发表指控意见,违反了"无调查无发言权"的基本常识;案件集体审议审查程序没有行政机关负责人及专门的法制科室人员参加,全部是执法科室人员参加,违反了具体的法律规定:《生态环境行政处罚办法》第47条第4项规定,"听证由生态环境主管部门指定的非本案调查人员主持;当事人认为主持人与本案有直接利害关系的,有权申请回避",第7项规定,"举行听证时,调查人员提出当事人违法的事实、证据和行政处罚建议,当事人进行申辩和质证";第49条第1款规定,"有下列情形之一,生态环境主管部门负责人作出行政处罚决定之前,应当由生态环境主管部门负责重大执法决定法制审核的机构或者法制审核人员进行法制审核;未经法制审核或者审核未通过的,不得作出决定"。

(4)涉事企业的行业类别归类错误,其属于不需要做环评审批,不需要建设配套环保设施的企业。理由是涉案企业的营业执照显示其属于批发业,并不是生态环境主管部门所认定的制造业。根据《2017年国民经济行业分类注释》的相关规定,批发业与制造业完全不相干,两者完全不等同,因此不属于《建设项目环境影响评价分类管理名录》(2021年版)规定的应当报批环境影响报告表的类型。

4. 未环评审批、未环保验收即投产的法律风险及不利后果。

以本案为例,法院最终认为在案证据显示,涉案企业并未编制环境影响报告表,亦未建设需要配套的环境保护设施即投入生产使用,其违反了《建设项目环境保护管理条例》的相关规定,行政机关处以20万元的罚款。

但考虑到:首先,本案中涉事企业将产生的污染物交由第三方处置,已采取相关环境保护措施;在案证据不足以证实涉案行为实际上已造成环境污染、生态破坏或社会影响等危害后果;诉讼中涉案企业的法定代表人陈述涉案生产活动已停止、企业在整治。其次,某市《生态环境领域轻微违法行为免处罚免强制清单》已经在处罚决定作出前印发实施,行政机关未依据该清单内容对企业是否已采取相关环境保护措施、涉案行为是否已造成清单规定的危害后果、企业是否已自行直接关闭建设项目等情况进行调查核实,未对涉案行为是否属于生态环境领域轻微违法行为可免处罚、免强制的情形进行充分论证,径行作出被诉处罚决定,处以罚款20万元等。这些都不符合上述规定,被诉处罚决定依法应予撤销。

据此可知,环评依法管理、环保验收依法实施是环境监管的重要措施,若企业故意或过失不予报批、验收的,该类行为是违法行为。其违法性是确定的,应当依据《建设项目环境保护管理条例》的规定,依法予以处罚。当然,处罚决定的作出是否合法,是需要综合各类情节,考虑相关规定实施的综合性问题。本案处罚决定的下达即是对企业经营产生的现实不利后果的考虑,但是最终的免罚也是因为规范的复杂、综合性的体现。行政执法绝不是简单的公式套用、计算叠加。

❖ 律师介绍

肖燕平,北京市盈科(广州)律师事务所律师。中山大学法律硕士、山西大学环境与资源学院理学学士,法学学士(双学位)。现任盈科广州环境与资源法律事务部秘书长、第四党支部副书记、广东省法学会环境资源法学研究会理事。业务领域:环境资源行政处罚、污染环境罪、环境污染民事纠纷办理。所获荣誉:出版《胜案路径:环境资源实案律师策略》一书,荣获广州市律师协会理论成果奖一等奖,荣获2022~2023年度盈科优秀共产党员、2024年度盈科全国优秀律师等称号。

"违法所得"的认定

——某新型建材有限公司拟被行政处罚近300万元，听证程序后处罚金额降至60余万元案

摘要

某新型建材有限公司因未按规定存放固体废物，造成周边环境污染拟被行政处罚近300万元。律师通过听证程序从适用法律、违法行为的认定及违法所得的计算标准方面提出法律意见。最终生态环境局接受了律师的意见，将对该公司的处罚金额降至60余万元。企业减少了近230万元的处罚数额。

案情简介

2023年×月，某市生态环境局在检查的过程中发现某新型建材有限公司因未采取相应的防范措施，造成工业固体废物扬散，致使周边环境污染。生态环境局认定该企业的行为违反了《固体废物污染环境防治法》(2020修订)第20条第1款的规定。依据《固体废物污染环境防治法》第102条第7项和《某市生态环境局行政处罚自由裁量权实施标准》的规定，拟对该企业作出如下行政处罚：(1)罚款人民币527,000元(处置费384,000元)。(2)没收违法所得共计2,399,000元(其中从某市住房和城乡建设局获得违法所得2,386,000元、从某生物环保有限公司获得违法所得13,000元)。

收到听证告知书后，某新型建材有限公司在法定期限内申请听证。在举行听

证过程中,该市生态环境局认为该企业存在未采取相应的防范措施,造成工业固体废物扬散,致使周边环境污染的违法行为,坚持依据《固体废物污染环境防治法》第102条第7项和《某市生态环境局行政处罚自由裁量权实施标准》的规定,拟对该单位处罚近300万元(包含罚款52.7万元和违法所得239.9万元)。

代理律师针对该企业未按规定存放固体废物处罚所适用的法律、违法行为的认定及违法所得的计算标准,提出了与市生态环境局不同的意见。

本案的争议焦点为,案涉行为的处罚依据、处罚金额是否准确、违法所得应如何计算。

办理结果

2023年×月,该市生态环境局对该企业作出最终处罚决定,处罚金额为:(1)罚款人民币527,000元(处置费384,000元);(2)没收违法所得共计120,000元。委托人对处罚结果表示满意。

办案策略

代理律师在接受委托后,到厂区内实地考察,与当事人详细了解案件事实、案件发生的背景及原因。

本案中对违法所得认定处罚金额较大,如果根据案件实际违法行为认定违法所得可大幅减少处罚数额。

律师评析

一、典型意义

本案案件事实简单,但处罚金额较大。某新型建材有限公司是一家民生企业,案件发生时疫情的影响尚未消除,且有贷款需要偿还,高额的罚款将会使该企业面临倒闭的风险。律师提出行政处罚的目的不是罚款,而是通过事后处罚达到社会管理的目的。因为罚款不仅不能解决问题,反而可能引发新的矛盾。这不仅提高了社会整体运营成本,更不利于营商环境建设。代理律师认为对于轻微违法行为,应尽可能少罚、慎罚。这样不仅能减少社会成本支出,还能体现执法温情,减少矛盾冲突,更有利于营造良好的营商环境。对该企业来说,律师在听证中提出的观点和建议为其减少了高额的罚款,为其日后生产经营的恢复也起到了积极作用。企业承诺将在以后的生产经营中自觉守法,诚信经营。

二、法律评析

本案中,某新型建材有限公司是一家回收、利用污泥制作成品砖的企业,属于民生企业。该企业建有符合标准的贮存场所,但客观原因导致该企业无法及时将收购的污泥贮存利用,因该企业已与某市住房和城乡建设局签订了应急处置合同。收购的污泥由于客观原因无法及时利用生产,导致污泥堆积无处存放,造成了该企业的违法行为。在某市生态环境局到该企业检查后,该企业立即改正了违法行为,在多方打探的情况下,该企业已将违法堆积的污泥转移至符合标准的贮存场所,并支付了贮存费用。

本案涉及究竟以《固体废物污染环境防治法》第102条第7项、第10项中的哪一项作为处罚依据及对本案中"违法所得"的理解。代理律师通过梳理案件材料认为,本案中该企业存在违法存放行为,但某市生态环境局对于违法行为的法律适用及违法所得的数额认定与代理律师有不同理解,该局处罚数额高于该企业因违法行为所产生的实际利益。

(一)关于案涉行政处罚法律适用的分析

该局拟依据《固体废物污染环境防治法》第102条第7项"擅自倾倒、堆放、丢弃、遗撒工业固体废物,或者未采取相应防范措施,造成工业固体废物扬散、流失、渗漏或者其他环境污染的"对该企业进行行政处罚。但该企业的行为不符合该条的规定,不应适用该条对其进行处罚。该条规定的行为是"倾倒、堆放、丢弃、遗撒",该局认为该企业存在擅自堆放的行为,但从该条的文义理解,"堆放"应与"倾倒、丢弃、遗撒"进行同类别理解,那其本质含义就应该是以"放弃"为目的的擅自处理,有对废弃物弃之不管的含义。但本案中,案涉固体物是该企业生产的原料而非废弃物,是该企业通过签订合同,合法、有偿取得的标的物,对于该企业来说其是有利用价值的,并且从实际看,该企业也是对案涉固体物回收、利用,而非"放弃"。因此,代理律师认为该企业的行为不符合该条的适用条件。

代理律师建议改用《固体废物污染环境防治法》第102条第10项进行处罚,该企业的违法行为是将固体物贮存在了不符合国家环境保护标准的场所,其违法行为更符合《固体废物污染环境防治法》第40条的规定,即"对暂时不利用或者不能利用的,应当按照国务院生态环境等主管部门的规定建设贮存设施、场所,安全分类存放,或者采取无害化处置措施。贮存工业固体废物应当采取符合国家环境保护标准的防护措施"。因此,代理律师建议该局改用第102条第10项"贮存工业固体废物未采取符合国家环境保护标准的防护措施的"的规定对该企业进行处罚。但该法条由于立法技术的问题存在争议即第40条是否仅适用于产废单位,代理律师通过查阅资料、生效法律文书、咨询专家等方式对此向该局进行论证,内容如下:

1. 任何企业、个人"对暂时不利用或者不能利用的"固体废物都应"按照国务院生态环境等主管部门的规定建设贮存设施、场所,安全分类存放,或者采取无害化处置措施";任何企业、个人"贮存工业固体废物"都"应当采取符合国家环境保护标准的防护措施"。如果将该条理解为仅适用于产废单位,属于对法律的缩小解释,且会造成日后对贮存单位、利用单位等监管的法律缺失。

2. 律师通过运用公开平台查询到的近半年全国多地区的行政处罚决定书的内容发现,在该省及其他经济发达的上海、江苏、山东、湖南、陕西等地与该企业同类型违法行为的单位或个人也适用了《固体废物污染环境防治法》第102条第10项予以处罚,被处罚的单位包括水泥销售公司、废旧金属回收公司、节能科技公司、贸易有限公司、危险废物处置公司、再生资源回收利用公司,以上公司均非产废单位。可见,所有涉及贮存工业固体废物的单位均能适用《固体废物污染环境防治法》第102条第10项的规定予以处罚,且在实践中也被大量适用。因此,该企业的行为可以适用《固体废物污染环境防治法》第40条。

综上所述,代理律师认为案涉行为应适用《固体废物污染环境防治法》第102条第10项"贮存工业固体废物未采取符合国家环境保护标准的防护措施的"处罚更为适宜。

(二)关于原材料与固体废物的区分、界定

1.关于原材料的定义、种类及与中间产品的区别

原材料是指生产某种产品的基本原料,是用于生产过程起点的产品,是未经加工或只经过简单处理、尚需进一步加工才能用于产品生产的各种物质材料。

原材料通常具有一定的自然形态或化学组成,经过一系列的加工和处理步骤后,被转化为具有特定性能和用途的产品。例如,用于制造钢铁的铁矿石、用于制造纸张的木材纤维、用于生产塑料的石油化工原料等。原材料的种类包括:

(1)金属类:例如铁、铜、铝、锌、铅、镍等。

(2)木材类:包括各种原木、板材等。

(3)化工原料类:例如石油、天然气、乙烯、丙烯、苯、甲醇等。

(4)纤维类:像棉花、羊毛、蚕丝、化纤等。

(5)石料类:大理石、花岗岩、石灰石等。

(6)塑料原料:聚乙烯(PE)、聚丙烯(PP)、聚苯乙烯(PS)等。

(7)橡胶原料:天然橡胶、合成橡胶(如丁苯橡胶、顺丁橡胶)。

(8)谷物类:小麦、水稻、玉米等。

(9)矿石类:金矿石、铁矿石、铜矿石等。

(10)玻璃原料:石英砂、纯碱等。

(11)皮革原料:各类动物皮。

(12)纸浆:用于制造纸张的主要原料。

原材料和中间产品的区别主要体现在以下几个方面:

(1)所处生产阶段:原材料是生产流程的起始投入物,位于生产过程的开端。中间产品则是在生产流程中经过部分加工,但尚未成为最终成品的产品,处于生产过程的中间阶段。

(2)用途:原材料主要用于启动生产过程,经过一系列加工和转化。中间产品则是用于进一步加工以生产最终产品。

(3)价值增值程度:原材料通常还未经历显著的价值增值。中间产品已经经过一定程度的加工,价值有所增加,但尚未达到最终产品的全部价值。

(4)直接销售性:原材料一般不直接销售给最终消费者,除非是某些特殊行业或情况。中间产品通常也不直接面向消费者销售,而是在企业内部的生产链条中流转。

(5)形态和性质:原材料的形态和性质相对较为基础和原始。中间产品在经过部分处理后,其形态和性质可能发生了一定的改变,更接近最终产品的特征。

(6)库存管理:对于原材料,企业更关注其供应的稳定性和成本控制。对于中间产品,库存管理重点在于协调生产流程,确保各环节的顺畅衔接。

2.固体废物

固体废物是人类在生产、生活的过程中形成、失去原有使用价值或虽未失去使用价值却弃置或丢弃的固态或半固态物质。随着世界人口的增长,城市化进程加快及消费模式转变,固体废物产量不断地增加,对环境、经济及社会造成了严峻的挑战。固体废物在占据大量土地资源的同时,也会通过对土壤、水源、空气等的污染而给生态系统及人类健康造成严重的影响。因此,对固体废物要重点掌握以下内容。

首先,要了解固体废物的资源化利用与处置的意义。在固体废物问题日益严重的情况下,如何找到高效的资源化利用与处置方法具有重要的意义。固体废物资源化利用就是把废物变成一种宝贵的资源或者能源,主要包括物理回收、化学回收、生物回收及能源化利用等途径。固体废物资源的有效利用既减少了废物排放及环境影响,又节约了资源,降低了能源消耗,达到经济效益与环境效益的双丰收。与此同时,固体废物的合理处置是确保环境安全与公共卫生至关重要的一环。传统固体废物的处理方法,比如填埋与焚烧,虽部分地解决了垃圾去向的问题,但却存在占用土地多、造成二次污染及能源浪费等缺点。

固体废物的产生涉及人类活动的许多方面,大致有以下几大源头。(1)工业生产领域,包括制造业、矿业、能源生产和其他工业活动,如废渣、废水污泥、废包装材料、废旧设备。(2)建筑施工及拆除方面,建筑工地及建筑物在拆除时的废料,如废弃混凝土、砖瓦、木材、玻璃、金属。(3)农业生产领域,农业生产中的废料,如农作物残余物、畜禽粪便、农药包装物。(4)生活垃圾方面,是指居民在日常生活中所产生的废物,主要有厨余垃圾、纸张垃圾、塑料垃圾、玻璃垃圾、金属垃圾和电子产品。(5)医疗卫生领域,医疗机构丢弃的一次性医疗器械,药品包装和感染性废物。

其次,要了解固体废物传统处置方法及存在的问题。固体废物传统处置方法主要有填埋法和焚烧法。

(1)填埋法。填埋法就是把固体废物集中处理到某一现场(填埋场),并采用覆盖、压实的方法把固体废物从环境中分离出来,以实现废物处置。垃圾在填埋过程中会发生物理、化学等降解过程,产生气体(以甲烷为主,二氧化碳为辅)、渗滤液和沉降产物。其优点是操作比较简单,对工艺要求不高;对一些种类废物(如无机废物)有很好的处理作用;废物可大规模处置。其缺点是占地面积较大、土地资源消耗较重;渗滤液会污染地下水及土壤,给环境带来长远的影响;所产生的气体尤其是甲烷如果不能很好地收集和处理,就会引起爆炸和火灾的危险,同时也会对气候产生不利影响;有些废物(如有机废物)在填埋条件下分解速度慢,处置效率低。

(2)焚烧法。焚烧法就是固体废物经高温氧化燃烧后变成气体、灰渣及热能。焚烧时,废物内有机物质全部或局部氧化,有害物质破坏或减量化。其优点是显著降低废物的体积与重量达到减量化的目的;可将一些有害物质破坏掉,减少它们对环境及健康造成的危害;焚烧后的热能可循环使用达到能源化目的。其缺点是焚烧时可能会产生有毒有害物质,需安装高效尾气处理设施;能耗大、运行成本高;对某些类型的废物(如石棉、电子废物等)不宜采用焚烧法。

固体废物资源化利用已在世界范围内取得一定进展,多种技术手段与政策措施层出不穷并不断得到发展。但其也面临着技术成熟度低、经济效益不显著、政策支持力度不够、公众认知度不高等问题与挑战。在实际运行中,固体废物资源化利用效果受废物种类、性质、处理技术及管理水平等诸多因素影响。为此,有必要制定出科学、合理的资源化利用策略及实施方案。

(三)关于案涉行政处罚违法所得数额的认定

没收违法所得、没收非法财务是指国家行政机关根据行政管理法律、法规,将行为人违法所获得的财物或非法财物强制无偿收归国有的一项行政处罚措施。这里没有区分行为人是否为案涉财物的合法权益人。从立法过程来看，将没收违法所得作为行政处罚，是在总结国内实践的基础上参考了德国"没收违法所得"、日本"课征金"的立法例。《行政处罚法》（2021修订）第63条规定将没收较大数额违法所得、没收较大价值财物纳入听证程序。

何为违法所得？《行政处罚法》第28条规定，违法所得是指实施违法行为所取得的款项。法律、行政法规、部门规章对违法所得的计算另有规定的，从其规定。实践中，不同的部门对于违法所得的界定有所不同，有的为营收说，有的为利润说。

1.营收说。营收说的好处是行政机关便于操作。某部曾建议明确种子生产、经营中的"违法所得"是指从事种子生产、经营活动所取得的销售收入，即指种子经营者销售产品时取得的收入，包括成本和利润。对此，全国人大常委会法制工作委员会认为，依照1981年全国人大常委会《关于加强法律解释工作的决议》第3项的规定办理，即不属于审判和检察工作中的其他法律、法令如何具体应用的问题，由国务院及主管部门进行解释。《卫生部法监司关于对〈关于对非法经营预防用生物制品实施行政处罚中有关问题的紧急请示〉的复函》规定："预防用生物制品生产供应管理办法》第二十七条中非法所得是指违法活动中获取的包括成本和利润在内的全部收入。"原国家食品药品监督管理总局答复为，一般情况下，原《药品管理法》《药品管理法实施条例》中的"违法所得"，是指"实施违法行为的全部经营收入"。原《药品管理法》规定的"违法所得"是指"实施违法行为中收取的费用"。《药品管理法实施条例》规定的"违法所得"是指"售出价格与购入价格的差价"。在具体执法过程中应结合案件认定的事实与证据，按照行政处罚的基本原则依法处理。此外，《导弹及相关物项和技术出口管制条例》中的"违法所得"也是指从事违法行为的全部实际收入。

但是，营收说可能会对当事人产生较大影响，需要用合理原则加以限制。例如，原《土地管理法》第74条规定，买卖或者以其他形式非法转让土地的，没收非法所得。对此，全国人大常委会法制工作委员会认为，"没收非法所得"不能解释为包含没收土地。对这一案件的非法出卖自留地的农民,在给予没收非法所得和罚款的处罚后,可以不收回该自留地的使用权。同时,农村集体经济组织也可以对该自留地的使用权作出处理。

2. 利润说。利润说的核心是要扣除合理成本,难点在于合理成本的范围通常计算繁复,影响行政效率。利润说有毛利润和纯利润之分,而纯利润说不具有惩戒性,似不符合行政处罚的定义。全国人大常委会法制工作委员会认为,原《固体废物污染环境防治法》(2016 修正)第 77 条规定对无经营许可证或者不按照经营许可证规定从事收集、贮存、利用、处置危险废物经营活动规定的"没收违法所得",是指没收违法行为人违法收集、贮存、利用、处置危险废物所获得的收益。《工商行政管理机关行政处罚案件违法所得认定办法》第 2 条规定:"工商行政管理机关认定违法所得的基本原则是:以当事人违法生产、销售商品或者提供服务所获得的全部收入扣除当事人直接用于经营活动的适当的合理支出,为违法所得。"《生态环境行政处罚办法》第 88 条规定:"当事人有违法所得,除依法应当退赔的外,应当予以没收。违法所得是指实施违法行为所取得的款项。法律、行政法规对违法所得的计算另有规定的,从其规定。"

此外,刑事领域也有采用利润说的,例如《全国人民代表大会常务委员会关于惩治生产、销售伪劣商品犯罪的决定》(1993 年,已失效)规定的"违法所得数额",是指生产、销售伪劣产品获利的数额。

没收违法所得在何种意义上是行政处罚。从最初立法开始,对没收违法所得是不是行政处罚就有争议。反对说认为,对违法所得的没收,本质上是一种追缴,而不是违法行为人因实施违法行为所付出的代价。客观来讲,违法所得不应是纯利润。如果将违法所得界定为纯利润,则没收违法所得不具有惩戒性,因为这些利润本身就不是违法行为人的。因此,从解释上有必要明确违法所得至少为毛利润,只有这样才能与《行政处罚法》第 2 条行政处罚的定义保持逻辑上的周延。对于采纳净利润的规章是否要修改,是否符合《行政处罚法》的规定,需要研究。

违法所得在作出行政处罚决定时必须归属于违法行为人。违法所得可以是已经消费的收益。例如,凡是非法占有公共财物,能够确定侵占时该财物新旧程度的,"非法所得"应当按侵占时该财物的新旧程度和检查时重新购置该财物的价格计算。无法确定侵占时该财物新旧程度的,则按《违反财政法规处罚的暂行规定施行细则》(〔87〕财法52号)第26条第2款的规定,"按检查时物品的新旧程度和重新购置该物品的价格折算"。因非法占有而造成该财物有所损失的,应当在追还被占用财物的同时,由责任人赔偿相应的损失。违法建设工程不能拆除的,应当没收实物或者违法收入。没收的违法收入应当与应依法没收的实物价值相当。

违法所得原则上要归属于当事人。而违法所得其实就是不当得利,任何人都不能从违法行为中获利。受损失人可依据《民法典》第985条等规定要求当事人返还不当得利。因这些财产利益直接被行政机关没收,对受损失的人是不合理的。因此,《行政处罚法》第28条增加了责令退赔。在操作层面,可以依据《民法典》第187条、《行政处罚法》第74条等规定处理,受损失人的财产不足以承担责任时,优先用于承担民事责任。违法所得应基于违法行为,当事人基于合法行为取得的收入应当予以扣除。

(四)律师代理意见

本案中,该企业经营范围为利用污泥加工成砖,因此其将生活污泥作为生产原料制成其他制品再销售的行为,即利用、处置行为是符合法律规定的。该企业从某市住房和城乡建设局、某生物环保有限公司收购污泥均签订正式合同,收集污泥的流程也符合法律规定,即该单位收集污泥的行为并非违法行为。

根据全国人大常委会法制工作委员会《关于申请解释固体废物污染环境防治法第七十七条有关规定的答复意见》(法工委复字〔2005〕34号)中第1条关于"违法所得"的规定,"1.固体废物污染环境防治法第七十七条对无经营许可证或者不按照经营许可证规定从事收集、贮存、利用、处置危险废物经营活动规定的'没收违法所得',是指没收违法行为人违法收集、贮存、利用、处置危险废物所获得的收益"。该规定适用于无证许可或未按证经营的行为,其"没收违法所得"仅包含违法行为人违法收集、贮存、利用、处置危险废物所获得的收益。

该企业案涉违法行为应是其将固体废物贮存在未完全符合环境保护标准的

场地,而"违法所得"应为因未按要求贮存所获得的实际利益。在某市生态环境局检查后,该企业已向多处符合贮存要求的租赁场地询问租赁费用,并形成书面材料以证明该企业因未按要求贮存固体废物所产生的违法所得。

根据上述案件事实及法律依据,代理律师形成最终的法律意见在听证程序中向该市生态环境局提交法律意见书。最终生态环境局接受了代理律师的意见,对该企业的处罚金额降至60余万元,为企业减少了近230万元的处罚数额。

❖ 律师介绍

刘滋文,北京盈科(沈阳)律师事务所律师、盈科全国环境资源与能源法律专业委员会委员。

危险废物认定实例

——连城某公司行政处罚案

摘要 2023年,福建省生态环境厅向连城某公司送达行政处罚事先(听证)告知书,告知连城某公司从废水中收集的多元缩聚树脂属于危险废物,拟对连城某公司"将危险废物无偿提供给无许可证的单位或者其他生产经营者从事经营活动的违法行为"进行处罚。律师代理行政处罚听证程序,向福建省生态环境厅提出陈述申辩。最终,福建省生态环境厅未对连城某公司行政处罚。

案情简介

连城某公司于2009年8月成立,系年产6000吨高分子合成材料(无溶剂型固体酚醛树脂)生产企业。2011年4月公司委托福建高科环保研究院有限公司为"连城某合成材料有限公司年产6000吨高分子合成材料(无溶剂型固体酚醛树脂)项目"编制环境影响评价报告(以下简称环评报告),并于2013年8月向龙岩市环境保护局申请批复。

环评报告对"二次缩合+尿素及吸附焚烧法"废水处理工艺的描述主要有以下几个方面内容。(1)树脂合成工艺废水的处理"项目工艺废水抽入废水回收锅回收处理,使废水中的小分子苯酚、甲醛继续缩聚反应生成小分子树脂。小分子树脂继续加入到反应釜中,提高树脂产率"。(2)关于小分子树脂继续反应提取树脂后的废水(高浓度含酚)的处理,专家建议"采用焚烧法比其他方法更经济合理"。(3)采取进一步多元缩聚处理和中和沉淀工艺处理的工艺流程如下:将沉淀槽中的废水再抽入废水回收锅,补加盐酸,加入一定量尿素,夹套通蒸汽加热4h。冷却,过滤沉淀。将滤液加液碱中和至pH≈7~8,再次过滤取上清液作为灌溉用的废水。此次"回收沉淀树脂"约为1.5吨/天,经加热于树脂生产脱水开始后抽入指定的反应釜一起脱水,作为树脂改性剂使用。(4)图2.4-7项目产品生产过程水平衡图(单位:t/d)。

同时环评报告有关清洁生产的要求为,"加强废物回收利用,落实好有综合利用价值的固体废弃物的资源化渠道和途径,做到物尽其用"。2013年9月,龙岩市环境保护局就环评报告作出批复(下称环评批复)。

项目投产后,按照专家"物尽其用"的意见,为实现高水平清洁生产,提高企业生产效率和经济效益,连城某公司改进废水处理部分后端工序,并于2015年12月由连城县环境监测站组织验收,完成环保验收监测报告,其中关于多元缩聚树脂(沉淀树脂)的生成工艺的描述,与环评报告相同。同时,环保验收监测报告记述了进一步改进的多元缩聚树脂回收和后续加工、使用过程:(1)连城某公司新增"板框压滤机"设备代替环评报告中"过滤沉淀、再次过滤"的自然沉降工艺,并新增烘箱对该物质进一步烘干,即将中和冷却处理后的废水抽至板框压滤机进行压滤,令废水中的可回收多元缩聚物与水相分离。分离出来的多元缩聚树脂通过烘干机将水分进一步烘干,便于使用、储存及运输。(2)明确废水处理产物的使用,"此次回收多元缩聚树脂一部分经加热于树脂生产脱水开始后抽入指定的反应釜一起脱水,作为树脂改性剂使用;另一部分运输至厦门A作为电木粉添加剂使用"。2016年2月,龙岩市环境保护局就验收监测报告批复竣工环保验收合格,同意该公司年产6000吨高分子合成材料(无溶剂型固体酚醛树脂)项目通过竣工环保验收。

2023年,福建省生态环境厅执法人员将多元缩聚树脂等同于《国家危险废物名录》(2021年版)"HW13有机树脂类废物"中"265-104-13"的"废水处理污泥(不包括废水生化处理污泥)",并拟对连城某公司处罚款623,334元。

办理结果

收到行政处罚事先(听证)告知书后,连城某公司委托律师代理听证程序,向福建省生态环境厅提出陈述申辩。最终,福建省生态环境厅同意连城某公司与下游厦门 A 公司办理危险废物"点对点"定向利用许可证,并告知不对连城某公司行政处罚。

办案策略

接受委托后,律师第一时间前往连城某公司及厦门 A 公司查看现场生产情况,了解生产工艺,同时搜集连城某公司与厦门 A 公司环境影响评价文件及批复、竣工环境保护验收报告等材料。最终了解到连城某公司与厦门 A 公司均未因该物质而产生环境污染的损害后果。对危险废物的管理主要规定在《固体废物污染环境防治法》中,《固体废物污染环境防治法》第 1 条就规定了通过该法的目的:保护和改善生态环境,防治固体废物污染环境,保障公众健康,维护生态安全,推进生态文明建设,促进经济社会可持续发展。连城某公司将该物质提供给厦门 A 公司使用的行为,未造成环境污染,同时又能够改善厦门 A 公司产品性能,物尽其用,促进经济发展,该行为不应受否定评价。

根据《固体废物污染环境防治法》第 75 条的规定,危险废物是指列入国家危险废物名录或者根据国家规定的危险废物鉴别标准和鉴别方法认定的具有危险特性的固体废物。危险废物属于固体废物中特殊的一类,依据《危险废物鉴别标准通则》(GB 5085.7 - 2019)中"4 鉴别程序"相关规定,危险废物的鉴别应按照以下程序进行:

1.判断是否属于固体废物。依据《固体废物污染环境防治法》的规定,固体废物是指在生产、生活和其他活动中产生的丧失原有利用价值或者虽未丧失利用价值但被抛弃或者放弃的固态、半固态和置于容器中的气态的物品、物质以及法律、行政法规规定纳入固体废物管理的物品、物质。经无害化加工处理,并且符合强制性国家产品质量标准,不会危害公众健康和生态安全,或者根据固体废物鉴别标准和鉴别程序认定为不属于固体废物的除外。如果不属于固体废物,则不属于危险废物。

2.是否列入《国家危险废物名录》(2021年版)。经判断属于固体废物的,则依据《国家危险废物名录》判断,凡列入《国家危险废物名录》的固体废物,属于危险废物,不需要进行危险特性鉴别。需要注意的是,危险废物名录存在豁免管理。

3.未列入《国家危险废物名录》(2021年版),但可进行危险特性鉴别。该种情形下,应按照《危险废物鉴别标准通则》第4.3条的规定进行危险特性鉴别,凡具有腐蚀性、毒性、易燃性、反应性等一种或一种以上危险特性的,属于危险废物。一般情况下这要由具有专业知识背景的专家和机构进行鉴别。

4.对未列入《国家危险废物名录》(2021年版)且根据危险废物鉴别标准无法鉴别,但可能对人体健康或生态环境造成有害影响的固体废物,由国务院生态环境主管部门组织专家认定。

律师评析

一、典型意义

首先,对多元缩聚物属性的确定和管理,将影响连城某公司及厦门A公司生产模式、生产成本、产业竞争格局等。本案的争议焦点为多元缩聚物是否为危险废物,应通过多种途径确定该类物质的属性,应对复杂的环境资源类案件,有效保障企业权益。

其次,本案的重大意义在于纠正了环保监管中的错误,使废物得到正确的利用。实践中,为节约成本任意处置危险废物的案例屡见不鲜,但本案生态环境部门错把可作为原材料使用的物质当作危险废物进行严格管理。如此增加监督管理级别,不仅意味着厦门A公司成本增加,也造成社会资源的浪费,在消耗危险废物处置资质和能力的同时,也增加行政管理成本,因此正确识别和处置危险废物非常关键。

二、法律评析

1.连城某公司严格按照环评影响报告书和《建设项目竣工环境保护验收监测

报告(报批稿)》进行多元缩聚树脂的生产和利用,并无违法情形。

环评报告及其环评批复、环保验收监测报告是多位熟悉连城某生产工艺的环保公司和环保专家经过多轮实证调研、论证的成果,经环保部门批复,成为连城某公司组织生产、进行环境治理的总章程。多年来,连城某公司自始至终按照环评报告及其环评批复、环保验收监测报告组织生产和废水处理产物的利用,既无超环评生产,也无超环评转移废水处理产物,属于依法依规生产情形。同时,数年实践证明,多元缩聚树脂的生产工艺及排污过程是闭环的,使用中也无环境风险,从未造成生产或者利用过程中的环境损害。因此,环保部门在多次有关危险废物管理的检查中,一直没有要求将多元缩聚树脂列入危险废物管理范围,亦未对此要求整改或者停产。

2. 多元缩聚树脂不是法律规定的固体废物,因而也不是《国家危险废物名录》(2021年版)中的危险废物。首先,从法律层面上讲,多元缩聚树脂是否属于危险废物,应当依照法律和专业技术准则进行判定。《固体废物污染环境防治法》第124条明确固体废物是指丧失原有利用价值或者虽未丧失利用价值但被抛弃或者放弃的物质、物品,还包括法律、行政法规规定的固体废物。同时,《危险废物鉴别标准通则》(GB 5085.7 – 2019)"4 鉴别程序　危险废物的鉴别应按照以下程序进行:4.1　依据法律规定和GB 34330,判断待鉴别的物品、物质是否属于固体废物,不属于固体废物的,则不属于危险废物"。据此,危险废物首先应当是固体废物。环保验收监测报告向环保部门报告多元缩聚树脂作为树脂改性剂使用,也可作为电木粉添加剂使用这一情况,表明多元缩聚树脂既有利用价值,并不被废弃,不具有固体废物的法律属性,因而不是危险废物。

其次,从技术层面讲,多元缩聚树脂是连城某公司利用废水中的有用成分,即对废水中的苯酚、甲醛、尿素单体进行缩聚反应而生成,并将其在生产中使用,不应与无利用价值或者被废弃、放弃的固体废物相提并论。产生多元缩聚树脂的废水预处理方法,业界有大量研究与实践。

再次,多元缩聚树脂的生产和用途均已在环评报告和环保验收监测报告中上报环保部门,符合环评报告"物尽其用"的要求。2013年12月至2015年12月,企业所在地环保部门组织多次技术审查会议,均未将其列为危险废物。2013年至今,环保部门组织对连城某公司的多次危险废物规范化管理专项检查和日常监督中,也未认定多元缩聚树脂为危险废物。连城某公司每年按照环保部门要求在环保系统中上报危险废物管理计划,环保部门并没有提出反对和整改意见,多元缩聚树脂均未被要求列入固体废物中的危险废物进行管理。

最后,粉末状的多元缩聚树脂与废水处理污泥物理外观明显不同,利用与废弃不同,环境风险高低不同,将两者画等号显然与实际情况不符。认定多元缩聚树脂即为《国家危险废物名录》(2021年版)"HW13 有机树脂类废物"中"265 – 104 – 13"的"废水处理污泥",扩大了危险废物认定范围。

3. 连城某公司将多元缩聚树脂提供关联企业利用符合法规和政策规定。如上文所述,多元缩聚树脂不是危险废物,提供关联企业使用符合法规和政策精神。理由如下:

首先,《危险废物经营许可证管理办法》第2条规定,从事收集、贮存、处置经营活动的单位,应当领取危险废物经营许可证。省环保厅拟对连城某公司作出的行政处罚,不涉及收集与贮存,那么是否涉及处置问题?连城某公司认为,危险废物的"处置"包括物理、化学及生化处理方法。连城某公司将多元聚缩树脂提供厦门A公司作为原材料使用,属于"利用"而不是"处置"情形。上述行政法规,未要求"利用"危险废物应当办理经营许可证,若以未就"利用"申办并取得经营许可证对连城某公司进行处罚,于法无据。

其次,福建省生态环境厅于2021年11月1日发布的《福建省强化危险废物监管和利用处置能力改革行动方案》第7项鼓励企业内部资源化利用危险废物;第14项要求促进现有利用处置设施升级换代,扶持培育一批危险废物利用处置龙头示范企业,并明确,原则上不再新建危险废物柔性填埋场,严格控制可焚烧减量的危险废物直接填埋;第17项则鼓励加快危险废物源头减量、资源化利用和无害化处置领域绿色低碳技术攻关和推广应用。连城某公司生产多元缩聚树脂并提供关联企业作生产原料使用,是化害为利、变废为宝,具有减少危险废物产出量和实现资源利用最大化的积极意义,符合省厅环保政策精神。

最后,连城某公司和厦门 A 公司虽互为独立法人单位,且法定代表人不同,但连城某公司系厦门 A 公司的全资子公司,两家公司实际上由同一个股东投资,连城某公司提供多元缩聚树脂给厦门 A 公司使用,与"点对点"利用没有实质性差别。《国家危险废物名录》(2021 年版)附录"危险废物豁免管理清单"第 32 项规定,"在环境风险可控的前提下,根据省级生态环境部门确定的方案,实行危险废物'点对点'定向利用,即:一家单位产生的一种危险废物,可作为另外一家单位环境治理或工业原料生产的替代原料进行使用"。省厅改革行动方案第 15 项亦提出"在环境风险可控的前提下,探索危险废物'点对点'定向利用许可证豁免管理"。这些都证实危险废物的"点对点"定向利用,是我省生态环境部门探索中的方案。连城某公司将多元缩聚树脂提供给厦门 A 公司,即为"点对点"的定向利用,亦符合省厅上述政策。

退一万步讲,如果不准连城某公司对多元缩聚树脂进行利用,或者在"点对点"利用尚未在我省全面铺开情况下禁止使用,多元缩聚树脂大概率只能送至有资质的固体废物处置中心进行填埋或者焚烧处置。那么连城某公司就要为此支付高昂的处置费用,同时厦门 A 公司也损失了一种有利用价值的原材料。总体来讲,加大环境负担,增加企业经济成本,社会和企业都没有受益,这显然不是环保部门希望看到的结果。

4.听证告知书拟作出的处罚,存在不当之处主要为:(1)未查明《规范环境行政处罚自由裁量权若干意见》第二部分"严格遵守处罚原则",应当综合考虑的 6 方面因素,包括行为人的危害对象、造成环境污染、生态破坏程序以及社会影响等。(2)虽然已拟定处罚金额,但未明确确定处罚金额所依据的处置方法及其处置费用计算方式,罚款金额缺乏根据。

综上所述,连城某公司系依法生产和利用多元缩聚树脂。而且,依照法律法规和固体废物鉴别准则,无法认定多元缩聚树脂具有固体废物的"无利用价值或者虽有利用价值而废弃或者放弃"的属性,将多元缩聚树脂认定为树脂合成过程中的废水处理污泥,缺乏法律依据,也与连城某公司的实际情况不符。

❖ 律师介绍

王嘉鹏,北京盈科(厦门)律师事务所律师。现任盈科福建区域 ESG 与合规法律专业委员会主任、盈科厦门 ESG 与合规法律事务部主任。业务领域:涉环境民事、刑事、行政诉讼等。所获荣誉:2019 年盈科厦门特殊贡献奖。

陈韵,北京盈科(厦门)律师事务所律师,现任盈科福建区域 ESG 与合规法律专业委员会秘书长。所获荣誉:2022 年度盈科全国优秀政府与公共事务律师;2023 年度盈科全国优秀公益律师。

黄璐,北京盈科(厦门)律师事务所律师。现任盈科全国环境资源与能源法律专业委员会委员,专业领域:环境行政处罚、环境污染纠纷、涉外民商事争议。所获荣誉:2023 年度盈科全国优秀律师。

行政机关实施代履行应遵守法定程序

——韶关市生态环境局代为处置危险废物铝灰渣案

摘要 《固体废物污染环境防治法》(2020修订)规定危险废物产生者未按照规定处置其产生的危险废物被责令改正后拒不改正的,由生态环境主管部门组织代为处置,处置费用由危险废物产生者承担。行政机关实施代履行过程中,应当严格遵守法定程序,维护当事人的合法权益。但是,本案中,韶关市生态环境局、梅花镇人民政府实施代履行程序多次严重违法,且委托不具有危险废物铝灰渣经营资质的东阳光公司作为第三人处置涉案铝灰渣,亦存在违法之处。韶关市武江区人民法院据此判决确认韶关市生态环境局作出的《关于组织代为处置铝灰渣通知书》违法,这体现了该院公平公正的司法理念,对当地生态环境主管部门依法行政和相关企业依法经营具有重大警示意义。

案情简介

2021年4月30日,高某某等人堆放在广东省韶关市某仓库内的铝灰渣发生自燃。韶关市生态环境局乐昌分局(以下简称乐昌分局)与韶关市乐昌市梅花镇人民政府对现场采取灭火、覆土、给仓库顶棚覆盖防水布等应急处置措施。

2021年6月2日,乐昌分局作出限期处置危险废物通知书,要求高某某等人于2021年6月22日前处置好涉案铝灰渣。

2021年8月20日,乐昌分局作出《关于组织代为处置铝灰渣通知书》,载明"目前,该铝灰(渣)仍未进行处置,我市现已决定组织实施代为处置工作,由此产生的处置费用和法律后果由你(们)承担"。

2021年8月23日,梅花镇人民政府与乳源东阳光××精箔有限公司(以下简称东阳光公司)签订铝灰渣处置合同,约定处置单价为2000元/吨。

2021年8月23日至28日,东阳光公司完成对涉案铝灰渣的清运工作。同年9月1日,东阳光公司出具对账函,载明已接收铝灰渣共1273.9吨,应收应急处置费用为254.78万元。同年12月20日,高某某因非法处置危险废物涉嫌污染环境罪被刑事拘留。

2022年1月9日,高某某的家属找到盈科广州黎征武律师,委托其作为高某某的辩护人。在检察院审查起诉阶段,黎征武律师阅卷后建议高某某对韶关市生态环境局、梅花镇人民政府代为处置的行政行为提起行政诉讼,并将东阳光公司列为第三人。高某某同意该辩护策略。

办理结果

2022年8月5日,韶关市武江区人民法院受理本案,并于同年11月29日开庭审理。

2023年4月6日,韶关市武江区人民法院作出(2022)粤0203行初384号行政判决书,以韶关市生态环境局实施代履行程序违法、委托未取得危险废物经营许可的东阳光公司处置铝灰渣为由,确认韶关市生态环境局作出的《关于组织代为处置铝灰渣通知书》违法。该判决已于2023年5月8日发生法律效力。

办案策略

本案系韶关市生态环境局、梅花镇人民政府委托东阳光公司代为处置涉案铝灰渣,故应当审查代为处置程序是否合法,包括东阳光公司是否具有对外处置危险废物铝灰渣的资质。为了证实东阳光公司不具有危险废物铝灰渣经营资质,黎征武律师在韶关市人民政府和韶关市生态环境局官网查询、收集东阳光公司处置铝灰渣建设项目的环评文件、环评批复和环保验收等资料,并作为证据提交给法庭。

律师评析

一、典型意义

东阳光公司的股东之一为上市公司广东东阳光××股份有限公司,持股比例51%。广东东阳光××股份有限公司在韶关市投资了十几家公司,产业规模巨大,系当地的纳税大户。在此情形下,韶关市武江区人民法院依法判决韶关市生态环境局实施代履行的程序违法,并确认东阳光公司没有危险废物经营资质,这体现了该院公平公正的司法理念,对当地生态环境主管部门依法行政和相关企业依法经营具有重大警示意义。

二、法律评析

(一)行政机关实施代履行应遵守法定程序

《固体废物污染环境防治法》(2020修订)第113条规定:"违反本法规定,危险废物产生者未按照规定处置其产生的危险废物被责令改正后拒不改正的,由生态环境主管部门组织代为处置,处置费用由危险废物产生者承担;拒不承担代为处置费用的,处代为处置费用一倍以上三倍以下的罚款。"《行政强制法》第50条规定:"行政机关依法作出要求当事人履行排除妨碍、恢复原状等义务的行政决定,当事人逾期不履行,经催告仍不履行,其后果已经或者将危害交通安全、造成环境污染或者破坏自然资源的,行政机关可以代履行,或者委托没有利害关系的第三人代履行。"由此可知,代为处置即代履行。

根据《行政强制法》第35条、第36条、第37条、第50条和第51条等规定可知,行政机关实施代履行应当严格遵守法定程序,以维护当事人的合法权益。而本案韶关市生态环境局在实施代履行过程中,程序多次严重违法,具体详见本文"律师代理意见"部分。

(二)东阳光公司固体废物减量化项目及铝灰渣处置合同的合法性分析

本案韶关市生态环境局和梅花镇人民政府委托东阳光公司作为第三人实施

代履行,依法应当审查其是否具有处置涉案铝灰渣的资质。

本案办案过程中,办案律师在韶关市人民政府官网①查询到以下信息:2021 年 8 月 11 日,韶关市生态环境局乳源分局在韶关市人民政府官网发布《乳源东阳光××精箔有限公司固体废物减量化项目环境影响报告表公示》,附件《东阳光资源回收利用报告表—精箔厂》(挂网版)载明建设项目行业类别为"101 - 危险废物(不含医疗废物)利用及处置—其他",见图 1;"建设内容"和"六、结论"部分均载明"本项目仅处理本厂区所产生的固体废物铝灰渣,不接受外来厂区的固体废物铝灰渣"。因此,根据《建设项目环境影响评价分类管理名录》(2021 年版)的规定,该建设项目仅需编制环境影响报告表,见图 2。

2021 年 8 月 23 日,韶关市生态环境局乳源分局在韶关市人民政府官网发布《韶关市生态环境局乳源分局关于作出乳源东阳光××精箔有限公司固体废物减量化项目环境影响评价文件审批决定的公告》,附件《韶环乳审〔2021〕6 号乳源东阳光××精箔有限公司固体废物减量化项目环境影响报告表审批意见》载明韶关市生态环境局于 2021 年 8 月 20 日作出韶环乳审〔2021〕6 号审批意见,其中"一、项目概况"部分载明"主要建设内容为利用现有闲置车间,将该公司产生的铝灰渣固体废物进行资源化利用"。

一、建设项目基本情况

建设项目名称	乳源东阳光优艾希杰精箔有限公司固体废物减量化项目		
项目代码			
建设单位联系人	张经理	联系方式	0751 - 5282092
建设地点	乳源东阳光高科技产业园乳源东阳光优艾希杰精箔有限公司厂内		
地理坐标	E113°19′32.76″,N24°44′40.18″		
国民经济行业类别	N7724 危险废物治理	建设项目行业类别	101 - 危险废物(不含医疗废物)利用及处置—其他

图 1 乳源东阳光××精箔有限公司固体废物减量化项目环境影响报告(节选)

---

① 笔者办案时已保存相关网页、下载附件资料,并将附件资料提交给法庭。但笔者撰写此文时,相关网页已被删除,故无法提供原网页,只能在笔者电脑中查看。

由此可知,东阳光公司"固体废物减量化项目"仅能用于处置其自身产生的铝灰渣,不能对外处置铝灰渣。否则,根据《建设项目环境影响评价分类管理名录》(2021年版)的规定,该建设项目应当编制环境影响报告书。但是,本案韶关市生态环境局以东阳光公司"固体废物减量化项目"已获得环评批复为由,委托东阳光公司处置高某某等人产生的铝灰渣,超出了涉案环评表和环评批复载明的经营范围。因此,韶关市生态环境局、梅花镇人民政府、东阳光公司以韶环乳审〔2021〕6号审批意见主张东阳光公司具有对外经营铝灰渣的资质,没有事实和法律依据。

四十七、生态保护和环境治理业				
100	脱硫、脱硝、除尘、VOCs治理等大气污染治理工程	—	—	全部
101	危险废物(不含医疗废物)利用及处置	危险废物利用及处置(产生单位内部回收再利用的除外;单纯收集、贮存的除外)	其他	—

图2 《建设项目环境影响评价分类管理名录》(2021年版)(节选)

另外,根据《环境影响评价法》(2018修正)和《建设项目环境保护管理条例》(2017修订)的相关规定,建设项目获得环评批复后才能开工建设,配备环保设施并经过验收后才能投产。本案中,韶关市生态环境局于2021年8月20日作出韶环乳审〔2021〕6号审批意见,韶关市生态环境局乳源分局发布《韶关市生态环境局乳源分局关于作出乳源东阳光××精箔有限公司固体废物减量化项目环境影响评价文件审批决定的公告》的时间为2021年8月23日,并明确公告时间为2021年8月23日至8月25日。但是,2021年8月23日梅花镇人民政府即与东阳光公司签订铝灰渣处置合同,并于当日由东阳光公司着手收集、转运涉案工厂的铝灰渣,代为处置程序明显违法。

本案庭审过程中,韶关市生态环境局及东阳光公司均未提供涉案"固体废物减量化项目"已经过环保验收的证明。2022年3月28日,东阳光公司在其官网发布《乳源东阳光××精箔有限公司固废减量化项目竣工环保验收监测公示》①,并列明附件《【验收报告表】乳源东阳光××精箔有限公司固废减量化项目验收报告表(公示稿)》《【其他需要说明事项】乳源东阳光××精箔有限公司固体废物减量化项目验收其他需要说明的事项》《【验收意见】精箔厂固体废物将量化项目竣工环保验收意见》。《乳源东阳光××精箔有限公司固废减量化项目竣工环保验收监测报告表》显示,该建设项目开工建设时间为2021年9月,验收时间为2022年3月,见图3。

建设项目名称	乳源东阳光优艾希杰精箔有限公司固体废物减量化项目		
建设单位名称	乳源东阳光优艾希杰精箔有限公司		
建设项目性质	新建　改扩建　技改(√)　迁建		
建设地点	广东省韶关市乳源县东阳光工业园		
主要产品名称	脱氧剂、铝粒、氨水		
设计生产能力	年产10,000吨脱氧剂、1600吨铝粒、200吨氨水		
实际生产能力	年产10,000吨脱氧剂、1600吨铝粒、200吨氨水		
建设项目环评时间	2021年8月	开工建设时间	2021年9月
调试时间	2022年3月	验收现场监测时间	2022年3月7~10日
环评报告表审批部门	韶关市生态环境局	环评报告表编制单位	深圳市统霸环保科技有限公司

图3　乳源东阳光××精箔有限公司固废减量化项目竣工环保验收监测报告(摘录)

综上所述,2021年8月23日东阳光公司与梅花镇人民政府签订铝灰渣处置合同并着手转运涉案铝灰渣时,东阳光公司固体废物减量化项目未取得环境影响报告书的批复,未完成环保竣工验收,不可能具有对外经营危险废物铝灰渣的资质。《固体废物污染环境防治法》第80条规定:"从事收集、贮存、利用、处置危险废物经营活动的单位,应当按照国家有关规定申请取得许可证。许可证的具体管理办法由国务院制定。禁止无许可证或者未按照许可证规定从事危险废物收集、

---

① 参见《乳源东阳光××精箔有限公司固废减量化项目竣工环保验收监测公示》,载东阳光公司官网,http://food.hec.cn/2022-3-28/news/announcement/79.html。

贮存、利用、处置的经营活动。禁止将危险废物提供或者委托给无许可证的单位或者其他生产经营者从事收集、贮存、利用、处置活动。"东阳光公司无危险废物经营许可证从事收集、处置危险废物的行为和梅花镇人民政府将涉案铝灰渣交给东阳光公司从事经营活动的行为，均违反了法律的禁止性规定。因此，梅花镇人民政府与东阳光公司签订的铝灰渣处置合同应属无效。

(三)律师代理意见

2022年12月16日，黎征武律师根据庭审情况，再次整理、收集证据后，向韶关市武江区人民法院提交如下代理意见(节选)：

高某某诉梅花镇人民政府、韶关市
生态环境局、第三人乳源东阳光××有限公司
行政诉讼一案代理意见

尊敬的武江区人民法院：

……

代理人认为，本案不符合代为处置条件；二被告代为处置的程序严重违法，严重损害了高某某的合法权益；东阳光公司案涉建设项目没有任何环保手续，存在"未批先建""未验先投""无证经营危险废物"等严重违法行为……

一、东阳光公司案涉固体废物资源化利用项目属于违法建设项目，不可能具有铝灰渣处理资质。而且，省固废平台尚无"点对点定向利用"功能，东阳光公司不可能已经成功备案

(一)对外处置危险废物的环评类型为报告书，东阳光公司此后提交的亦是报告书，而本案其提交的为报告表，环评类型不符，故存在"未批先建"的违法行为

根据《建设项目环境影响评价分类管理名录》(2021年版)的规定，对外处置危险废物的环评类型为报告书。2022年4月东阳光集团下属公司乳源阳之光××有限公司向被告2提交《乳源阳之光××有限公司10000吨/年铝灰渣综合利用项目环境影响报告书》。该环评文件名为报告书，且正文第3页载明，"……本

项目为固体废物综合利用项目,应当编制环境影响报告书"。而东阳光公司在本案提交的为环境影响报告表,韶关市生态环境局作出的韶环乳审〔2021〕6号审批意见也是对该报告表的审批。况且前述报告表及批复均明确"东阳光公司的固体废物减量化项目只能处置其自身产生的铝灰渣,不能对外接收铝灰渣"。由此可知,东阳光公司在明知对外处置铝灰渣所需报批的环评类型为报告书且现有环评手续只能处置其自身产生的铝灰渣的前提下,仍对外接收并处置铝灰渣,具有明显的违法主观故意。因此,东阳光公司存在"未批先建"的违法行为。

(二)本案二被告未提交验收报告,不能证明建设项目的合法性,应认定东阳光公司存在"未验先投"的违法行为

根据《建设项目环境保护管理条例》第17条第1款的规定,编制报告书或报告表的建设项目,投入生产使用前应取得环保设备的验收报告。但是,本案东阳光公司未依法报批环评报告书并获得批复,不可能按照报告书的内容完成对环保设备的验收。退一步讲,即便只需编制报告表,东阳光公司在2021年8月20日才拿到环评批复,在8月23日即接收并处置铝灰渣,显然不可能在3日内完成环保设施的建设、排污许可证的申请和环保设施的验收工作。况且直至2022年11月开庭二被告都未能提供验收报告,不能证明该建设项目的合法性,应承担举证不能的后果,应认定东阳光公司存在"未验先投"的违法行为。

(三)东阳光公司没有取得危险废物经营许可证,本案亦不符合"点对点"利用豁免的条件,且省固废平台无"点对点定向利用"功能,因此东阳光公司存在"无证经营危险废物"的违法行为,其备案的真实性、合法性高度存疑

1.对外处置危险废物需要取得危险废物经营许可证,而东阳光公司未提供许可证

《固体废物污染环境防治法》第80条第1款规定:"从事收集、贮存、利用、处置危险废物经营活动的单位,应当按照国家有关规定申请取得许可证。"而本案二被告未提供东阳光公司的危险废物经营许可证,不能证明该建设项目的合法性,故应承担举证不能的后果,应认定为东阳光公司存在"无证经营危险废物"的违法行为。

2. 本案不符合"点对点"利用豁免的条件,省固废平台亦无"点对点定向利用"功能,东阳光公司备案合法性高度存疑

……

3. 东阳光公司加快经营手续办理的行为,证明其现不具备相应资质

2022年4月,乳源阳之光××有限公司向被告2提交《乳源阳之光××有限公司10000吨/年铝灰渣综合利用项目环境影响报告书》。该报告书正文第1页、第2页载明"乳源东阳光集团下属企业乳源东阳光××精箔有限公司向韶关市生态环境局申请铝灰渣应急利用处置,2021年10月26日韶关市生态环境局以韶环函〔2021〕283号文同意精箔厂作为韶关市辖区铝灰渣应急处置单位,同时加快相关手续的办理""后续为了完善企业的手续和铝灰渣来源问题,乳源东阳光××精箔有限公司固体废物减量化项目不再继续生产运营,由乳源阳之光××有限公司作为主体处置铝灰渣10,000吨/年……"前述内容与被告2作出的韶环函〔2021〕283号文"并加快经营资质相关手续办理"的内容相互印证。由此可知,东阳光公司不具备危险废物经营资质,亦不符合危险废物利用豁免的条件,否则无须再办理相关资质。

二、案涉铝灰渣处置合同因违反禁止性规定而无效,未证明以"利用"的方式处理铝灰渣成本最低,东阳光公司提供的处置费用2000元/吨不属实,转运数量存疑

(一)本案梅花镇人民政府存在将危险废物委托给无许可证单位的违法行为,东阳光公司存在"无证经营危险废物"的违法行为,铝灰渣处置合同因违反禁止性规定而无效

《固体废物污染环境防治法》第80条规定,禁止无许可证从事危险废物收集、贮存、利用、处置经营活动,禁止将危险废物提供或者委托给无许可证的单位从事收集、贮存、利用、处置活动。而本案东阳光公司案涉建设项目存在"未批先建""未验先投"等违法行为,其不可能取得危险废物经营许可证。因此,梅花镇人民政府存在将危险废物委托给无许可证单位的违法行为,东阳光公司存在"无证经营危险废物"的违法行为,该双方签订的铝灰渣处置合同因违反法律强制性规定

而无效。

(二)未能证明以"利用"的方式处理铝灰渣成本最低

……

(三)东阳光公司出具的成本核算2000元/吨显然不属实

……

(四)转移联单和过磅单上的数量不具有合法性,不能证明实际转运数量

首先,未通知高某某到场进行签字确认……

其次,先转移再填写转移联单,违反法律规定。《固体废物污染环境防治法》第82条规定,"转移危险废物的,应当按照国家有关规定填写危险废物转移联单……未经批准的,不得转移"。由此可知,填写危险废物转移联单后才能转移危险废物。但是,本案庭审中东阳光公司明确表示系转移到该公司后进行过磅,说明案涉转移联单是在转移并过磅后生成,并依照过磅单上的数量填写转移联单上的"转移数量"。因此,过磅单和转移联单上的数量不能证明其真实转移数量。

需要特别提醒的是,本案不能适用民法的规定进行裁决……

三、本案不符合代为处置条件,且代为处置流程不合法,确定代为处置机构的方式错误,未进行政府采购

(一)本案处置属于代为处置,不属于应急处置,不具有紧迫性

根据《固体废物污染环境防治法》第87条和《突发事件应对法》(2024修订)第7条的规定及文义解释可知,应急处置是为处理突发事件所采取的紧急措施,具有紧迫性。本案2021年4月30日至5月3日相关单位采取措施的行为属于应急处置。《突发环境事件应急管理办法》第29条规定,突发环境事件的威胁和危害得到控制后,应停止应急处置措施。

本案梅花镇人民政府在2021年5月3日采取紧急措施完毕后,该铝灰渣的处置已不再属于应急处置,不具有紧迫性。且2021年4月30日案发后,乐昌分局多次发函、召集会议催告高某某等人,直至2021年8月23日才处置的行为亦可印证。二被告所谓"应急处置",实为2021年8月27日中央环保督察组将要进驻韶关之故,不属于法律意义上的应急处置。

(二)本案高某某有处置意愿并已付诸行动,不应当实施代为处置。且各行政机关在确定高某某签订的合同印章系他人伪造前即已确定代为处置机构,程序违法

根据《行政强制法》的规定,只有当事人拒不履行处置义务时,才可以实施代为处置。本案在行政机关确定代为处置之前,高某某等人已经着手处置铝灰、签订合同并支付 2 万元定金,故此时行政机关不能实施代为履行。即便被告 2 发现高某某提交的合同上的印章不属实且未上报省固废平台备案,也应向高某某说明原因并督促其尽快另寻正规处置公司,不能粗暴剥夺高某某等人的自行处置权利而决定代为处置(此时高某某等人均未被刑事拘留)。况且,在 2021 年 8 月 13 日被告 2 乐昌分局某副局长询问惠州东江环保公司印章真伪之前,行政机关已于 2021 年 8 月 9 日确定由梅花镇人民政府作为处置机构。因此,本案不符合代为处置条件,行政机关启动代为处置程序违法。

(三)代为处置流程严重违法

根据《行政强制法》第 35 条、第 36 条、第 37 条、第 50 条和第 51 条的规定可知,行政机关实施代履行的流程如下:(1)作出排除妨碍、恢复原状的行政决定,即本案的责令改正违法行为决定书;(2)当事人逾期不履行;(3)催告当事人履行,作出催告书并告知陈述申辩的权利;(4)经催告仍不履行;(5)作出代履行决定书,载明代履行的时间、方式、费用预算、代履行人,并告知享有行政复议和行政诉讼的权利;(6)在实施代履行的 3 日前再次催告;(7)若当事人履行则停止代履行,否则实施代履行;(8)待履行完毕后,由行政机关到场监督的工作人员、代履行人和当事人或见证人在执行文书上签名、盖章。

据此,本案代履行过程存在如下违法:首先,代为处置主体错误,应当为韶关市生态环境局,但限期处置危险废物通知书等法律文书由乐昌分局作出,甚至在确定由梅花镇人民政府作为代为处置主体后,《关于组织代为处置铝灰渣通知书》仍由乐昌分局作出,执法主体混乱。其次,未履行再次催告义务。再次,未告知享有的救济途径,剥夺高某某陈述、申辩、行政复议和行政诉讼的权利。未告知代履行的预算费用,在高某某等人了解即便正规处置也只要 1200 元/吨的前提下,若

得知本案代履行费用为2000元/吨,必定会采取救济措施并自行找正规公司处置。最后,实施代履行时未通知高某某到场,清理的铝灰吨数未经高某某现场确认。

(四)本案处置铝灰渣的项目未进行政府采购确定代为处置机构和处理方式,程序违法

首先,单项服务达100万元的应实行政府采购。根据《政府采购法》(2014修正)第2条第2款和第7条的规定,政府采购的对象为集中采购目录以内的或采购限额标准以上的货物、工程和服务项目。《广东省政府集中采购目录及标准》(2020年版)(粤财采购〔2020〕18号)"三、分散采购限额标准"规定:"除集中采购机构采购项目和部门集中采购项目外,单项或批量金额达到100万元以上(含100万元,下同)的货物、工程和服务项目应执行《中华人民共和国政府采购法》和《中华人民共和国招标投标法》有关规定,实行分散采购。"

其次,本案处置费用远超过100万元。本案被告2提交的查封(扣押)物品清单、解除(查封)决定书、解除(查封)物品清单均载明案涉铝灰渣数量约为500吨。此后,2021年8月初被告2作出的乐环报〔2021〕49号文和乐环报〔2021〕53号文载明,"代为处置费用为2000~2500元/吨铝灰渣,共需80万~100万元"。代理人认为:(1)根据前述资料得出代为处置费用为100万~125万元〔500吨×(2000~2500元/吨)=100万~125万元〕,超过100万元,故应进行政府采购。(2)被告2在前述法律文书中多次明确数量"约为500吨"的前提下,在乐环报〔2021〕49号文中改为"约400吨",导致处置费用刚好在100万元以下,说明其明知前述分散采购的规定而故意设法避免。(3)在2021年8月23日东阳光公司提出处理费用为2000元/吨且现场清运铝灰渣为1273.9吨、处理费用高达254万元时,为保障高某某等人的合法权益,被告2应当进行政府采购。被告2当庭称铝灰渣运至东阳光公司后,至2021年10月26日备案后才处置。故在此期间被告2仍有大量时间进行政府采购。根据《政府采购法》第26条、第29条、第30条、第31条、第32条和第40条的规定,本案政府采购可采用公开招标、邀请招标或竞争性谈判和询价的方式。若其他单位出具的价格低,则可委托给其他单位并支付东阳

光公司已经产生的相关费用。但被告 2 在明知需要进行政府采购的情况下仍拒绝进行,严重损害了高某某等人的合法权益。况且,被告 2 最终选择了一家没有铝灰渣处置资质甚至连环保手续都不齐全的公司处理,其行政行为严重违法。

综上所述,本案行政机关代为处置的程序多次严重违法,该代为处置费用不具有合法性。

四、总结

......

需要说明的是,东阳光集团下属公司深圳市东阳光实业发展有限公司曾因在南岭国家森林公园进行森林生态旅游项目开发、经营及管理一事,被提起环境公益诉讼[1]。东阳光集团公司作为上市公司,理应主动遵守国家环保法律法规,但其在此前因追求经济利益破坏生态环境被提起环境公益诉讼的前提下,仍为追求经济利益主动实施本案重大环境违法行为。其行为应被予以否定评价。

贵院作为人民法院,负有践行"绿水青山就是金山银山"、用法治守护生态环境的义务。因此,贵院宜以案说法,以案例的方式督促东阳光集团遵纪守法,承担起企业应有的社会责任。

综上所述,本案二被告的代为处置程序严重违法,代为处置费用不具有合法性、合理性。鉴于案涉铝灰渣可能已经实际处置完毕,东阳光公司因此付出成本,高某某亦无法支付巨额不合法、不合理的代为处置费用。为妥善解决本案纠纷,达到法律效果和社会效果的有机统一,代理人恳请贵院及承办法官支持和促进本案的调解。

代理人:×××
2022 年 12 月 16 日

▷ 裁判结果

2023 年 4 月 6 日,韶关市武江区人民法院作出(2022)粤 0203 行初 384 号行

---

[1] 参见北京市朝阳区自然之友环境研究所、广东省环境保护基金会等诉广东南岭森林景区管理有限公司等环境污染责任纠纷案,广东省清远市中级人民法院(2016)粤 18 民初 3 号民事调解书。

政判决书。

关于被告韶关市生态环境局作出的《关于组织代为处置铝灰渣通知书》是否合法。法院认为本案中,案涉铝灰渣经广东省科学院测试分析研究所检测鉴别为具有浸出毒性物质的危险废物,属于《国家危险废物名录》(2021年版)中所列明的危险废物。被告韶关市生态环境局在解除扣押强制措施后,分别于2021年6月2日作出限期处置危险废物通知书,于2021年7月13日组织高某某等人召开案涉铝灰渣处置工作会议,责令高某某等人限期处置案涉铝灰渣,但原告高某某等人仍通过伪造案涉铝灰渣处置合同等方式拒不改正。韶关市生态环境局依据《固体废物污染环境防治法》第113条之规定,组织代为处置,并无不当。但是,组织代为处置亦应当依照《行政强制法》第50条"行政机关依法作出要求当事人履行排除妨碍、恢复原状等义务的行政决定,当事人逾期不履行,经催告仍不履行,其后果已经或者将危害交通安全、造成环境污染或者破坏自然资源的,行政机关可以代履行,或者委托没有利害关系的第三人代履行"、第51条"代履行应当遵守下列规定:(一)代履行前送达决定书,代履行决定书应当载明当事人的姓名或者名称、地址,代履行的理由和依据、方式和时间、标的、费用预算以及代履行人;(二)代履行三日前,催告当事人履行,当事人履行的,停止代履行;(三)代履行时,作出决定的行政机关应当派员到场监督;(四)代履行完毕,行政机关到场监督的工作人员、代履行人和当事人或者见证人应当在执行文书上签名或者盖章。代履行的费用按照成本合理确定,由当事人承担。但是,法律另有规定的除外"之规定进行。也就是说,代为处置(代履行)流程一般包括作出并送达代履行决定书、催告、代履行时到场监督、履行完毕后在代履行决定书上签名或者盖章等环节。具体到本案,被告乐昌分局于2021年8月20日作出《关于组织代为处置铝灰渣通知书》,告知决定组织实施代为处置工作,由此产生的费用和法律后果由高某某等人承担。这属于作出了代履行决定,代履行时亦有派员到场监督。但是,该履行决定并未依法告知高某某等4人代履行依据、方式和时间、费用预算以及代履行人等基本事项,亦未进行催告,代履行完毕后当事人或者见证人亦未在执行文书上签名确认,故程序违法。此外,委托未取得危险废物经营许可的乳源东阳光公司利用处置案涉铝灰渣亦存在违法之处,但本案涉及危险废物的利用处置,关系到土地资源及生态环境的保护,撤销《关于组织代为处置铝灰渣通知书》将会给生态环境等国家利益、社会公共利益造成重大损害。据此,法院判决确认被告韶关市生态环境局于 2021 年 8 月 20 日作出的《关于组织代为处置铝灰渣通知书》违法。

◆ 律师介绍

黎征武,北京市盈科(广州)律师事务所律师,企业合规师。环境科学学士,环境科学与工程硕士。广州市律师协会能源与环保专业委员会委员、广东省法学会第二届环境资源法学研究会理事、盈科全国环境资源与能源法律专业委员会副秘书长。

环境法方向专业律师,持有环保技术类培训证书:环境监测技术人员合格证、环境污染损害鉴定评估及环境污染诉讼专家辅助人合格证、自动监控系统运营管理能力提升合格证。

曾代表企业和个人,在全国办理过近百起环境行政处罚和污染环境罪案件。其中,环境行政处罚案罚款数额合计超过 1 千万元,单个污染环境罪案所涉生态环境损害赔偿数额最高超过 4 亿元。办案经验丰富,熟悉环保案件的处理流程、突破口和争议焦点,擅长结合环境 + 法律专业知识,为客户提供优质环境法律服务。

业务领域:(1)生态环境损害赔偿诉讼,环境公益诉讼,环境污染纠纷;(2)环境行政处罚案;(3)污染环境罪案;(4)环境法律风险排查;(5)环境法律培训;(6)环境执法应对培训;(7)环境管理制度构建;(8)环境法律顾问;(9)企业环境合规体系构建;(10)环境法律事件应对;(11)投资、并购项目环境法律风险尽职调查;(12)碳合规。

著作:《绿色正义:环境行政处罚、污染环境罪案件办理实战策略》(法律出版社,2024 年 12 月出版)。

公民知情权与公共利益

——王某梅诉江苏省生态环境厅、生态环境部政府
信息公开及行政复议案

摘要 政府信息公开制度的初衷是为了保障公民、法人和其他组织依法享受的知情权,申请人在提出政府信息公开申请时,其目的亦是实现知情权。自《政府信息公开条例》实施以来,人民法院受理的政府信息公开案件数量迅速上升,在部分地区甚至成为最主要的案件类型之一。各级人民法院通过依法行使司法审查权,有效地维护了公民、法人和其他组织依法享有的知情权,有力地推动了透明政府建设,促进了行政机关依法行政。但在一些地方,极少数当事人恶意申请信息公开、恶意提起政府信息公开诉讼的行为较为突出,这在一定程度上浪费了行政和司法资源,扰乱了诉讼秩序。

案情简介

2020年12月13日,王某梅向江苏省生态环境厅申请公开江苏省生态环境厅、省环境监测中心制作、获取、保存的2020年8月宜兴新威利成稀土有限公司储罐泄漏事故环境监测报告及该事故处理结果的文件。后王某梅不服江苏省生态环境厅作出的《政府信息公开申请答复书》(苏环依复〔2020〕145号)的结果。2020年12月31日,江苏省生态环境厅作出政府信息公开申请答复书,向申请人

公开了三期宜兴新威利成稀土有限公司突发环境事故应急监测快报,告知了申请人王某梅生态环境厅不掌握事故处理结果的文件,并向其提供获取该文件的途径。

2021年1月4日,王某梅不服江苏省生态环境厅于2020年12月31日作出的《政府信息公开申请答复书》(苏环依复〔2020〕145号),向生态环境部作出行政复议申请书,复议请求为撤销被申请人2020年12月31日作出的苏环依复〔2020〕145号《政府信息公开申请答复书》,责令被申请人公开申请人申请的信息。王某梅认为被申请人提供三期应急监测快报,并非申请人申请公开的环境监测报告;被申请人告知申请人向宜兴市人民政府申请公开该事故处理结果,没有事实依据。被申请人没有证据证明宜兴市人民政府作出该事故处理结果。生态环境部于2021年1月7日作出行政复议答复通知书,该通知书要求江苏省生态环境厅对行政复议申请提出书面答复。2021年1月19日,江苏省生态环境厅作出行政复议答复书,答复内容简要如下:(1)申请人不具有复议主体资格;(2)江苏省生态环境厅政府信息公开答复程序合法;(3)江苏省生态环境厅信息公开申请答复内容真实有效,申请人行政复议申请无事实和法律依据。综上所述,申请人及其家属因申请类似的政府信息,反复多次提起琐碎、轻率、相同或类似的复议申请和诉讼请求,构成滥用诉权,其与申请的信息无利害关系。因此,其复议申请不属于《行政复议法》(2023修订)规定的受案范围。江苏省生态环境厅已依法履行了政府信息公开职责,请求依法驳回申请人的复议申请。

▶ 办理结果

王某梅于2019年9月20日通过电子邮件向无锡市宜兴生态环境局申请公开政府信息,该局于同年11月11日作出政府信息公开答复书。后王某梅向省生态环境厅申请行政复议,请求撤销该答复书,责令无锡市生态环境局公开王某梅所申请公开的政府信息。省生态环境厅作出行政复议决定,驳回王某梅的行政复议申请。王某梅认为省生态环境厅作出的行政复议决定违法,提起行政诉讼,请求法院撤销该行政复议决定。

法院认为，依法保护诉权行使和依法规制诉权滥用，均是行政诉讼的应有之义。根据《行政诉讼法》（2017 修正）第 1 条规定，行政诉讼法的立法目的是解决行政争议，保护行政相对人的合法权益，监督行政机关依法行使职权。一般而言，当事人提起行政诉讼的目的是维护被行政行为侵犯的合法权益，解决客观存在的行政争议，如果明显不存在其主张的所谓合法权益，或者行政争议的存在完全是由当事人主动"制造"出来的，其当然无权提起诉讼。也就是说，当事人提起诉讼应当具有实质意义上的诉的利益。如果没有任何诉的利益或者仅是为了通过诉讼达到发泄情绪、攻击对方当事人的目的而提起的诉讼，不应当受到法律的保护，人民法院也就没有给予其提供司法保护的必要性。

行政资源和司法资源具有有限性，这就决定了行政机关和人民法院只能满足当事人有效的行政和司法需求。王某梅及其家庭成员申请政府信息公开的行为和与之相关的申请行政复议、提起行政诉讼行为，已经使行政和司法资源在维护个人利益与公共利益之间出现失衡，《政府信息公开条例》（2019 修订）的立法宗旨也在这种申请—答复—复议—诉讼的程序中被异化。王某梅的行为已经背离了权利正当行使的本旨，超越了权利不得损害他人的界限。综观王某梅及其家庭成员提起本案及相关联的一系列案件，无疑构成了对政府信息公开申请权以及行政复议申请权、行政诉讼起诉权的滥用。滥用诉讼权利是对诚实信用原则的极大破坏。诚实信用原则要求当事人实施诉讼行为、行使诉讼权利必须遵守伦理道德，诚实守诺，并在不损害对方合法利益和公共利益的前提下维护自身合法权益。骚扰、泄愤、盲目、重复、琐碎性质的起诉显然不符合诚实信用原则的要求。人民法院对此如果听之任之，不仅会损害司法的公信和权威，也会严重损害社会公共利益。因此，依法规制滥用诉权、恶意诉讼问题就具有现实的紧迫性和必要性。《最高人民法院关于进一步保护和规范当事人依法行使行政诉权的若干意见》（法发〔2017〕25 号）第 15 条规定，要依法制止滥用诉权、恶意诉讼等行为。对于极个别当事人不以保护合法权益为目的，长期、反复提起大量诉讼，滋扰行政机关，扰乱诉讼秩序的，人民法院依法不予立案。该意见第 16 条规定，对于当事人明显违反《政府信息公开条例》立法目的，反复、大量提出政府信息公开申请进而提起行政诉讼,或者当事人提起的诉讼明显没有值得保护的与其自身合法权益相关的实际利益,人民法院依法不予立案。

因此,对于王某梅及其家庭成员反复多次提起琐碎的、轻率的、相同的或者类似的诉讼请求,或者明知无正当理由而反复提起诉讼的行为,法院认定其构成滥用诉权行为,并对其提起的起诉依法实行严格审查,原则上应当不予立案;已经立案的,应当径行裁定驳回起诉。同时,对于王某梅及其家庭成员今后再次向行政机关申请类似的政府信息公开或者并无实质意义的履职申请、向行政复议机关提起类似的行政复议申请、向人民法院提起类似的行政诉讼,行政机关及人民法院均应当依据规定进行严格审查。王某梅及其家庭成员如果不能就其申请政府信息公开、申请履行法定职责、申请行政复议、提起行政诉讼提供确有正当事由的证据或者作出合理说明的,将承担不利后果。

法院最终判决原告王某梅的起诉不符合法定的起诉条件,依法应予驳回。依照《行政诉讼法》第 2 条第 1 款,《最高人民法院关于适用〈中华人民共和国行政诉讼法〉的解释》(法释〔2018〕1 号)第 69 条第 1 款第 10 项、第 3 款之规定,裁定如下:驳回原告王某梅的起诉。原告王某梅预交的案件受理费 50 元,于本裁定生效后退还原告王某梅。

原告王某梅多次以江苏省生态环境厅为被告,因相同案由提起诉讼,法院判决均予以驳回。后王某梅与杨某柱均上诉,二审法院均以上诉请求缺乏事实和法律依据,依法不予支持。

办案策略

本案中主要争议焦点为政府信息公开主体的认定,以及重复申请政府信息公开的问题。

关于政府信息公开主体,江苏省生态环境厅不掌握相关事故处理结果。经检索,江苏省生态环境厅并不存在申请人申请公开的"江苏省生态环境厅、省环境监测中心制作、获取、保存的 2020 年 8 月宜兴新威利成稀土有限公司储罐泄漏事故处理结果的文件"。故江苏省生态环境厅依据《政府信息公开条例》第 36 条第 4

项规定,告知申请人江苏省生态环境厅不掌握该信息。

在认定申请人是否为重复申请信息公开时,主要可以从以下几个方面进行判断:

1. 从基础事实上看。

行政机关对申请人此前提出的申请已经作出答复。对于属于公开范围的信息,申请人已经通过有关答复获取了所需的信息或获得了有效的信息获取途径;对不属于公开范围的信息,行政机关已经明确告知申请人并说明理由。

2. 从主体上看。

前后信息公开申请为同一申请人和同一答复行政机关。

3. 从客体上看。

前后申请公开的政府信息,无论前后申请表述是否完全一致,但实质指向的内容应当是同一政府信息,或者后一次申请的内容包含于前次申请之中。

4. 其他。

另外,还需要考虑行政机关对申请人前次申请公开的政府信息所作答复的事实根据是否已经发生变化,如果下列情况发生变化则应根据不同情形区别对待,不宜一律以重复申请对待:

(1)国家秘密是否已经解密;

(2)行政管理过程是否已经完成;

(3)未制作、未保存、未获取等信息不存在原因是否已经消除;

(4)因机构职能调整是否导致信息公开义务机关发生变化等;

(5)是否申请人的上一次申请内容不明确被拒而本次申请内容明确等。

结合本案,阻碍国家机关工作人员依法执行职务的行为,是指阻碍国家机关工作人员根据合法职权所进行的公务活动。虽然《政府信息公开条例》对于同一申请人针对相同的政府信息重复提出公开申请如何处理并未予以明确规定,但基于权利保护必要的基本法理,对于此类申请,行政机关有权不予重复处理。

律师评析

一、典型意义

政府信息直接或者间接与国家权力和公民权利相关。因此,推动政府信息的公开无论是提高政府工作的透明度,促进依法行政,还是充分发挥政府信息对人民群众生产、生活和经济社会活动的服务作用,都具有极其重要的意义。在推进法治国家建设和国家治理体系现代化建设方面,政府信息公开已经成为重要的抓手和突破口。2008年《政府信息公开条例》的颁布实施,已经被广泛认为是行政法制建设的"第三次革命",是"打造透明政府的试金石"。该条例实施后,人民法院开始正式受理政府信息公开案件,此类案件数量迅速上升,在部分地区甚至成为最主要的案件类型之一。

但在一些地方的审判实践中,极少数当事人恶意申请信息公开、恶意提起信息公开诉讼的行为比较突出,这在一定程度上浪费了行政和司法资源,扰乱了诉讼秩序,损害了司法权威。此问题的严重性已经引起最高人民法院的高度重视。最高人民法院在第十二届全国人民代表大会常务委员会第十七次会议上所作的《关于行政审判工作情况的报告》即指出:行政诉讼中当事人滥用诉权的问题较为突出。在一些地方也出现了恶意诉讼、滥用诉权的现象。由于打行政官司成本低,一些当事人不能理性维权,随意提起诉讼,有的甚至变换不同地方重复起诉,耗费了大量行政审判资源。因此,在全国人大常委会审议时,有的出席人员建议,抓紧出台相应的制度措施,适当增加行政诉讼成本,加大对滥用诉权、恶意诉讼等行为的惩处力度,积极引导当事人通过理性、合法的方式和途径表达诉求,进一步营造良好的行政诉讼环境。

虽然诉讼过程伴随着一定的成本投入,但是也导致个体不顾成本及后果,频繁或无理地提起诉讼(滥诉、缠讼)的现象。这主要源自两大深层次原因:其一,外部诱因在于诉讼的经济负担相对较轻,启动诉讼的门槛设置得较为宽松,这使得诉讼行为在经济考量上显得不那么沉重。其二,内部驱动力则在于诉讼标的对当事人而言具有高度的价值或实用性,特别是当涉及政府信息获取或既有的行政争议未能通过有效途径得到根本解决时,个体可能将滥诉视为一种争取自身权益的策略性选择,视其为一种可行的途径来寻求问题的解决或利益的满足。

二、法律评析

(一)关于原告资格的认定

2019年修订的《政府信息公开条例》删去了原《政府信息公开条例》中将"生

产、生活、科研"(以下简称"三需要")作为确定原告资格的标准这一规定,这一修改使公民行使信息公开申请权摆脱了"三需要"的羁绊,确立了"以公开为常态、不公开为例外"的政府信息公开理念。但在现实中,仍有法院以原告与公开的信息有无"利害关系"来决定公民有无原告主体资格,或者以信息公开答复是否侵害申请人的"合法利益"为标准判断原告资格,甚至还有法院仍旧以已经被删除的"三需要"为标准来判断原告是否具有主体资格。此外,经过案例检索,新条例修改后的政府信息公开案件数量同比增长了25%。这在一定程度上加重了行政机关和法院的负担。

针对申请人反复就同一或相似事项提出政府信息公开申请,并随之发起行政复议及行政诉讼的行为,明显违背了诚实信用这一法律基本原则,因而不应获得法律的支持与认可。在司法裁判中,法院通常会拒绝赋予此类申请人以原告资格,以维护法律的严肃性与公正性。

此类现象在司法实践中屡见不鲜,其背后往往隐藏着申请人因个人不满或利益诉求未得到满足而采取的一种非理性、非正当的维权手段。申请人并非基于真实的信息需求或合法权益受损而提出申请,而是利用信息公开制度作为施压工具,试图迫使行政机关对其个人诉求给予特别关注或优先处理。这种行为不仅无助于解决实际问题,还严重扰乱了行政机关的正常工作秩序,造成了行政资源的极大浪费。

更为重要的是,此类行为缺乏正当性与合理性,它违背了信息公开制度的初衷与目的,即保障公民的知情权、参与权和监督权,促进政府透明度和公信力的提升。因此,法律对此类行为持否定态度,旨在引导公民通过合法、理性的途径表达诉求、维护权益,共同维护社会的和谐稳定与法治秩序。

(二)关于申请人重复申请

《政府信息公开条例》(2019修订)第36条第6项规定,行政机关已就申请人提出的政府信息公开申请作出答复、申请人重复申请公开相同政府信息的,告知申请人不予重复处理。根据上述规定,在申请人是否构成重复申请的认定上,不仅要考虑申请人前后申请公开的政府信息是否相同,行政机关是否已经作出答复,还有必要考虑行政机关对申请人前次提出政府信息公开申请所作答复的事实根据是否可能发生变化,例如国家秘密是否已经解密、行政管理过程是否已经完成、信息尚未制作的原因是否已经消除、因机构职能调整是否导致信息公开义务机关发生变化等,并在查清事实的基础上,作出适当的处理并说明理由。因此,不能过度消费政府信息公开这项制度,要回归对这项制度本身科学理性的认识,不能让政府信息公开制度功能超载,其并不能完全承担解决社会矛盾,尤其是解决长期积累下来的一些社会矛盾的功能。政府信息公开制度本身是为了满足公民知情权、参与权、监督权等民主政治权利的行使。

认定当事人滥用诉权的几种常见情形:第一,在政府信息公开案件中,原告向行政机关反复、大量提出信息公开申请,或者提出的申请将会明显不合理地耗费行政资源,行政机关拒绝答复或者明确不予公开引发的诉讼,且原告也不能向人民法院合理说明其提出信息公开申请具有合理需要的,人民法院可以裁定不予立案;已经立案的,裁定驳回起诉。第二,在履行法定职责类案件中,如果当事人的请求事项或者争议已经为生效裁判所羁束,当事人仍然基于相同的诉讼目的,围绕同一争议向各级行政机关提出履行法定职责的请求并反复提起诉讼,且不能向人民法院合理说明其起诉具有正当理由的,人民法院可以裁定不予立案;已经立案的,裁定驳回起诉。第三,在要求上级行政机关履行对下级行政机关的内部监督管理职责案件中,当事人明知可以通过起诉下级行政机关行为来维护自身权益,而坚持起诉上级行政机关,坚持起诉要求上级行政机关依法督促或者作出相应处理的,人民法院可以裁定不予立案;已经立案的,裁定驳回起诉。第四,在投诉举报案件中,当事人向明显不具有法律法规或者规章规定的事务、地域或者层级管辖职权的行政机关投诉、举报、检举、反映,要求行政机关履行查处等职责后,对行政机关作出的答复或者不予答复等行为不服提起诉讼的,人民法院可以裁定不予立案;已经立案的,裁定驳回起诉。第五,信访人不服信访工作机构依据《信访工作条例》处理信访事项的行为、作出的处理意见、复查意见、复核意见和不再受理决定或者不履行《信访工作条例》规定职责的行为提起行政诉讼的,人民法院可以裁定不予立案;已经立案的,裁定驳回起诉。

(三)律师代理意见

结合本案,知情权是公民的一项法定权利。公民必须在现行法律框架内申请获取政府信息,并符合法律规定的条件、程序和方式,符合立法宗旨,能够实现立法目的。如果公民提起政府信息公开申请违背了《政府信息公开条例》的立法本意,且不具有善意,就会构成知情权的滥用。当事人反复多次提起琐碎的、轻率的、相同的或者类似的诉讼请求,或者明知无正当理由而反复提起诉讼,人民法院应对其提起的诉讼加以严格依法审查,对于缺乏诉的利益、目的不当、有悖诚信的起诉行为,因违背了诉权行使的必要性,丧失了权利行使的正当性,应认定构成滥用诉权行为。

笔者认为,一个较为合理的诉讼费用制度和费用惩戒机制,是解决极少数当事人滥用诉讼权利的较好方案。但在缺乏相应立法的同时,人民法院仍可恰当运用现有相关条款,在对虚假诉讼、滥用诉权、恶意诉讼、无理缠诉不予立案、驳回起诉、不支持诉讼请求的同时,判决其承担案件受理费和其他诉讼费用。比如,可以参照《民事诉讼法》(2023修正)第74条,《最高人民法院关于适用〈中华人民共和国民事诉讼法〉的解释》(法释〔2022〕11号)第102条第3款、第112条第2款、第118条,《最高人民法院关于行政诉讼证据若干问题的规定》(法释〔2002〕21号)第75条和《诉讼费用交纳办法》第29条等规定,责令向对方当事人支付因此而支出的部分或者全部合理费用。

◆ 律师介绍

鲍大根,北京市盈科(南京)律师事务所律师。江苏省司法厅立法专业团队成员。专业特长:环保法、行政法领域、生态损害赔偿、环保和安全事故应急处理、发债、信托、投融资与并购重组、资本市场、ABS、上市公司再融资、银团贷款、国有企业及事业单位下属公司企业改制及三产清算、股权转让、公司清算(含职工安置)金融证券和国内民事经济法律事务。

主要执业领域:环保合规、环保行政复议、诉讼、生态损害赔偿磋商、股权转让、发债、信托、私募基金、投融资与并购重组、PPP、公司首发上市(IPO)、上市公司再融资、资产证券化、重大资产重组、跨境并购及新三板挂牌、不良资产处置等非诉讼法律事务。

抽丝剥茧,从环境污染损害鉴定意见书确定辩护策略

——最高人民法院第 38 批次指导性案例 215 号办理实录

摘要 M 纸业有限公司、黄某海、李某城因涉嫌污染环境罪被 K 市 X 区人民检察院提起公诉。同时,因 M 纸业有限公司财产与股东财产、股东自身收益与公司盈利难以区分,K 市 X 区人民检察院对 M 纸业有限公司及其股东黄某海、黄某芬、黄某龙提起刑事附带民事公益诉讼,请求否认 M 纸业有限公司独立地位,由股东黄某海、黄某芬、黄某龙对 M 纸业有限公司生态环境损害赔偿承担连带责任。此案入选最高人民法院长江保护专题指导性案例(第 38 批次指导性案例 215 号),明确了生态环境侵权案中公司法人人格否认及股东连带责任规则。

案情简介

M 纸业有限公司(以下简称 M 公司)于 2005 年 11 月 16 日成立,公司注册资本 100 万元,股东黄某海持股 80%、黄某芬持股 10%、黄某龙持股 10%。其中,股东黄某海任 M 公司执行董事兼总经理,系 M 公司的法定代表人,股东黄某芬任 M 公司监事,聘请李某城担任 M 公司的后勤厂长。2020 年 5 月,K 市 X 区河(湖)长制工作领导小组及生态环境局现场查获 M 公司向长江流域金沙江支流螳螂川河道一侧埋设暗管,排放污水,生态环境局于 2020 年 6 月要求 M 公司立即停业整

顿。2020年9月，K市X区公安机关对M公司涉嫌污染环境罪案立案侦查。经侦查机关查明，建厂初期，M公司在河道一侧埋设暗管并接至生产车间的排污管道，在无排污许可的情况下排放生产过程中产生的含有有害物质的生产废水，其排放废水的行为致使河道内水质指标超基线水平13～239.1倍。经鉴定，M公司未对生产废水进行有效处理，减少废水污染治理设施运行支出共计人民币3,009,662元，以虚拟治理成本法计算，造成环境污染损害数额为10,815,021元。

2021年4月，K市X区人民检察院公告了本案的相关情况，公告期内未有法律规定的机关和有关组织提起民事公益诉讼，K市X区人民检察院遂依法拟提起民事公益诉讼。K市X区人民检察院认为M公司的股东黄某海、黄某芬、黄某龙存在以下行为：(1)股东以个人银行卡收取公司应收资金但不作财务记载；(2)将属于公司财产的9套房产记载于股东及股东配偶名下，由股东无偿占有；(3)公司账簿与股东账簿不分，公司财产与股东财产、股东自身收益与公司盈利难以区分。

基于上述事实，K市X区人民检察院对M公司、黄某海、李某城以污染环境罪提起公诉，同时对M公司及其股东黄某海、黄某芬、黄某龙提起刑事附带民事公益诉讼，请求否认M公司独立地位，由股东黄某海、黄某芬、黄某龙对M公司造成的生态环境损害赔偿承担连带责任。

▶ 办理结果

我们接受委托后，在阅卷的基础上反复会见当事人，掌握M公司的设立及发展情况，核实相关的案件细节及证据，在对案件的情况有充分把握、对证据充分审查后，与承办检察官多次就证据的合法性、法律的适用问题、量刑情节、认罪认罚等事宜进行沟通。本案进入审判阶段后，因检察机关提起附带民事公益诉讼，故除就刑事部分与公诉人沟通外，还在审查附带民事公益诉讼部分证据的基础上，与负责支持附带民事公益诉讼的检察员就生态环境损害赔偿金额问题进行了沟通。本案在办理过程中法院共组织3次庭前会议。在庭前会议阶段，我们充分指出了本案中证据的问题及生态环境损害赔偿金额的计算问题，直接促成公诉人作出变更起诉决定一次，附带民事公益起诉人作出变更附带民事公益诉讼请求两次。最终,本案附带民事公益诉讼部分,诉讼请求由最初主张的 3 倍生态环境损害惩罚性赔偿调整为仅主张生态环境损害赔偿。刑事部分在量刑方面法院未完全采纳律师的辩护意见,最终判处黄某海有期徒刑 3 年 6 个月。

◆ 办案策略

我们接受委托后,通过全面分析证据材料,认为本案的核心证据是环境污染损害司法鉴定中心出具的司法鉴定意见书,该司法鉴定意见书对明确 M 公司偷排生产废水期间减少的污染物治理支出成本、评估偷排生产废水造成的环境损害具有重要的证明作用。但是由于该司法鉴定意见书是环境污染损害司法鉴定中心作出的,涉及环境科学及技术层面的分析,例如污染物的采样检测、排污点的选址、环境基线的确定和环境污染损害价值量化等问题,具有较高的专业性,一般辩护律师作为法律专业人士,通常能依据相关法律规定对司法鉴定意见书的"真实性、合法性、关联性"发表质证意见,但是碍于专业的局限性,法律人对司法鉴定意见书中涉及的鉴定方法及具体的鉴定过程是否合理很难作出准确的判断,这就导致辩护律师对司法鉴定意见书的综合审查能力受限。最终的结果就是,即使我们可以依法对司法鉴定意见书的"三性"及证明目的发表质证意见,但是这样的质证意见会因为对整个鉴定程序的理解不够深入而在内容方面缺乏说服力。鉴于此,我们认为,首先,应当对司法鉴定意见书的整体鉴定逻辑进行梳理,把握鉴定机构得出鉴定意见的思路;其次,结合案件的情况以及生活常识,对鉴定机构的鉴定思路进行分析论证,考虑鉴定思路是否存在违反常理或者与承办案件存在不匹配的情况,并以此为基础,对整个鉴定思路的各个环节进行逐项分析,在厘清鉴定过程各个环节的逻辑和问题后,向具有专门知识的专家辅助人求证,判断分析思路的合理性、弥补分析过程中因专业壁垒导致的遗漏;最后,从法律专业人士的角度对鉴定程序的各个环节进行分析,发挥特长,结合法律规定对整个鉴定程序的合法性进行分析,最终才考虑对司法鉴定意见书的"三性"及证明目的质证意见。只有在分析并理解司法鉴定意见书的基础上,才能与承办检察官就法律适用、生态环境损害赔偿金额等核心问题进行沟通,才能做到有的放矢,实现力争变更起诉及诉讼请求的目的。

律师评析

一、典型意义

污染环境罪保护的法益是人类赖以生存的生态环境。企业如果触犯污染环境罪，将会造成两败俱伤的结果。一方面，人类赖以生存的生态环境将遭受严重破坏；另一方面，涉案企业除承担刑事责任外，根据"谁污染、谁治理"的原则，还需要对自身的污染行为进行补救，挽回损失，甚至面临惩罚性赔偿，这有可能导致一家企业消亡。

二、法律评析

污染环境罪案因涉及专业交叉，技术含量较高，在案件办理过程中，在对环境污染损害的"鉴定意见"这一类证据进行分析质证时，因存在一定的专业壁垒而难度较大。然而"鉴定意见"又往往是污染环境罪案件中较为核心的证据，其中的鉴定数据以及鉴定结果是定罪量刑的基础，同时也是附带民事公益诉讼确定生态环境损害赔偿金额的基础。当然，环境污染损害的"鉴定意见"虽然是污染环境罪类案件的基础证据，但是也不能顾此失彼，仍然需要依照法律规定，逐一对案件中的书证、物证、犯罪嫌疑人的供述与辩解等其他证据进行分析质证，判断在案证据是否达到"确实充分且排除合理怀疑"的标准。就我们承办的 M 公司、黄某海、李某城等污染环境罪刑事附带民事公益诉讼案而言，此类案件在办理过程中可从以下角度寻找辩护、代理思路。

(一)关于环境污染损害司法鉴定意见书的分析理解

1. 深入简出，理顺鉴定逻辑

司法鉴定意见书记载的鉴定结果是依据大量的案件材料、法律规定及标准规范综合分析得出的，其中涵盖了大量的环境治理、检测、鉴定领域的专业词汇，诸如"虚拟治理成本法""生物接触氧化＋消毒""环境基线"等，由于存在一定的专业壁垒，这些专业词汇、计算标准和监测点的选择标准等问题增加了分析理解司法鉴定意见书并提出质证意见的难度。我们认为，作为辩护人要对"鉴定意见"提出质证意见,首先需要对整个鉴定程序有基础的认知,才能了解鉴定意见书中鉴定意见所蕴含的意义。具体而言,我们需要搞清楚关于鉴定程序的3个问题——"为什么、怎么做、做什么"。"为什么"是启动鉴定程序的目的,"怎么做"是鉴定所采用的方法,"做什么"是鉴定的具体过程。搞清楚关于鉴定程序的3个问题,对于律师理顺司法鉴定意见书得出鉴定意见的逻辑具有重要的帮助作用。同时,在思考关于鉴定程序的3个问题时,也有助于我们发挥律师的优势,在思考的过程中对鉴定意见书所采用的鉴定方法(怎么做),对所引用的案件材料、数据及取证手段等(做什么)是否符合法律规定初步进行分析论证。这对此后逐个深入分析司法鉴定意见书中存在的要点、难点具有重要意义。经整理,司法鉴定意见书的鉴定逻辑如图1所示:

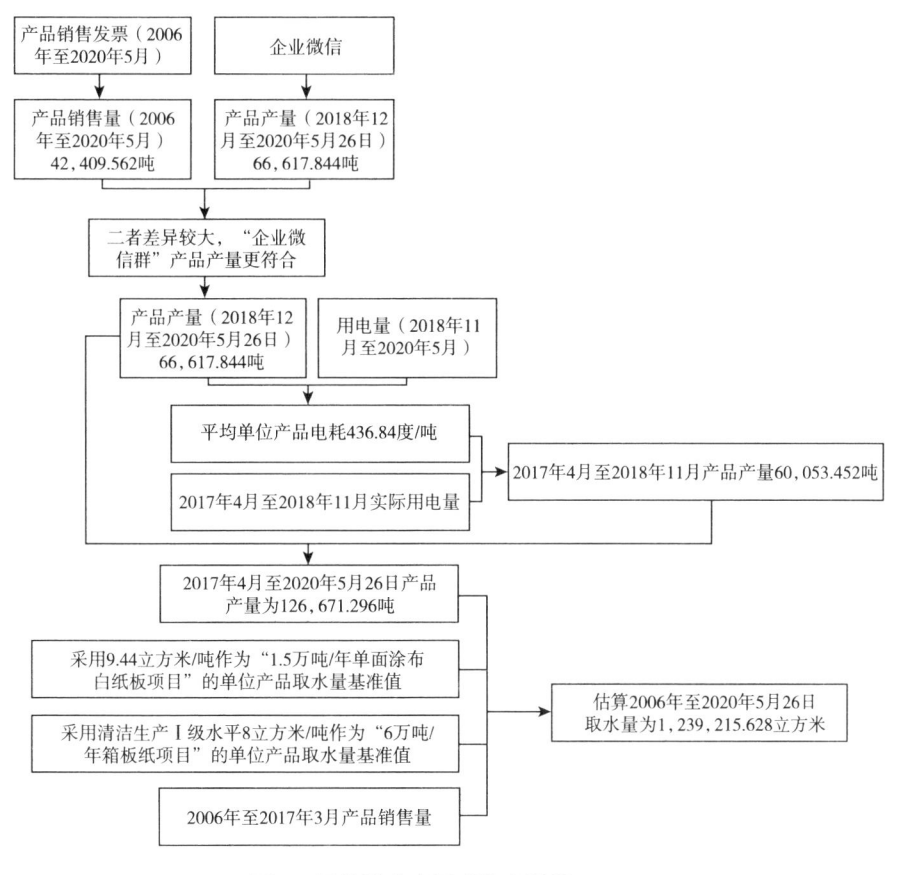

图1 司法鉴定意见书鉴定逻辑

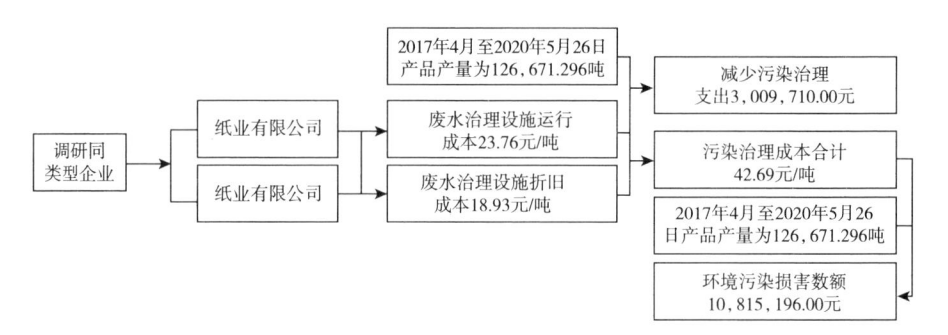

```
调研同类型企业 → 纸业有限公司 → 2017年4月至2020年5月26日产品产量为126,671.296吨 → 减少污染治理支出3,009,710.00元
                 纸业有限公司 → 废水治理设施运行成本23.76元/吨 → 污染治理成本合计42.69元/吨
                              → 废水治理设施折旧成本18.93元/吨 → 2017年4月至2020年5月26日产品产量为126,671.296吨
                                                              → 环境污染损害数额10,815,196.00元
```

图 2　两家同类型企业平均单位产品污染治理成本调研

2. 抽丝剥茧，要点逐个击破

（1）微信群合计产量存疑。

司法鉴定意见书分析得出鉴定意见的逻辑起点为 M 公司"企业微信群"2018 年 12 月至 2020 年 5 月的产品产量。然而我们在阅卷的过程中发现，侦查机关所做电子数据勘验检查工作记录提取的手机微信聊天记录仅包括了 2019 年 12 月开始的微信记录，并没有 2018 年 12 月至 2019 年 12 月的聊天记录，相应时间段内的产品产量是无法核实的。故 M 公司 2018 年 12 月至 2019 年 12 月的产品产量数据不完整，最终合计产量不真实。

（2）调研企业污染治理成本存疑。

司法鉴定意见书中关于污染治理成本的分析调研了两家同类型企业的平均单位产品污染治理成本（见图 2），但所得数据仅为问卷形式所得，并未附有财务数据及相应的会计凭证，数据的真实性存疑。

（3）鉴定程序违法。

我们在阅卷的过程中发现，出具司法鉴定意见书的其中一名鉴定人员，在正式接受侦查机关委托鉴定前就已经介入协助现场勘查及调查取证工作。而在接受侦查机关的委托鉴定时，该名鉴定人员尚未取得鉴定资格。依据《环境损害司法鉴定机构登记评审办法》第 4 条第 1 项"每项鉴定业务至少有 2 名具有相关专业技术职称的鉴定人"之内容，司法鉴定意见书的形成违反法律规定。

（4）监测点数据不合理。

我们在阅卷时发现，在水环境损害部分有 6 个采样监测点，但司法鉴定意见书仅收集"污水与河道交汇处"1个监测点数据,数据收集不合理、不完整。

(5)治理成本计算与本案不具备关联性。

依据《关于虚拟治理成本法适用情形与计算方法的说明》第二部分第(二)项的规定,单位治理成本的确定是"指工业生产企业或专业污染治理企业治理单位废气、废水、固体废物或单位特征污染物所发生费用"。我们认为,本案需要确定的是单位废水的治理成本,然而司法鉴定意见书作出的是治理单位产品所发生的费用,二者完全是两个不同的概念和指标。

(二)关于"环境污染后果"是否特别严重的分析

《最高人民法院、最高人民检察院关于办理环境污染刑事案件适用法律若干问题的解释》(2016)分别针对"严重污染环境""情节严重""情节特别严重""从重处罚"规定了具体情形。在办理污染环境罪类案件时,需要根据案件的具体情况,结合《最高人民法院、最高人民检察院关于办理环境污染刑事案件适用法律若干问题的解释》第15条以及《国家危险废物名录》(2021年版)的规定,对案涉废物的性质进行评价,进而评估案件适用的量刑幅度。需要指出的是,在适用量刑幅度的过程中,应当尤其注意对《最高人民法院、最高人民检察院关于办理环境污染刑事案件适用法律若干问题的解释》中兜底条款"其他情形"的理解。我们认为,根据同质性解释原则,兜底条款的规定与其之前的列举性条款规定之间是一种并列关系,它们反映着共同的犯罪实质,指向共同的法益,因此"其他情形"应当与条款中前述已经明确的情形具有相同的性质与特征、相对等同或接近的损害后果,否则不能轻易以"其他情形"适用量刑幅度。

(三)关于"主观是否具有犯罪故意"

污染环境罪属于故意犯罪,过失不应构成本罪。因此,在代理污染环境罪案件的过程中,辩护人应当在关注被告人的供述与辩解、证人证言等言词证据的基础上,结合其他书证、物证,综合考虑被告人是否存在污染环境的犯罪故意,如果不存在犯罪的故意,则只可能涉及违法,不应追究刑事责任。

(四)关于"是否属于单位犯罪及法定代表人是否构罪"

污染环境罪案件是否属于单位犯罪,对于最终的责任归属及刑罚轻重将会产生直接影响。因此,在案件涉及单位时,应结合阅卷情况考虑单位犯罪的可能,尤其是在犯罪事实明确、证据充分的情况下,主张构成单位犯罪可能将极大影响辩护效果。

当案涉企业构成单位犯罪时,同时应考虑法定代表人是否构成犯罪。《刑法》第31条规定:"单位犯罪的,对单位判处罚金,并对其直接负责的主管人员和其他直接责任人员判处刑罚。本法分则和其他法律另有规定的,依照规定。"《最高人民法院关于印发〈全国法院审理金融犯罪案件工作座谈会纪要〉的通知》(法〔2001〕8号)规定:"单位犯罪直接负责的主管人员和其他直接责任人员的认定:直接负责的主管人员,是在单位实施的犯罪中起决定、批准、授意、纵容、指挥等作用的人员,一般是单位的主管负责人,包括法定代表人。"基于以上规定,我们认为,在单位构成犯罪的情况下,法定代表人并不一定当然构成犯罪,如果法定代表人仅为挂名法定代表人,其对单位犯罪行为并不知情或者并未参与该单位犯罪行为,此时法定代表人并不一定要承担刑事责任,亦即仅具备"法定代表人"的职务身份,并不当然得出其为"直接负责的主管人员"的结论。

(五)律师意见

辩护词(节选)

一、本案司法鉴定意见书存在重大缺陷,请求在量刑时予以考量

本案定罪、量刑最重要的证据是司法鉴定意见书,而经辩护人审慎研判,结合鉴定人员出庭质询情况,辩护人认为该份鉴定意见"三性"存在严重问题,详述如下:

(一)真实性存疑

1. 鉴定人员在庭前会议和庭审中均陈述,鉴定意见所依据的"表9-5""表10-1""表11-2"等均为案外人提供,并非鉴定人员向相关机构调取、核查的具体内容和数据,甚至庭前会议中明确回复"所依据内容的真实性由提供的案外人负责,自己不对其真实性负责"的内容,这足以证实鉴定人员并未实际履行资料收集并同时确保相关内容真实性的相应义务,真实性存在重大缺陷。

2. 在水环境损害部分,有 6 个采样监测点,但仅向第三人收集"污水与螳螂川交汇处"1 个监测点数据,数据收集不合理、不完整,进而导致整个鉴定内容结果的错误。

3. 鉴定人员没有审核案外人取样地点和时间的具体情况,导致所依据数据错误。案外人在"污水与螳螂川交汇处"监测点取样,但结合与李某城发问、当地水文情况的内容可知,5 月是某某川的枯水季,河道形成水洼,无法形成流动流体,这就导致取样人员所取样本是高度浓缩的废水,而非正常流淌的河水,因而其所检验数据高得离谱。另外,在上下游分别有一处水质自动监测站,其多年来一直监测数据正常,无不良预警和污染报警,这也佐证了 M 公司并未造成实质污染。

4. 通过上述分析,案外人从水洼中取样了高浓度废水,提交给鉴定人员,进而得出超过基准线水平 13～239.1 倍的不实结论。

(二)不具备合法性

1. 作为公安机关办案协助人员提前介入。从鉴定意见第 2 页记录可知,2020 年 11 月开始,本案公安机关就聘请鉴定人员侍先生、杨女士协助现场勘查及调查取证工作。从一开始,鉴定人员就丧失客观中立第三方的地位,成为公安机关办案的协助人员。

2. 接受委托、开展工作时,鉴定人员侍先生未取得鉴定资格。2020 年 12 月 23 日,鉴定机构接受本案公安机关的委托进行鉴定,但参与工作的鉴定人员侍先生直到 2020 年 12 月 31 日才取得鉴定人员资格,明显不合法。

3. 鉴定人员无高级专业技术职称,不符合法规规章要求。依据《环境损害司法鉴定机构登记评审办法》第 4 条第 1 项"每项鉴定业务至少有 2 名具有相关专业技术职称的鉴定人"的规定,鉴定人员侍先生 2020 年 12 月 31 日到开庭之日职称为"工程师",在此之前为助理工程师,即鉴定人员只有一名具备资格。

4. 超委托范围鉴定。依据鉴定意见书委托事项内容可以发现,其仅为"核定 M 公司涉嫌偷排生产废水期间减少的污染物治理成本,评估涉嫌违法偷排生产废水造成的环境损害"的内容,但在鉴定意见中鉴定人却自行增加了"取水量"这一内容,且该内容与委托事项无任何关联。

(三)无直接关联性

1. 未直接调取 A、B 两家企业财务数据及相应会计凭证。在庭前会议中,鉴定人员在回答辩护人关于为什么不直接调取上述两家的财务数据和会计凭证而是进行一个问卷时,鉴定人陈述该两家企业对其问卷的真实性负责,而该份问卷明显与最终确定违法减少废水污染治理设施运行支出不具备关联性。

2. 未按照《关于虚拟治理成本法适用情形与计算方法的说明》内容进行计算,所得结果不具备关联性。依据《关于虚拟治理成本法适用情形与计算方法的说明》第二部分第(二)项"单位治理成本的确定:指工业生产企业或专业污染治理企业治理单位废气、废水、固体废物或单位特征污染物所发生的费用……"的规定,结合本案,需要确定的是单位废水的治理成本,而鉴定意见作出的是治理单位产品所发生的费用,这明显是两个不同的概念和指标。所得意见与案件不具备关联性。

二、关于公诉机关指控黄某海量刑幅度问题,辩护人认为依据罪刑法定原则,结合案件证据,本案量刑幅度应为 3 年以下

1.《刑法》第 338 条法定量刑幅度有 3 个档次。第一档"严重污染环境的,处三年以下……"可以结合《最高人民法院、最高人民检察院关于办理环境污染刑事案件适用法律若干问题的解释》(本辩护词以下简称法释〔2016〕29 号)第 1 条所列情形予以最终裁判;第二档"情节严重,处三年以上七年以下有期徒刑";而第三档"有下列情形之一,处七年以上……"是《刑法》第 338 条第 2 款共 4 项内容作了明确、完整列举,且法释〔2016〕29 号没有进行更多解释和补充列举,只是在其第 4 条作了从重处罚的内容列明。显而易见,案件并不存在可以裁判 7 年以上的情形,首先排除。

2. 案件争议的主要问题在于能不能对 M 公司、黄某海的行为依据法释〔2016〕29 号第 3 条进行评价。

(1)法释〔2016〕29 号第 3 条具体内容为,"实施刑法第三百三十八条、第三百三十九条规定的行为,具有下列情形之一的,应当认定为'后果特别严重':(一)致使县级以上城区集中式饮用水水源取水中断十二小时以上的;(二)非法排放、倾倒、处置危险废物一百吨以上的;(三)致使基本农田、防护林地、特种用途林地十五亩以上,其他农用地三十亩以上,其他土地六十亩以上基本功能丧失或者遭受永久性破坏的;(四)致使森林或者其他林木死亡一百五十立方米以上,或者幼树死亡七千五百株以上的;(五)致使公私财产损失一百万元以上的;(六)造成生态环境特别严重损害的;(七)致使疏散、转移群众一万五千人以上的;(八)致使一百人以上中毒的;(九)致使十人以上轻伤、轻度残疾或者器官组织损伤导致一般功能障碍的;(十)致使三人以上重伤、中度残疾或者器官组织损伤导致严重功能障碍的;(十一)致使一人以上重伤、中度残疾或者器官组织损伤导致严重功能障碍,并致使五人以上轻伤、轻度残疾或者器官组织损伤导致一般功能障碍的;(十二)致使一人以上死亡或者重度残疾的;(十三)其他后果特别严重的情形"。

(2)本案明显不符合法释〔2016〕29号第3条第1项至第12项所列明内容。

(3)法释〔2016〕29号第3条第13项的兜底条款,辩护人认为适用的情况应该是所涉犯罪行为所造成的危害程度与该条第1项至第12项所造成的危害程度相当或基本等同,才能适用这一兜底条款,而本案所造成的危害后果未达到该条第1项至第12项所列危害程度、内容相当或基本等同的情况。因此,M公司及黄某海的行为不能依据法释〔2016〕29号第3条进行评价。

❖ 律师介绍

周剑康,北京盈科(昆明)律师事务所高级合伙人、刑民交叉法律事务部副主任。执业至今办理数十起刑事案件,代理大量民事诉讼案件,善于多角度、多路径达到当事人诉求,在刑事风险防范、商务谈判、调解及民事诉讼疑难问题方面积累大量实践经验,被多次授予"盈科律所年度全国优秀律师"。业务领域:企业合规体系梳理、企业及高管刑事风险防范、刑民交叉疑难问题论证与处理、商务谈判。

李隽杰,北京盈科(昆明)律师事务所律师。业务领域:刑事风险防范及刑事辩护、文娱传媒、名誉权。所获荣誉:2023年盈科昆明优秀律师。

恢复性司法理念在污染环境罪中的适用及村民小组长的责任追究

——李某锋、张某俊、陈某涉嫌污染环境罪案

摘要 2018年3月,李某锋在未通过环境评估的情况下,擅自从事炉渣筛选回收作业,当地村民小组组长明知其无环保资质,仍转租集体土地供其处置。经承办律师辩护,最终李某锋未承担实刑且罚金降低。本案深刻揭示了"小微权力"专项治理的必要性,同时引发了村民小组组长涉集体土地处理行为的责任追究、恢复性司法理念在刑事审判中适用问题的思考。

案情简介

2018年5月15日,常州市生态环境局(原常州市环境保护局)对江苏省常州市钟楼区某村原农药厂西北角堆场进行日常检查,发现被告人李某锋未报批环境影响评价文件,擅自从事炉渣筛选回收作业,使用临时软管将沉淀泥浆排入了未经防腐防渗处理的北侧河塘。经采样检测,北侧河塘的水样总铜浓度为25.8mg/L,已超过国家污水综合排放标准10倍以上;总铅浓度为2.15mg/L,总锌浓度为5.65mg/L,已超过国家污水综合排放标准。

2018年5月23日,常州市公安局钟楼分局对李某锋等人涉嫌污染环境罪进行立案侦查。经讯问,李某锋交代其从2018年3月初开始,租赁某村民小组的一块集体土地,并雇用工人处置废渣;被告人张某俊交代其在明知李某锋未取得营

业执照及环境影响评价的情况下,仍将常州某热电公司的废渣原料交由李某锋处置牟取利益;被告人某村民小组组长陈某交代其在明知李某锋未取得营业执照及环境评估的情况下,仍将集体土地作为经营场地转租给其牟取利益。

2018年12月11日,江苏省常州市武进区人民检察院就李某锋、张某俊、陈某涉嫌污染环境罪一案提起公诉,武进区人民法院立案审理。

办理结果

因李某锋在委托时已经处于取保候审状态,故辩护律师在阅卷后与其进行充分沟通,并结合法官和案件材料,发现本案的关键点是土壤修复问题。律师与涉案土地所在地生态环境局进行充分沟通,在征求人民法院和人民检察院的意见后,对李某锋的量刑提出判决缓刑并承担修复土地的责任。法院最终采纳了辩护律师的观点,认定李某锋、张某俊、陈某均构成污染环境罪,李某锋属于自首,判处有期徒刑1年6个月,缓刑2年。因为李某锋主动承担土壤修复的责任,故对罚金数额由8万元降低至6万元。被告人陈某犯污染环境罪,判处有期徒刑8个月,缓刑1年,并处罚金人民币5万元;禁止被告人李某锋、张某俊、陈某在缓刑考验期内从事与排污工作有关的活动。

办案策略

在接受李某锋的委托后,辩护律师确定按以下程序进行办理。

1.通过阅卷及现场调查,抓住案件关键辩护点。重点从以下几点着手:

(1)检察院就李某锋系坦白的公诉意见有误。李某锋在收到公安机关书面传唤后,主动前往邹区派出所投案,如实供述自己的犯罪事实。由于传唤并非强制措施,符合《最高人民法院关于处理自首和立功具体应用法律若干问题的解释》中有关"尚未受到讯问、未被采取强制措施"之情形条件,应属自动投案,自首成立。

(2)本案的发生具有特殊社会背景。一是案发前国内环境保护力度不足,废渣处理、资源再利用没有完整有效的途径,这是致使违法违规市场诞生的主要原因。二是李某锋所处的地区有着从事该违法行业的历史与环境,也就造成了其没有认识到刑法修订后污染环境犯罪的严重后果,在同乡误导下改行做起了废渣回收处理工作。

(3)紧跟时代步伐,提出被告人主动进行土壤修复并从轻处罚的建设性意见。自2015年1月1日起,《环境保护法》和按日连续处罚、查封、扣押、限制生产、停产整治和企业事业单位环境信息公开四个配套办法正式生效实施。2018年5月,在全国生态环境保护大会上,习近平总书记强调,要全面落实土壤污染防治行动计划,强化土壤污染管控和修复,有效防范风险,让老百姓吃得放心、住得安心。习近平总书记关于土壤污染防治的重要指示,为做好新时期土壤污染防治提供指导思想和根本遵循。各级环保部门加大执法力度,对违法排污"零容忍",在严惩环境违法相关责任人的同时,不仅加强执法规范化,更加注重程序的合法性、合理性,更加注重环境保护和生态修复。辩护律师从土壤污染防治和生态环境修复的角度,通过与检察机关和法院进行沟通,提出对被告人减轻处罚并适用缓刑、减少罚金数额并要求被告人进行环境修复的辩护意见,得到人民检察院和人民法院的认可和采纳。

2.针对案件存在的特殊情节开展具体工作。辩护律师主要从以下方面开展具体工作:(1)推动检察院将李某锋系坦白的公诉意见变更为自首;(2)与法院协商沟通李某锋生态修复的意愿,争取降低罚金;(3)督促李某锋在判决前积极缴纳罚金;(4)判决生效后继续督促李某锋自行修复环境,督促其与生态环境部门主动沟通,对设计进行修复,并提请相关生态环境部门检测、检查;(5)与生态环境部门沟通,协助督促案涉地块的村民小组及相关涉案人员承担生态修复的法律责任。

律师评析

一、典型意义

(一)恢复性司法理念在环境污染犯罪案件中的应用

恢复性司法理念最早起源于20世纪70年代北美地区,其填补了以"惩罚"和"预防"为主的传统刑法理念的不足,强调对被害人受损法益的修复,与环境犯罪司法实践对保护生态环境的需求不谋而合。2016年5月26日,《最高人民法院关于充分发挥审判职能作用为推进生态文明建设与绿色发展提供司法服务和保障的意见》(法发〔2016〕12号)指出,"落实以生态环境修复为中心的损害救济制度,统筹适用刑事、民事、行政责任,最大限度修复生态环境"。2016年9月29日,最高人民检察院在《关于全面履行检察职能为推进健康中国建设提供有力司法保障的意见》(高检发〔2016〕12号)中提出,"办案中应当贯彻恢复性司法理念,根据案件情况可以要求行为人修复环境、赔偿损失,降低环境污染的损害程度。行为人主动采取补救措施,消除污染,积极赔偿,防止损失扩大的,依法从宽处理"。因此,在办理污染环境类犯罪案件时,辩护人要勇于提出被告人在承担修复责任的前提下应适当从轻处罚的建议。

(二)深刻揭示了"小微权力"专项治理的必要性

随着乡村振兴的快速推进,农村集体的资金、资产、资源规模不断扩大,被称为"兵头将尾"的村民小组长的权力越来越不容小觑。然而,在村级基层组织建设中,上级党委、政府一般只"抓"到村级干部一级,对村民小组长往往缺少管理。本案中,作为当地村民小组的组长,被告人陈某将村内集体土地当作废渣处置场地参与环境污染的犯罪行径,致使该村周边环境遭受了严重破坏。可见在环保这一关键领域,基层治理与环保监管存在彼此相依的关系。

同时,本案体现出的对侵害群众利益行为的零容忍态度,也是对广大群众及基层干部的一大警示。案发后,不仅陈某被第一时间开除党籍、追究刑事责任,2019年在钟楼区部署开展"小微权力"专项治理提升行动时,该村党委书记张某及陈某所在党支部书记周某也被问责。

二、法律评析

(一)恢复性司法理念在环境刑事司法中的发展与践行

恢复性司法理念最早起源于20世纪70年代北美地区,联合国《关于在刑事事项中采用恢复性司法方案的基本原则》规定,恢复性司法是指在调解组织的调解下,犯罪行为人、被害人以及受犯罪行为影响的其他家属或社区人员,共同参与协商解决犯罪导致的后果的程序。

从刑事司法的角度来看,该理念填补了以"惩罚"和"预防"为主的传统刑法理念的不足,强调对被害人受损法益的修复,与环境犯罪司法实践对保护生态环境的需求不谋而合。因此,近年来我国一直在探索将恢复性司法理念引入环境犯罪领域,这从有关司法政策中即可看出。

2016年5月26日,《最高人民法院关于充分发挥审判职能作用为推进生态文明建设与绿色发展提供司法服务和保障的意见》明确提出,"落实以生态环境修复为中心的损害救济制度,统筹适用刑事、民事、行政责任,最大限度修复生态环境"。2016年9月29日,最高人民检察院在《关于全面履行检察职能为推进健康中国建设提供有力司法保障的意见》中提出,"办案中应当贯彻恢复性司法理念,根据案件情况可以要求行为人修复环境、赔偿损失,降低环境污染的损害程度。行为人主动采取补救措施,消除污染,积极赔偿,防止损失扩大的,依法从宽处理"。自此,补植复绿、增殖放流、土地复垦、支付赔偿金等生态修复措施相继出现在环境犯罪案件的处理中。

以本案为例,一审法院在未进行刑事判决前,被告人张某俊就已与常州市钟楼区生态环境局(原常州市钟楼区环境保护局)联系,就场地修复工作达成了预案,张某俊的辩护律师亦将此作为张某俊具有从轻处罚情节的辩护依据。从这一层面来看,本案不仅践行了恢复性司法理念,发挥了司法修复生态环境的作用,同时也证实了恢复性司法理念在激发犯罪行为人主动承担责任积极性方面的有效作用,具有典型意义。

(二)生态修复责任与刑事责任的动态衔接机制

值得一提的是,尽管本案引入了恢复性司法理念,但在实际承担生态修复责任时,包括支付生态修复金、参与场地修复等责任在内,全部落到了李某锋一人身上。并且李某锋在此案刑事责任的承担上,亦是最重的那一个。

承办律师认为,这是法院在处理生态修复责任与刑事责任的衔接上出现了问题,未能灵活协调好"惩罚"与"修复"之间的关系。

当前,环境资源刑事案件适用生态修复责任的方式主要有三类:一是在刑事裁判书主文部分,直接责令被告人承担生态修复责任;二是在刑事裁判书非主文部分查明生态修复事实,并作为量刑情节;三是通过刑事附带民事诉讼的方式判处被告人承担生态修复责任。无论是哪一类，在法理和实践中均存在一定争议，但至少法院以判决的方式及时明确了生态修复责任。

而本案中，在场地修复工作仅达成预案的情况下，一审法院未予采纳被告人的相关量刑辩护意见，也未以判决的形式明确 3 名被告后续的生态修复责任，致使刑事责任一经固定，被告人曾经的修复积极性即沦为一纸空谈。无奈之下，当地生态环境局只得重新去找 3 名被告协商，最终勉强令李某锋承担了全部的生态修复责任。

2024 年，发布在《人民法院报》的《如何在环境资源审判中践行恢复性司法理念》一文中曾明确指出："将恢复性司法理念贯穿于环境资源审判全过程，以司法推动受损生态环境得到及时有效修复，还需法官深入理解恢复性司法理念的内在价值。"环境刑事司法的生态修复制度依托于刑事诉讼，其运行逻辑系以刑事责任为"达摩克利斯之剑"，持续保障生态修复目的的最终实现。因此，"修复"与"惩罚"绝不能在半路脱节，各行其是。

承办律师在此延伸建议，刑事司法部门应尽快建立起生态修复责任与刑事责任的动态衔接机制，具体可考虑以下两点：

第一，对于短期内能够看到修复成效的，法院可采取定罪与量刑的程序分离措施或暂缓审判程序推进。当前我国在量刑程序的设计上主要采用大陆法系的定罪与量刑一体化模式。但在英美法系的模式下，定罪与量刑是相对分离的，即只有在定罪后，法庭才进行量刑审判，根据相关证据及利益相关者的陈述，作出刑罚决定。承办律师认为，在恢复性司法理念引入环境刑事司法的过程中，法院可以参照该模式，构建相对独立量刑程序。譬如，被告愿意以缴纳生态修复金来承担修复责任的，法院可以先进行定罪宣判或暂缓宣判，待修复效果明确后，再决定是否让被告以较轻责任进入后续程序。

第二，对于长期内才可看到修复成效的，法院可通过程序回流机制，倒逼被告落实生态修复方案。譬如在缓刑考验期内对被告的修复情况进行验收，如果未达到预期，则撤销缓刑，执行实刑。目前，该机制已有部分法院在实行。以广西地区的司法实践为例，2022 年 11 月 15 日，陆川县人民法院曾就一起失火案发出生态服务令,在宣判被告刑罚的同时,要求其在缓刑考验期内由村委会安排按时按质按量完成每月两次的森林防火巡查任务,法院定期回访。

(三)村民小组单位犯罪主体地位的探析与证成

村民小组是我国农村产权改革、基层群众自治组织以及农村集体经济组织发展演变过程中的历史产物。对于村民小组能否构成单位犯罪的主体,目前法律并没有作出明确规定。因此,该问题在司法实践中存在较大分歧。

持有否定论的学者及法律职业者通常认为,从法律依据来看,《刑法》第30条已明确规定:"公司、企业、事业单位、机关、团体实施的危害社会的行为,法律规定为单位犯罪的,应当负刑事责任。"而村民小组并不属于上述五类主体,依照罪刑法定的原则,其自然无法构成单位犯罪的主体。此外,诸如(2019)渝0112刑初1743号等判决还指出,以单位名义实施犯罪,违法所得归单位所有的,才是单位犯罪。而村民小组是属于村民委员会的下设机构、组成部分,故不符合关于单位犯罪主体的构成要件。

但承办律师认为,村民小组也可成为单位犯罪的主体。其理由如下:

第一,在民事领域,村民小组已明确取得诉讼主体地位。《最高人民法院关于适用〈中华人民共和国民事诉讼法〉的解释》(2022修正)第68条规定:"居民委员会、村民委员会或者村民小组与他人发生民事纠纷的,居民委员会、村民委员会或者有独立财产的村民小组为当事人。"

第二,在刑事领域,司法解释已将村民小组归入"其他单位"的范畴。1999年7月3日,最高人民法院在《关于村民小组长利用职务便利非法占用公共财物行为如何定性问题的批复》(法释〔1999〕12号)中指出:"对村民小组长利用职务上的便利,将村民小组集体财产非法占为己有,数额较大的行为,应按照《刑法》第二百七十一条第一款的规定,以职务侵占罪定罪处罚。"对照当时《刑法》第271条不难看出,村民小组长被界定为"公司、企业或者其他单位人员"。

2008年11月20日,最高人民法院、最高人民检察院联合发布的《关于办理商业贿赂刑事案件适用法律若干问题的意见》(法发〔2008〕33号)更是明确指出:"刑法第一百六十三条、第一百六十四条规定的'其他单位',既包括事业单位、社会团体、村民委员会、居民委员会、村民小组等常设性的组织,也包括为组织体育赛事、文艺演出或者其他正当活动而成立的组委会、筹委会、工程承包队等非常设性的组织。"

第三,从村民小组自身属性来看,村民小组并非否定论中所言的"村民委员会下设机构"。否定论往往从村民委员会和村民小组的隶属关系入手,认定村民小组属于村民委员会的下设机构。该观点的主要依据是1998年的《村民委员会组织法》第10条规定:"村民委员会可以按照村民居住状况分设若干村民小组,小组长由村民小组会议推选。"且不论最高人民法院在《全国法院审理金融犯罪案件工作座谈会纪要》中已明确指出,"以单位的分支机构或者内设机构、部门的名义实施犯罪,违法所得亦归分支机构或者内设机构、部门所有的,应认定为单位犯罪",通过研究现行《村民委员会组织法》即可发现,该法第28条明确规定了村民小组会议由村民或村民代表组成参加,"组长由村民小组会议推选","属于村民小组的集体所有的土地、企业和其他财产的经营管理以及公益事项的办理,由村民小组会议依照有关法律的规定讨论决定,所作决定及实施情况应当及时向本村民小组的村民公布"。由此可见,村民小组系基层群众自治组织,且与村民委员会之间互不隶属、相互独立。

第四,从法理层面来看,村民小组具备单位犯罪中单位的本质特征。通常情况下,犯罪行为唯有从单位整体利益(全体成员或多数成员)出发,通过单位既定的决策流程或议事规范作出并执行时,方能将其与个人行为区别开来。因此,自然人犯罪与单位犯罪的本质区别标准就在于独立性。对于村民小组而言,其具备村民决策机制(村民小组会议),故行为能够体现出单位的整体意志;依法代管集体所有的土地、企业及其他财产,故具有实质承担刑事责任的经济能力;代管的财产能够实现独立核算,故具有一定的独立性。从这一层面来看,村民小组已具备了单位犯罪中单位的本质特征。

综上所述,村民小组可以成为单位犯罪的主体。

(四)本案村民小组及组长的责任追究问题

从司法实践来看,村民小组被追究刑事责任的情况较为少见并不单纯是因为其单位犯罪主体地位存在争议,而是因为,村民小组系基层群众自治组织,多数事项需依靠村民集体决策,组长等负责人负有对集体财产的监督代管职责,其所作行为并不等同于法定代表人、总经理、高级管理人员等可以在一定程度上直接代表单位意志的企业负责人,故认定村民小组构成单位犯罪的标准更为严苛。

以2024年1月10日,最高人民法院发布的保护农用地典型案例(入库案例)——梁某东等人非法占用农用地案为例。该案中,3位村民小组组长为增加村集体收入,违反土地管理法规,代表村集体将数量较大的村属耕地非法发包。承包方在没有办理合法用地相关手续及缺乏统一监管的情况下,在耕地上挖掘鱼塘,搭建猪舍,非法占用耕地54.53亩,改变被占用土地用途,造成农用地大量毁坏。最终,村民小组组长及承包方均构成非法占用农用地罪。最高人民法院指出"即使是为了村集体的利益,村集体也无权擅自改变土地性质和用途",并强调"(本案)对于教育和警示村民委员会、村民小组等基层组织应当依法依规发包土地,村民委员会主任、村民小组组长应当忠诚履职尽责、充分发挥耕地保护的先锋表率作用具有重要意义"。可见,村民小组及其负责人的性质极其特殊。

回归到李某锋、张某俊、陈某涉嫌污染环境罪一案中,公诉机关并未将村民小组列为被告,具有一定的合理性。因陈某虽具有村民小组组长的身份,但其转租是为了牟取私利,体现的是个人意志。如果要因此追究村民小组的刑事责任,显然有违罪责自负原则。

即便如此,当被告人具有村民小组组长这类特殊身份时,法院对被告人及村民小组的责任认定及量刑考虑,也不应如此简而化之,直接当作普通的自然人转租事件处理。承办律师认为,法院至少应查明并考虑以下四点:

第一,陈某作为村民小组组长,如何取得的涉案土地经营权,取得时土地的用途性质,应属法院查明事项。

第二,涉案土地系集体土地,村民个人是否有权将其转租给外乡人、是否改变了土地用途、是否需经当地村民小组同意、陈某在其中起到什么作用,应属法院查明事项。

第三,陈某明知李某锋无环保资质仍转租涉案土地,致使环境污染事件发生的背后,是其违背自身监管、保护村集体财产的义务,应属从重处罚的考虑因素。

第四,尽管村民小组不构成单位犯罪,但其对职权范围内的集体土地污染情况失管失察,组长"监守自盗",造成集体财产受损,应考虑令其承担一定的生态修复责任。

综上所述,对于村民小组组长涉集体土地处理行为的责任追究问题,法院应进行全方位的考虑。

❖ 律师介绍

郝秀凤,女,一级律师,法律硕士,中国民主促进会江苏省委员会下设法律与中介专门委员会委员;北京市盈科(常州)律师事务所名誉主任、第一、第二届盈科常州管委会主任。

环境资源领域主要任职:盈科全国第五届环境资源与能源法律专业委员会主任;江苏省法学会环境资源法学研究会理事;江苏省律师协会第十届环境与自然资源保护业务委员会副主任;常州市第十六届、十七届人大常委会环资城建工委委员。

环境资源领域主要业务:曾担任江苏常隆化工有限公司和维尔利环保科技集团股份有限公司等法律顾问,参与处理顾问单位所涉的环境污染公益诉讼、生态环境保护和环境治理及合规、环境行政处罚合法性审查及行政诉讼等业务,并作为人大代表参与地方生态环境立法和执法等工作。先后在《中国法学会》《才智》等刊物上发表论文三十余篇,其中一篇被《中国人民大学报刊复印资料》全文转载。

主要荣誉:全国优秀律师、江苏省优秀律师、江苏省维护妇女儿童权益优秀公益律师、江苏省律师行业高质量发展引领奖、常州市第二届十大优秀青年法学人才、常州市教育局三等功、常州市优秀人大代表、最美常州人——法律服务人。

多措并举促进污染环境罪案件办理

摘要 甲系 A 公司副总经理，因污染环境罪被羁押，一审判处 5 年刑期。二审发回重审后，律师团队主要针对危险废物定性与定量问题，采取向行政机关依法取证的途径，在开庭后成功办理取保候审，并最终使甲的刑期比一审判决及重审检察建议减少 3 年。

案情简介

甲系 A 公司副总经理，A 公司在生产时产生大量废液，A 公司员工乙向甲及常务副总经理丙请示后，将废液无偿交给丁，丁将废液倾倒后将空桶出售以谋取利益。后经第三方司法鉴定公司鉴定，所倾倒废液为危险废物。

B 县人民检察院于 2021 年 8 月对 A 公司及甲、乙、丁向人民法院提起公诉，后分别于 2021 年 9 月、10 月变更起诉内容。2021 年 8 月提起附带民事公益诉讼。一审法院于 2022 年 4 月作出刑事附带民事判决，判决 A 公司犯污染环境罪，判处罚金 300 万元。甲、乙、丁犯污染环境罪，分别判处有期徒刑 5 年、5 年、4 年 6 个月，分别判处罚金 3 万元。A 公司与甲、乙、丁共同承担 3800 余万元赔偿责任。

A 公司与甲、乙、丁不服一审判决，提起上诉，二审法院发回重审。

2023 年，B 县人民检察院重新提起公诉与附带民事公益诉讼，此时甲等人已被羁押 2 年。

▶ 办理结果

律师介入后,向法院提交了取保候审申请书。本案经过 4 次开庭审理后,法院同意对甲取保候审。最终法院判决 A 公司犯污染环境罪,罚金 5 万元;甲、乙、丁犯污染环境罪,分别判处 2 年 1 个月、2 年 1 个月、2 年,分别判处罚金 1 万元、1 万元、1 万元。其中甲所判刑期基本等同于已被羁押时间。

◆ 办案策略

承办律师在代理此案时,此案经过了一审、发回重审程序,并且被告人已经被羁押近 2 年,想取得好的效果难度较大。承办律师及团队通过对本案所有证据进行详细分析,发现定案依据的第三方鉴定报告存在一系列问题,并且设计倾倒废液的重量计算也存在一定证据不足的问题。

目前针对第三方鉴定报告的质证难度较大,因为相较于律师提出的质疑,司法机关更愿意相信司法鉴定机构出具的意见。在此情况下,承办律师及团队采取"多条腿走路"的模式,即首先咨询相关领域专家,由专家对鉴定结果提出专业性意见,然后充分利用行政机关对第三方鉴定单位的监管,向行政机关提出履职申请以及申请行政机关对鉴定报告的真实性、可靠性等予以确定。

▶ 律师评析

一、典型意义

在污染环境罪中,涉案物质是否为危险废物,是定案依据中最为重要的证据。关于污染环境罪的"两高"司法解释明确了认定一种物质是否为危险废物的几种方式,在当前司法环境下,司法机关针对难以直接认定的物质应用最广泛的方式就是委托第三方司法鉴定机构或者生态环境部、公安部指定的机构出具报告。

有时第三方鉴定机构出具的报告并不一定是没有问题的。然而,由于污染环境罪所涉及专业性较强,司法机关相对比较信任第三方鉴定机构。因此,本案就采取了"以专业治专业""以管理治专业"的模式,最终成功使法院没有采纳第三方鉴定机构出具的鉴定意见。

二、法律评析

本案涉及的核心问题就是涉案物质是否为危险废物以及涉及的重量是多少，也就是普遍说法中的定性与定量内容。下面就结合本案对污染环境罪中的定性与定量问题进行梳理。

(一) 有毒物质的定义

《刑法》(2023 修正)第 338 条规定，违反国家规定，排放、倾倒或者处置有放射性的废物、含传染病病原体的废物、有毒物质或者其他有害物质，严重污染环境的，处 3 年以下有期徒刑或者拘役，并处或者单处罚金；情节严重的，处 3 年以上 7 年以下有期徒刑，并处罚金；有特殊情形的，处 7 年以上有期徒刑，并处罚金。

想要很好地理解污染环境罪，就需要对涉案的物质类别有很清晰的认知。对于放射性的废物、含传染病病原体的废物相对较好理解，并且实践中涉及较少。那么对于实践中最常见、种类最复杂、争议最大的有毒物质应如何理解呢？

《最高人民法院、最高人民检察院关于办理环境污染刑事案件适用法律若干问题的解释》(法释〔2023〕7 号)第 17 条规定了有毒物质的种类，它们分别是危险废物、《关于持久性有机污染物的斯德哥尔摩公约》附件所列物质、重金属含量超过国家或者地方污染物排放标准的污染物，以及其他具有毒性可能污染环境的物质。为了方便大家理解本案以及对污染环境罪中的有毒物质有个整体概念，下文将对上述前三类予以解释。

1. 危险废物

关于危险废物，《固体废物污染环境防治法》(2020 修订)是这样要求的："国务院生态环境主管部门应当会同国务院有关部门制定国家危险废物名录，规定统一的危险废物鉴别标准、鉴别方法、识别标志和鉴别单位管理要求。国家危险废物名录应当动态调整。"《国家危险废物名录》(2021 年版)是 2020 年 11 月 25 日由生态环境部、国家发展和改革委员会、公安部、交通运输部、国家卫生健康委员会共同签发的，并于 2021 年 1 月 1 日起正式实施。那么接下来，我们就需要清楚几个关于危险废物的重要规定。

首先,我们来了解危险废物的特性。《国家危险废物名录》(2021年版)规定,具有毒性、腐蚀性、易燃性、反应性或者感染性一种或者几种危险特性的固体废物(包括液态废物)绝大多数情况下属于危险废物。当然,不排除具有危险特性,可能对生态环境或者人体健康造成有害影响的也可能属于危险废物。

其次,《国家危险废物名录》(2021年版)规定,危险废物名录由废物类别、行业来源、废物代码、危险废物、危险特性组成。其中行业来源是指危险废物的产生行业。危险特性主要有5种,分别是指对生态环境和人体健康具有有害影响的毒性(Toxicity,T)、腐蚀性(Corrosivity,C)、易燃性(Ignitability,I)、反应性(Reactivity,R)和感染性(Infectivity,In)。

再次,《国家危险废物名录》(2021年版)规定,危险废物与其他物质混合后的固体废物,以及危险废物利用处置后的固体废物的属性判定,按照国家规定的危险废物鉴别标准执行。

最后,《国家危险废物名录》(2021年版)的附录规定了豁免情节,制定了《危险废物豁免管理清单》,列入本名录附录《危险废物豁免管理清单》中的危险废物,在所列的豁免环节,且满足相应的豁免条件时,可以按照豁免内容的规定实行豁免管理。

2.《关于持久性有机污染物的斯德哥尔摩公约》附件所列物质

第十届全国人民代表大会常务委员会第十次会议决定:批准于2001年5月22日在斯德哥尔摩通过、同年5月23日中国政府签署的《关于持久性有机污染物的斯德哥尔摩公约》,同时声明,根据该公约第25条第4款的规定,对附件A、附件B或者附件C的任何修正案,只有在中华人民共和国对该修正案交存了批准、接受、核准或者加入书之后方对中华人民共和国生效。

2013年8月30日,第十二届全国人大常委会第四次会议审议批准《关于持久性有机污染物的斯德哥尔摩公约》新增列9种持久性有机污染物的《关于附件A、附件B和附件C修正案》和新增列硫丹的《关于附件A修正案》。2013年12月26日,我国政府向《关于持久性有机污染物的斯德哥尔摩公约》保存人联合国秘书长交存我国批准相关修正案的批准书。按照该公约的有关规定,修正案已于

2014年3月26日对我国生效。

目前,《关于持久性有机污染物的斯德哥尔摩公约》所列物质主要有艾氏剂、氯丹、滴滴涕、狄氏剂、异狄氏剂、七氯、六氯苯、灭蚁灵、毒杀芬及多氯联苯等持久性有机污染物。

3. 重金属含量超过国家或者地方污染物排放标准的污染物

《最高人民法院、最高人民检察院关于办理环境污染刑事案件适用法律若干问题的解释》(法释〔2023〕7号)中规定,排放、倾倒、处置含铅、汞、镉、铬、砷、铊、锑的污染物,超过国家或者地方污染物排放标准3倍以上的,应当认定为"严重污染环境";排放、倾倒、处置含镍、铜、锌、银、钒、锰、钴的污染物,超过国家或者地方污染物排放标准10倍以上的,应当认定为"严重污染环境"。

4. 危险废物鉴别

2019年2月,最高人民法院、最高人民检察院、公安部、司法部、生态环境部共同印发的《关于办理环境污染刑事案件有关问题座谈会纪要》记载,会议对危险废物如何认定以及是否需要鉴定的问题进行了讨论。会议认为,根据《最高人民法院、最高人民检察院关于办理环境污染刑事案件适用法律若干问题的解释》(法释〔2016〕29号)的规定精神,对于列入《国家危险废物名录》的,如果来源和相应特征明确,司法人员根据自身专业技术知识和工作经验认定难度不大的,司法机关可以依据名录直接认定。对于来源和相应特征不明确的,由生态环境部门、公安机关等出具书面意见,司法机关可以依据涉案物质的来源、产生过程、被告人供述、证人证言以及经批准或者备案的环境影响评价文件等证据,结合上述书面意见作出是否属于危险废物的认定。对于需要生态环境部门、公安机关等出具书面认定意见的,区分下列情况分别处理:(1)对已确认固体废物产生单位,且产废单位环评文件中明确为危险废物的,根据产废单位建设项目环评文件和审批、验收意见、案件笔录等材料,可对照《国家危险废物名录》等出具认定意见。(2)对已确认固体废物产生单位,但产废单位环评文件中未明确为危险废物的,应进一步分析废物产生工艺,对照判断其是否列入《国家危险废物名录》。列入名录的可以直接出具认定意见;未列入名录的,应根据原辅材料、产生工艺等进一步分析其是否具有危险特性,不可能具有危险特性的,不属于危险废物;可能具有危险特性的,抽取典型样品进行检测,并根据典型样品检测指标浓度,对照《危险废物鉴别标准》(GB 5085.1-7)出具认定意见。(3)对固体废物产生单位无法确定的,应抽取典型样品进行检测,根据典型样品检测指标浓度,对照《危险废物鉴别标准》(GB 5085.1-7)出具认定意见。对确需进一步委托有相关资质的检测鉴定机构进行检测鉴定的,生态环境部门或者公安机关按照有关规定开展检测鉴定工作。

(二)司法中污染物的性质应如何确定

1. 关于危险废物定性的法律规定

为满足环境损害诉讼需要,加强环境发展、环境保护和环境修复工作,推进生态文明建设,2015年12月21日,经研究,最高人民法院、最高人民检察院、司法部,决定将环境损害司法鉴定纳入统一登记管理范围。

2016年12月23日,最高人民法院、最高人民检察院发布《最高人民法院、最高人民检察院关于办理环境污染刑事案件适用法律若干问题的解释》(法释〔2016〕29号),其中第13条规定,"对国家危险废物名录所列的废物,可以依据涉案物质的来源、产生过程、被告人供述、证人证言以及经批准或者备案的环境影响评价文件等证据,结合环境保护主管部门、公安机关等出具的书面意见作出认定";第14条规定:"对案件所涉的环境污染专门性问题难以确定的,依据司法鉴定机构出具的鉴定意见,或者国务院环境保护主管部门、公安部门指定的机构出具的报告,结合其他证据作出认定。"

2023年8月8日,最高人民法院、最高人民检察院发布新修订的《最高人民法院、最高人民检察院关于办理环境污染刑事案件适用法律若干问题的解释》(法释〔2023〕7号),该解释在对危险废物的定性上做了部分调整,其中第15条规定,"对国家危险废物名录所列的废物,可以依据涉案物质的来源、产生过程、被告人供述、证人证言以及经批准或者备案的环境影响评价文件、排污许可证、排污登记表等证据,结合环境保护主管部门、公安机关等出具的书面意见作出认定";第16条规定:"对案件所涉的环境污染专门性问题难以确定的,依据鉴定机构出具的鉴定意见,或者国务院环境保护主管部门、公安部门指定的机构出具的报告,结合其他证据作出认定。"

2018年12月,最高人民法院、最高人民检察院、公安部、司法部、生态环境部共同召开座谈会,会议交流了当前办理环境污染刑事案件的工作情况,分析了遇到的突出困难和问题,研究了解决措施,对办理环境污染刑事案件中的有关问题形成了统一认识,并于2019年2月20日发布《关于办理环境污染刑事案件有关问题座谈会纪要》。其中第13条内容是关于危险废物的认定,具体内容为,"会议针对危险废物如何认定以及是否需要鉴定的问题进行了讨论。会议认为,根据《环境解释》的规定精神,对于列入《国家危险废物名录》的,如果来源和相应特征明确,司法人员根据自身专业技术知识和工作经验认定难度不大的,司法机关可以依据名录直接认定。对于来源和相应特征不明确的,由生态环境部门、公安机关等出具书面意见,司法机关可以依据涉案物质的来源、产生过程、被告人供述、证人证言以及经批准或者备案的环境影响评价文件等证据,结合上述书面意见作出是否属于危险废物的认定。对于需要生态环境部门、公安机关等出具书面认定意见的,区分下列情况分别处理:(1)对已确认固体废物产生单位,且产废单位环评文件中明确为危险废物的,根据产废单位建设项目环评文件和审批、验收意见、案件笔录等材料,可对照《国家危险废物名录》等出具认定意见。(2)对已确认固体废物产生单位,但产废单位环评文件中未明确为危险废物的,应进一步分析废物产生工艺,对照判断其是否列入《国家危险废物名录》。列入名录的可以直接出具认定意见;未列入名录的,应根据原辅材料、产生工艺等进一步分析其是否具有危险特性,不可能具有危险特性的,不属于危险废物;可能具有危险特性的,抽取典型样品进行检测,并根据典型样品检测指标浓度,对照《危险废物鉴别标准》(GB 5085.1-7)出具认定意见。(3)对固体废物产生单位无法确定的,应抽取典型样品进行检测,根据典型样品检测指标浓度,对照《危险废物鉴别标准》(GB 5085.1-7)出具认定意见。对确需进一步委托有相关资质的检测鉴定机构进行检测鉴定的,生态环境部门或者公安机关按照有关规定开展检测鉴定工作"。

2. 鉴定报告应符合相关技术规范

关于鉴定报告技术规范的重要性问题,将结合本案进行分析。正因为本案检察机关所提交的几个第三方公司出具的数份鉴定报告都存在一定技术或者实体问题,在律师有效辩护下,法院没有采信这些鉴定报告。

(1)关于鉴定机构没有加盖 CMA 章问题。

首先,《检验检测机构资质认定管理办法》第 15 条规定,质认定证书内容包括:发证机关、获证机构名称和地址、检验检测能力范围、有效期限、证书编号、资质认定标志;检验检测机构资质认定标志,由 China Inspection Body and Laboratory Mandatory Approval 的英文缩写 CMA 形成的图案和资质认定证书编号组成。式样如下:

此外,《检验检测机构资质认定管理办法》第 21 条规定,检验检测机构向社会出具具有证明作用的检验检测数据、结果的,应当在其检验检测报告上标注资质认定标志;第 35 条规定,检验检测机构未按照本办法第 21 条规定标注资质认定标志的,由县级以上市场监督管理部门责令限期改正,逾期未改正或者改正后仍不符合要求的,处 1 万元以下罚款。

同时,《国家认监委关于推进检验检测机构资质认定统一实施的通知》(国认实〔2018〕12 号)规定,未加盖资质认定标志(CMA)的检验检测报告、证书,不具有对社会的证明作用。D 鉴定公司出具的报告,未加盖 CMA,因此其报告不具有对社会的证明作用,也无法作为本案的证据。并且,其已涉嫌违反了我国的法律、法规,建议法院将违法线索移交市场监管部门进行处理。

其次,《司法鉴定程序通则》(2016 修订)第 23 条规定,司法鉴定人进行鉴定,应当依下列顺序遵守和采用该专业领域的技术标准、技术规范和技术方法:①国家标准;②行业标准和技术规范;③该专业领域多数专家认可的技术方法。B 鉴定公司出具的报告未采取上述 3 种依据,因此其数据也无法作为本案的证据。

(2)关于鉴定单位资质问题。

现已失效的法释〔2016〕29号文件第13条、第14条对污染环境罪案件中危险废物的定性作出了明确解释,即列入《国家危险废物名录》中的废物,可以依据涉案物质的来源、产生过程、被告人供述、证人证言以及经批准或者备案的环境影响评价文件等证据,结合环境保护主管部门、公安机关等出具的书面意见作出认定;对案件所涉的环境污染专门性问题难以确定的,依据司法鉴定机构出具的鉴定意见,或者国务院环境保护主管部门、公安部门指定的机构出具的报告,结合其他证据作出认定。由此可知,认定一种物质是否为危险废物,根据是否列入《国家危险废物名录》区分两种不同手段,其一为对于列入名录中的废物,由生态环境保护主管部门、公安机关出具书面意见,结合其他证据作出;其二是对于未列入名录中的废物,依据司法鉴定机构出具的鉴定意见或者生态环境部、公安部指定的鉴定机构出具的意见,结合其他证据作出。

本案中,嫌疑人丁所倾倒的液体,来源不清,成分不清,难以定性,应由司法鉴定机构出具鉴定意见或者由生态环境部、公安部指定的机构出具意见。但本案证据中,关于本案定性的证据为C环境监测有限服务公司第06-04号环境检测报告、第07-02号环境检测报告以及由检察机关于庭前会议提交的由C环境监测有限服务公司制作的《环境检测报告》(第06-00号)、《环境检测报告》(第07-00号),但C环境监测有限服务公司无论是从营业范围上看还是从司法部门公布的司法鉴定机构名单上看,都不具备司法鉴定的资质与能力。因此,依靠C环境监测有限服务公司出具的报告来认定涉案液体为危险废物为本案定性的证据严重不足,是错误的。

(3)关于鉴定报告所取数据的前置报告效力不足的问题。

环境损害评估报告中明确记载,其是依据C环境监测有限服务公司以及D鉴定公司出具的报告的内容所计算得出的评估金额,但上文已证明C环境监测有限服务公司及D鉴定公司的报告是错误的,是无法对评估报告提供证据支撑的。因此,环境损害评估报告无法作为认定赔偿金额的证据。

(4) 关于鉴定报告的技术问题。

《水质 pH 值的测定 玻璃电极法》(GB 6920-86)开篇的方法适用范围明确表明本方法适用于饮用水、地面水及工业废水的 pH 的测定,不适用于固体废物。但本案所涉问题是判断固体废物是否为危险废物,并非水质类别的监测。

鉴定固体废物是否为具有腐蚀性危险废物的国家标准《危险废物鉴别标准 腐蚀性鉴别》(GB 5085.1-2007)为国家强制性标准,必须强制执行,该标准规定的监测方法是《固体废物 腐蚀性测定 玻璃电极法》(GB 15555.12-1995),而非 B 县环境监测站检测用的《水质 pH 值的测定 玻璃电极法》(GB 6920-86),用错误方法得到的数据,不符合国家标准规定的监测依据方法。因此,该检测数据不能作为危险废物鉴别判断的依据。

(5) 关于样品采集数量问题。

孤零零的两个样品推定所有倾倒物,不符合《危险废物鉴别技术规范》(HJ 298-2019),违背刑事诉讼证据确实充分、排除合理怀疑的原则。其共有两个样品,取样位置分别为地面处和阀门处。国家规定取样点位和数量的标准 HJ 298-2019 中,明确规定了样品的份数。其中小于 5 吨的最少取 5 个样;15~50 吨的取 50 个样;500~1000 吨的取 80 个样。该监测报告既没有根据吨数进行参考也没有根据涉案面积进行参考,那么一共两个点位的两个样,是不具有代表性的,是无法证明近百吨的液体总体情况的。

3. 关于危险废物定量的问题

我国关于涉及非法倾倒、处置危险废物的定罪量刑中最重要的一项考量因素就是重量,其中 3 吨与 100 吨是重要的刑期节点。因此,危险废物的重量也是办理此类案件中的重要内容。

本案中,检察机关提供的起诉状,认定非法倾倒超过了 100 吨,这样刑期就在 3 年以上,但代理律师经过对证据的详细论证,认为重量应少于 100 吨。具体内容如下:

关于非法倾倒危险废物的重量与量刑的关系,《刑法》及《最高人民法院、最高人民检察院关于办理环境污染刑事案件适用法律若干问题的解释》作出了明确规定,非法倾倒3吨以上,属严重污染环境,法定刑期在有期徒刑3年以下;非法倾倒100吨以上,属情节严重,法定刑期为3年以上7年以下。关于本案中,涉及A公司的废物总量,对本案的量刑至关重要,因为这不但关系到被告人秦某某的刑期,也关系到刑罚的公平与正义。

根据丁的笔录可知,丁不仅仅从A公司收取硫酸铵溶液,也从其他地方收取硫酸铵溶液。那么关于本案中有多少硫酸铵溶液是由A公司提供就至关重要。关于本案所涉及液体流转的流程是A公司将其化学中间体通过货车运输到被告人丁指定场所,那么认定A公司所涉及的总量,应该需要A公司、货车司机、丁三方陈述以形成完整的证据链来综合评判。本案中,为A公司运输液体的共有3名司机,结合其作为证人所陈述的内容可以得出,丁倾倒A公司的溶液重量为56.6~64吨,倾倒未遂重量最多为33吨。

《关于办理环境污染刑事案件有关问题座谈会纪要》对污染环境罪犯罪未遂的认定为"由于有关部门查处或者其他意志以外的原因未得逞的情形,可以污染环境罪(未遂)追究刑事责任";又因为污染环境罪应认定为结果犯,应以是否造成了环境污染作为定罪量刑的标准。因此,在未查清事实的情况下,本案涉及A公司的溶液重量最多为56.6~64吨,倾倒未遂的重量最多为33吨。

(三)应充分利用行政手段取得证据

前文提到了司法机关更愿意相信鉴定机构出具的意见,即便鉴定报告存在各种问题。但前几次庭前会议与庭审的效果并不理想,因此代理律师想到了向行政机关举报鉴定机构非法出具鉴定报告的问题,以此来使司法机关采信鉴定报告的问题。

首先,向上级生态环境主管部门提出投诉,举报鉴定机构非法出具鉴定报告。上级生态环境主管部门依职权对D公司进行检查,发现了其存在超范围检测、鉴别方法应用错误、由不是公司人员签字、检测人员造假等问题,最终结论是该鉴定报告效力不足,不能作为认定涉案物质为危险废物的证据。

其次,向市场监管机构提出投诉,举报鉴定机构超资质经营问题。由市场监管机构对鉴定公司进行立案查处。

最终,通过上级生态环境保护主管部门的意见以及市场监管机构的调查结果,法院没有采信这几份鉴定报告。

❖ 律师介绍

王萌,中共党员,北京盈科(沈阳)律师事务所律师,盈科沈阳医药卫生健康产业法律事务部副主任,沈阳广播电视台嘉宾律师。

某材料科技公司并购与整合项目中的环保合规法律服务项目非诉案例解析

一、服务背景

介绍基本案情,服务背景和工作目标。除案件事实外,还可包含能反映案件影响力的因素。

本项目为公司并购与整合阶段的环保合规项目,包括环保合规风险点在内的合规尽调是在并购尽调过程中完成的,而合规的整改、建制、运行与改进等实质工作,是在收购完成后的整合阶段,作为收购后整合工作的重要组成部分进行的。

因此,本项目的工作目标,除环保合规外,还要配合整改工作的相关目标与工作进度,统一协调进行。

二、目标公司概况

该材料公司具备高分子材料(除危险品外)、塑料制品、合成材料、环保材料及制品的研发、生产、销售,以及材料科技、化工科技领域内的技术咨询、开发与服务等相应资质资格能力;拥有"高性能抗静电 PC/ABS 合金及其制备方法和应用""耐候性雾面聚碳酸酯再生料及其制备方法"等多项发明专利技术。

同时,材料公司拥有面积为 28,247 平方米的土地使用权、建筑面积 14,685 平方米的厂房、年产 8 万吨注塑挤出塑料制品与再生塑料造粒设备的生产线设备、年产 5000 吨改性塑料粒子的生产线、污水与废气处理等排污设备设施(核定的纳入总量控制的污染物及总量控制指标值分别为:CODcr 0.58t/a,氨氮 0.012t/a,VOCs 2.859t/a,烟粉尘 0.173t/a),以及相应的排污许可证、固体废物跨省转移利用及运输资质等。

收购完成前,材料公司已取得生态环保部门的环保批文以及《排污许可证》《限制进口类可用作原料的固体废物进口许可证》《安全生产标准化三级企业证书》《质量管理体系认证证书》(ISO 9001:2008)等资质资格文件。

三、环保合规尽调的重点

主要集中针对环保合规制度不健全,环保制度与组织运行不到位,环保设施不正常运行,环保资质手续不完善,排污许可管理不到位,在线监测设施采购、安装、调试、运营、维护和异常数据处理不当,环保督察和执法检查应对不力等环境风险合规问题。

四、合规服务的重点

该项目除作为生产性企业所应具备的消防、质监、安全生产等常见合规外,重点需要对工厂运行可能对土壤污染防治、水污染防治、大气污染防治、固体废物污染、噪声污染防治、辐射污染防治造成的影响,以及(自动)监测等环保领域的合规进行尽调,排查环保合规风险点,进而建立健全环保合规制度并有效运行。

五、服务步骤与方案

1. 收购阶段的环保尽调。
2. 收购阶段与整合初期的环保风险点调查。
3. 汇总尽调结果、提炼主要风险点。
4. 识别汇总合规义务与责任。
5. 制定环保合规制度、建立环保合规管理机构、配置专业合规人员。
6. 环保合规制度与运行的培训。
7. 环保合规制度有效运行测试。
8. 优化环保制度与运行。

六、工作成果

1. 合规义务与合规风险点调查报告。
2. 责任风险评估报告。
3. 环保合规制度(含环保合规制度、工作表单、工作流程)。

4. 环保合规培训。

5. 环保执法应对指导。

6. 合规培训等专项合规法律服务。

七、律师评析

1. 典型意义

说明案件的典型意义(可引用官方报道等)、启示、警醒等,宜就事论事,不宜讲太多空泛的理论。

2. 法律评析

该部分内容重点为体现律师的专业性。

宜分析主要法律问题,可分论点展开具体分析,特别是控辩方有争议的焦点。但应就事论事围绕案件本身进行法律分析,尽量简洁明了,无争议问题不宜过多阐述。另外,该部分内容可包含对某类案件或某个问题的研究、探讨,或法律风险梳理等。

八、部分工作成果展示

生态环境合规风险点清单

针对与案涉项目相关的企业,我们整理了244项合规风险点,其中环境评价类11项、土壤污染防治类19项、水污染防治类28项、大气污染防治类30项、固体废物污染类37项、噪声污染防治类13项、辐射污染防治类38项、排污许可类19项、(自动)监测类24项,以及其他污染防治类23项,部分展示如表1所示。

表1 生态环境合规风险点清单(部分)

序号	生态环境合规风险点(244项)
一	环境评价类(11项)
5	接受委托编制建设项目环境影响报告书、环境影响报告表的技术单位未按照技术规范要求编制环境影响评价文件
6	建设单位编制建设项目初步设计未落实防治环境污染和生态破坏的措施以及环境保护设施投资概算,未将环境保护设施建设纳入施工合同,或者未依法开展环境影响后评价

续表

序号	生态环境合规风险点(244项)
7	建设单位在项目建设过程中未同时组织实施环境影响报告书、环境影响报告表及其审批部门审批决定中提出的环境保护对策措施
8	需要配套建设的环境保护设施未建成、未经验收或者验收不合格,建设项目即投入生产或者使用,或者在环境保护设施验收中弄虚作假
9	建设单位未依法向社会公开环境保护设施验收报告
二	土壤污染防治类(19项)
1	土壤污染重点监管单位未按年度报告有毒有害物质排放情况,或者未建立土壤污染隐患排查制度
2	企业事业单位未采取相应的土壤污染防治措施拆除设施、设备或者建筑物、构筑物
3	土壤污染重点监管单位未制定、实施土壤污染防治工作方案拆除设施、设备或者建筑物、构筑物
16	土壤污染责任人或者土地使用权人风险管控、修复活动完成后,未另行委托有关单位对风险管控效果、修复效果进行评估
19	土地使用权人未按照规定将土壤污染状况调查报告报地方人民政府生态环境主管部门备案,拒不改正
三	水污染防治类(28项)
1	利用岩层孔隙、裂隙、溶洞、废弃矿坑等贮存石化原料及产品、农药、危险废物或者其他有毒有害物质的
25	不按照规定制定水污染事故的应急方案
26	水污染事故发生后,未及时启动水污染事故的应急方案,采取有关应急措施
27	在饮用水水源保护区内从事船舶制造、修理、拆解作业
28	在饮用水水源保护区内利用码头等设施或者船舶装卸油类、垃圾、粪便、煤、有毒有害物品擅自拆除、覆盖、擅自移动饮用水水源保护区地理界标、警示标志、隔离防护设施或者监控设备
四	大气污染防治类(30项)
1	排放大气污染物超标的
27	企业事业单位和其他生产经营者未按照挥发性有机物排放标准、技术规范规定组织生产管理

续表

序号	生态环境合规风险点(244项)
28	除工业涂装企业以外的其他产生挥发性有机物的工业企业未按照国家和省的有关规定建立、保存台账
29	石油、化工、有机医药及其他生产和使用有机溶剂的企业未根据国家和省的标准、技术规范建立泄漏检测与修复制度,对管道、设备进行日常维护、维修,减少物料泄漏或者对泄漏的物料未及时收集处理
30	未按照排污许可证规定控制大气污染物无组织排放
五	固体废物污染类(37项)
1	产生、收集、贮存、运输、利用、处置固体废物的单位未依法及时公开固体废物污染环境防治信息
2	将列入限期淘汰名录被淘汰的设备转让给他人使用
35	贮存设施或者设备不符合环境保护、卫生要求
36	未安装污染物排放在线监控装置或者监控装置未经常处于正常运行状态
37	以拖延、围堵、滞留执法人员等方式拒绝、阻挠固体废物有关监督检查,或者在接受监督检查时弄虚作假的
六	噪声污染防治类(13项)
1	建设项目中需要配套建设的环境噪声污染防治设施没有建成或者没有达到国家规定的要求,擅自投入生产或者使用
2	无排污许可证或者超过噪声排放标准排放工业噪声的
3	拒报或谎报有关环境噪声排放申报登记事项
4	未经生态环境主管部门批准,擅自拆除或者闲置环境噪声污染防治设施
13	违反《噪声污染防治法》第43条第2款、第44条第2款的规定,造成环境噪声污染
七	辐射污染防治类(38项)
1	不按照规定报告有关环境监测结果
2	拒绝环境保护行政主管部门和其他有关部门进行现场检查,或者被检查时不如实反映情况和提供必要资料
32	托运人、承运人未按照核与辐射事故应急响应指南的要求,做好事故应急工作并报告事故
33	未在含放射源设备的说明书中告知用户该设备含有放射源,逾期未改正
34	未按规定对相关场所进行辐射监测,逾期未改正

续表

序号	生态环境合规风险点(244项)
八	排污许可类(19项)
2	排污许可证有效期届满未申请延续或者延续申请未经批准排放污染物
3	被依法撤销、注销、吊销排污许可证后排放污染物
4	依法应当重新申请取得排污许可证,未重新申请取得排污许可证排放污染物
5	超过许可排放浓度、许可排放量排放污染物
17	排污单位未依法取得排污许可证排放污染物的
九	(自动)监测类(24项)
1	土壤污染重点监管单位未制定、实施自行监测方案,或者未将监测数据报生态环境主管部门
2	土壤污染重点监管单位篡改、伪造监测数据
3	未按照规定对所排放的水污染物自行监测,或者未保存原始监测记录
19	未按照排污许可证规定制定自行监测方案并开展自行监测
24	自动监控设施的管理运营单位弄虚作假,隐瞒、伪造、篡改自动监控数据
十	其他污染防治类(23项)
3	未按规定开展突发环境事件风险评估工作,确定风险等级
4	未按规定开展环境安全隐患排查治理工作,建立隐患排查治理档案
20	不按照规定的方式公开环境信息
21	不在规定的时限公开环境信息
23	需要填报排污登记表的企业事业单位和其他生产经营者,未依照规定填报排污信息

❖ 律师介绍

秦文宇,复旦大学法学院法律硕士,盈科上海资产管理法律事务部副主任、盈科上海青年律师工作委员会委员、盈科全国环境资源与能源法律专业委员会副主任、盈科全国数字经济法律专业委员会成员。同时,秦律师还担任上海市律师协会 ESG 专业委员会委员、华东师范大学法学院实训教师。秦律师是盈青绿律师团负责人,团队专注公司与商事、投融资并购、数据与资管、合规与 ESG、环资与能源等领域的诉讼与非诉法律业务。

污水处理设施项目专项债券发行法律服务项目

摘要 在 CD 高新区城乡污水处理设施建设改造项目申报发行专项债券法律服务工作中,法律服务团队为债券发行提供了全面合规审查服务和法律意见书出具。最终该项目发行 15,000 万元专项债券用作资本金,并组合市场化融资 16,000 万元解决资金缺口,为项目的建设实施提供了有力的资金支持。

一、服务背景

1. 法律政策背景

《中共中央、国务院关于全面加强生态环境保护 坚决打好污染防治攻坚战的意见》明确要求要实施城镇污水处理"提质增效"三年行动,加快补齐城镇污水收集和处理设施短板,尽快实现污水管网全覆盖、全收集、全处理。同时,该意见还要求中西部有较好基础、基本具备条件的地区生活污水乱排乱放要得到管控。污水处理及管网建设项目作为环境基础设施这个补短板领域的重要内容,近年依旧是地方政府投资重点。污水处理类项目是国内较早采用 BOT、PPP 的领域,通过签订特许经营协议并采用可行性缺口补助的方式实现收益回报。但近年来财政部开始规范清理清退 PPP 项目,污水处理设施项目采用 PPP 模式受到了挑战。

地方政府专项债券是在《预算法》(2018 修正)框架下,地方政府发行债券融资的一种债券形式,其具体是指省、自治区、直辖市政府(含经省级政府批准自办债券发行的计划单列市政府)为有一定收益的公益性项目发行的、约定一定期限内以公益性项目对应的政府性基金或专项收入还本付息的政府债券。2017年财政部印发的《关于试点发展项目收益与融资自求平衡的地方政府专项债券品种的通知》(财预〔2017〕89号)推出"中国版市政债",地方政府开始进行了大量探索实践,明确了包含污水、垃圾等生态环保类项目在内的多个资金投向领域。发行专项债券募集资金属于政府负债,投入污水处理设施项目建设,按《政府投资条例》(国务院令第712号)规定属于政府直接投资。专项债券项目关于项目收益与融资自求平衡的要求,给当前污水处理设施项目投资模式、资金筹集方式、收益实现及债券清偿带来了不少难题。

2. 项目基本情况

CD高新区城乡污水处理设施建设改造项目包含子项目一(CD高新西区污水处理厂提标工程)、子项目二(该地区12个乡镇居民污水处理提升改造工程),工程建设期限2年。其中,子项目一具体工程建设内容为:厂内工程包括故障设备更换、尾水提升泵站,厂外工程包括尾水管道工程、湿地工程,工程规模5.99万m^3/d。子项目二具体工程建设内容为:新建6座污水处理站、配套管网,以及部分配套污水主管网约16km,工程规模0.27万m^3/d。本项目总投资40,016.30万元,工程建设投资39,241.30万元,建设期利息费用620.00万元,发行债券相关费用155.00万元。

资金筹措方案中确定项目总投资的22.52%为财政投入项目资本金,即9008.30万元资本金从政府财政预算安排,计划发行专项债券15,000.00万元全部用作项目资本金,占总投资37.49%;项目建设资金缺口16,000.00万元使用市场化融资方式解决,约占总投资39.99%。

本项目收入来源主要为污水处理费收入。经合理预测,在债券存续期间,本项目可产生收入202,635.01万元,成本主要为外购燃料动力费、外购原材料、污泥处置及运输费、职工薪酬、修理费以及其他费用,在债券存续期内,项目运营成本为165,783.54万元,项目收益能够满足融资自求平衡。

3. 工作目标

依据《预算法》《证券法》《政府投资条例》等法律法规,以及地方政府性债务管理的相关规定,对项目进行合规性审查,帮助成功发行专项债券。

二、服务方案

地方政府项目与收益自求平衡专项债项目的申报发行工作,是一项涉及政府债务、政府投资、财务和项目管理等多方面的综合性事务,需要第三方中介机构对项目财务评价和项目合法性出具专业意见。法律服务团队应在充分尽职调查的基础上对相关事项进行逐一审查并出具法律意见书,难点主要集中在必要的项目前期手续合法性、交易结构设计(资金筹措)、收入合法性、资金管理和资产管理合规审查等方面,这涉及项目后期能否按照项目实施方案设定的建设运营模式进行建设和运营,最后实现收入和债券本息的清偿,确保项目全生命周期的风险管控,最终降低地方政府的债务风险。因此,具体服务过程一般分为尽职调查、法律审查和报告出具三个阶段。

1. 尽职调查阶段

法律服务机构和律师应当对所依据的文件资料内容的真实性、准确性、完整性进行必要的核查和验证。在尽职调查过程中,如果项目单位存有重大违法违规行为,或者发现企业提供的材料有虚假记载、误导性陈述、重大遗漏的,应当督促项目单位纠正、补充。

2. 法律审查阶段

专项债券发行法律审查至少包括对项目公益性、项目参与主体、必要的项目前期手续合法性、资本金组成和比例、资金筹措和发行额度、发行期限、收入合法性、偿还计划、项目收益和融资平衡、风险管理等情况,以及潜在的法律风险发表专业意见,主要审查要点如下:

(1)项目公益性审查。

项目公益性审核,是项目筛选的前提。地方政府结合当地经济社会发展需要,依据国家和地方各类规划、政策等,提出需要实施的项目,并建立项目库进行管理。自求平衡的地方政府专项债券项目需要项目兼具收益性和公益性。公益性非基于营利目的,服务社会公共利益,满足公众的基本需求。其注重社会发展长期利益。此外,专项债券用作项目资本金要求属于铁路、收费公路、干线机场、内河航电枢纽和港口、城市停车场、天然气管网和储气设施、城乡电网、水利、城镇污水垃圾处理、供水领域等类别,否则视为不符合专项债券用作项目资本金的要求。

(2)项目参与主体审查。

项目参与主体应符合相关规定,项目实施机构应为各地区政府或行业主管部门,或者合法授权的事业单位、企业;项目建设、运营主体适格,合法委托或者通过招投标方式选择建设、运营主体。专项债券用作项目资本金在申报时,项目单位应为企业单位,且不属于存在政府隐性债务的企业。

(3)必要的项目前期手续合法性(含产业政策)审查。

①产业政策合规。主要依据《产业结构调整指导目录(2019年本)》提出项目。同时,国家和地区还从不同领域制定了更加详细的产业政策,包括《市场准入负面清单》《西部地区鼓励类产业目录》《战略性新兴产业目录》《绿色产业指导目录》等。要确保提出的项目符合前述产业政策,否则不能获取资金支持。

②立项合规。除重大项目或有特殊要求项目需先编制项目建议书外,纳入相关发展规划或者前期工作深度达到项目建议书要求的项目,可直接编报可行性研究报告(代项目建议书)。经批准的可行性研究报告是确定建设项目的依据,主要由发改部门负责审批。

③生态环境合规。建设单位应当按照《建设项目环境影响评价分类管理名录》的规定,分别组织编制建设项目环境影响报告书、环境影响报告表或者填报环评影响登记表,未列入名录的则无须履行环评手续。

④用地手续合规。自然资源和规划部门在建设项目审批、核准、备案阶段依法对建设项目涉及的土地利用事项进行的审查,核发用地预审和选址意见书。划拨用地的应有划拨决定书,以出让方式取得的用地,应有国有土地使用权合同或国有土地权证。

⑤其他许可。根据地方政府审查标准,还需要建设用地规划许可证、建设工

程规划许可证、建设工程施工许可证等许可;在财政资金方面,需要地方财政部门对项目投资完成投资评审。

(4)资本金组成及比例审查。

依据《国务院关于加强固定资产投资项目资本金管理的通知》(国发〔2019〕26号)相关规定进行资本金比例审核,一般不低于20%。项目资本金可以来源于中央或地方财政资金,或者企业自有资金。专项债券用作项目资本金在申报时,项目资本金不能全部由专项债券组成,否则视为不符合专项债券用作项目资本金的要求,而且如果有其他资金作为资本金的情况,需提供相应资本金到位情况及证明。

(5)项目融资与收益平衡审查。

项目收益平衡的前提是项目具有收益属性,能够产生政府性基金收入或专项收入,是合规的收入。项目未来的收益预测由项目主体和选聘的第三方机构进行专业评估,确保项目未来现金流能够覆盖债券本息,一般要求本息覆盖率不能低于1.1%。

(6)项目资金管理合规审查。

按照相关规定,项目涉及的所有资金均采取"封闭式"资金管理方式进行监管,专款专用,专项用于项目建设和运营。项目建设单位和运营单位应当在财政主管部门选定的银行分别开立项目债券资金托管账户和偿债资金账户。项目运营期间,严格执行收入分账管理。项目运营单位应提前将项目收益从偿债资金账户向财政有关专户划转,由财政部门专门用于债本金和利息偿付,且必须保证在偿付专项债券本息的基础上能将多余收益用于偿还市场化融资。因此,在法律服务工作中,要审查项目方案对资金管理的安排,确保专项债券资金的"借、用、管、还"均依法合规,降低不合规风险。

(7)项目资产管理合规审查。

地方政府专项债券是针对有一定收益性的公益性项目发行的,因此作为政府投资所形成的资产属于国有资产。项目资产安全是项目收益能否顺利实现的关键,资产质量是决定信用风险的重要因素,项目本身获得稳定现金流的能力、项目能否按照预定期限和预定要求完工、产品或服务价格和项目运营成本的波动等对项目收益的实现起着重要作用,是决定项目质量的主要评估素。因此,在法律服务工作中,要审查项目方案对资产管理的安排,确保资产管理的安全性,降低不合规风险。

(8)风险管理审查。

地方政府专项债券最终的风险是债券不能清偿的风险,主要是对项目收入不能实现时的还款保障措施安排、组合融资情形下的市场化融资风险分担机制审查。尤其是市场化融资到期偿还责任安排,必须明确项目单位依法对市场化融资承担全部偿还责任保障措施,并制定风险分担架构。

3. 报告出具阶段

法律服务机构出具的专业报告应表述清晰准确,对应当审查的合规要点进行审查,结论性意见应有明确依据,还应充分揭示风险。法律意见书由两名以上执业律师签字,加盖法律服务机构公章。

三、办理结果

成功通过地方政府专项债券评审,并按照省级财政厅发行计划安排,通过省级人民政府作为发行人进行债券融资。

四、律师评析

(一)典型意义

污水处理设施项目作为城镇环境基础设施的重要组成部分,是一项保护生态环境、为子孙后代造福的公用事业工程。项目建成运行后,将有效地解决该地区的生活污水污染问题,提高人民的健康水平,改善城市的工作和生产环境,创造良好的投资环境,对推进生态文明建设具有重要意义。

采用地方政府专项债券并组合使用市场化融资方式,解决建设资金缺口,能够极大缓解地方政府财政支出压力,尤其是在中西部不发达地区,社会资本活跃度低,其采用的 PPP 模式存在较大的隐性债风险。为污水处理设施项目发行专项债券提供法律服务,有助于确保项目的合规性、可行性和可持续性,帮助地方政府专项债券加大对符合条件的污水处理项目的支持力度。

(二)法律评析

1. PPP 模式困境

2002 年 9 月,原国家发展计划委员会、原建设部、原国家环境保护总局发布《关于推进城市污水、垃圾处理产业化发展的意见》(计投资〔2002〕1591 号,已失效)鼓励社会投资主体采用 BOT 等特许经营方式投资或与政府授权的企业合资建设城市污水、垃圾处理设施,以及逐步实行城市污水、垃圾处理设施的特许经营。2017 年,财政部、住房和城乡建设部、原环境保护部和农业部联合发布《关于政府参与的污水、垃圾处理项目全面实施 PPP 模式的通知》(财建〔2017〕455 号,已失效),要求污水垃圾项目全面实施 PPP 模式。但因制度不全、项目申报不规范、监管不力等原因,包括污水垃圾处理项目在内的国内基础设施建设 PPP 项目爆发式增长但项目参差不齐、问题较多,财政部开始规范清理清退 PPP 项目。截至 2023 年年底,全国基本完成了 PPP 项目的清理。在这种背景下,污水处理类项目回归政府投资模式,采用政府直投方式,在一定程度上为污水处理类项目 PPP 的清理争取了时间和资金空间。

2. 交易结构设计(资金筹措)方面

首先,作为投资项目,需要满足资本金比例要求,根据《国务院关于加强固定资产投资项目资本金管理的通知》(国发〔2019〕26 号)的规定,"机场项目最低资本金比例维持 25% 不变,其他基础设施项目维持 20% 不变。其中,公路(含政府收费公路)、铁路、城建、物流、生态环保、社会民生等领域的补短板基础设施项目,在投资回报机制明确、收益可靠、风险可控的前提下,可以适当降低项目最低资本金比例,但下调不得超过 5 个百分点"。本项目满足资本金下调的类型,但是考虑本项目收益回报率较低,不做资本金下调安排。

其次,中共中央办公厅、国务院办公厅联合印发的《关于做好地方政府专项债券发行及项目配套融资工作的通知》提出允许将专项债券作为符合条件的重大项目资本金,这一规定使得重大项目融资所依据的资本金制度得到重大创新,让专项债券资金具备了债务性资金和权益性资金的双重法律特性。本项目作出安排,确定项目总投资的 22.52% 为财政投入项目资本金,即 9008.30 万元资本金从政府财政预算安排,计划发行专项债券 15,000.00 万元全部用作项目资本金,占总投资 37.49%,即该项目资本金比例达到 60.01%。

最后,本项目作出"专项债+市场化融资"的组合融资安排。《关于做好地方政府专项债券发行及项目配套融资工作的通知》特别强调"且偿还专项债券本息后仍有剩余专项收入的"情形,可以进行市场化融资。同时,该通知要求"地方政府加强专项债券风险防控和项目管理,金融机构按商业化原则独立审批、审慎决策,坚决防控风险",具体防控方式上,要求开展重大项目融资论证和风险评估,地方政府指导项目单位比照专项债券发行开展工作,向金融机构全面真实及时披露审批融资所需信息,由金融机构自主决策是否提供融资及具体融资数量并自担风险。本项目建设资金缺口 16,000.00 万元使用市场化融资方式解决,约占总投资 39.99%。

3. 项目收入合法性问题。

一直以来,污水行业的收入来源为使用者付费。收费模式形成了双轨制的格局,政府部门向排污方收取的处理费属于行政事业性收费,按收支两条线管理;特许经营模式下,企业向排污方收取的费用为经营服务性收费,由运营单位按照自愿有偿原则予以自收自支。经营模式不同,回报机制也不同。

但是,由于项目的公益性,使用者付费往往不足以维持项目成本,合理利润更无从说起。非 PPP 模式下,对于政府方和参与处理的企业单位来说,政府补贴的概念并不明显,污水处理类项目建设费用由政府资金解决,进入运营期后几乎所有成本均为政府支出范畴。对于排污者来说,鉴于我国"排污者付费"模式尚未完全健全,排污者支付的对价尚不足以支持对应的污染治理成本,差额部分可理解为"政府补贴",因"收支两条线",这部分补贴包含在政府支付的运营成本或采购价格中。

目前,政府发行收益与融资自求平衡的专项债券,募集资金投入污水、垃圾等生态环保类项目建设中,其属于《政府投资条例》(国务院令第 712 号)规定的政府直接投资范畴。但是目前国家和地方尚未对此项目收入机制作专门规定,按照专项债项目资产和权益管理要求,专项债项目应当封闭运行,政府可采用行政事业单位直接负责、委托企业运营、政府购买服务等方式运营,按照"收支两条线",优化污染者付费机制,项目运营成本全部由政府承担。同时,参考 PPP 项目收入回报机制,对于项目运营的缺口,设定项目运营补贴。

按照污水处理费的定义,污水处理费一般由向终端居民或企业收取的费用和政府财政补贴构成,以维持污水处理设施的正常运营。针对居民端价格,实行最低限价,依据国家发展和改革委员会、财政部、住房和城乡建设部联合发布的《关于制定和调整污水处理收费标准等有关问题的通知》(发改价格〔2015〕119 号)关于污水处理的收费标准,2016 年年底前,我区设区城市的城区污水处理收费标准原则上每吨应调整至居民不低于 0.95 元,非居民不低于 1.40 元;县(区)城、重点建制镇的城区原则上每吨应调整至居民不低于 0.85 元,非居民不低于 1.20 元。此外,《中共中央、国务院关于全面加强生态环境保护 坚决打好污染防治攻坚战的意见》(2018 年 6 月 16 日)明确提出"完善污水处理收费政策,各地要按规定将污水处理收费标准尽快调整到位,原则上应补偿到污水处理和污泥处置设施正常运营并合理盈利"。国家发展和改革委员会《关于创新和完善促进绿色发展价格机制的意见》(发改价格规〔2018〕943 号)对中共中央、国务院的该要求提出了具体措施,要"加快构建覆盖污水处理和污泥处置成本并合理盈利的价格机制,推进污水处理服务费形成市场化,逐步实现城镇污水处理费基本覆盖服务费用""建立城镇污水处理费动态调整机制。按照补偿污水处理和污泥处置设施运营成本(不含污水收集和输送管网建设运营成本)并合理盈利的原则,制定污水处理费标准,并依据定期评估结果动态调整"。因此本项目在收入定价方面,具体依据国家发展和改革委员会、财政部、住房和城乡建设部联合发布的《关于制定和调整污水处理收费标准等有关问题的通知》(发改价格〔2015〕119 号)关于污水处理的收费标准,但也考虑项目合理盈利所需的财政补贴部分,综合污水处理费单价(不含增值税)为 6.71 元/m³。

4. 资产管理风险

国有资产的管理是地方政府专项债券项目的一项重点。资产管理风险的产生是因为专项债券项目建设形成的国有资产为行政事业性国有资产,运营公司本身不享有资产的所有权,但作为受托方,直接管理国有资产,对于项目资产没有严格意义的权利和义务约束。因此,运营公司必须接受政府方的监督和指导,通过实际运营绩效进行考核。基于委托—代理理论形成的信息不对称,在项目国有资产的管理中,存在资产独立性、资产安全、资产效率不足、资产交易和资产流失等风险。因此,专项债券对应的建设项目在资产管理中,应要求资产权属明确、资产独立性得到保障,所在地财政部门会同行业主管部门、项目单位等对专项债券项目对应资产进行管理并独立进行收支核算,专项债券项目形成的国有资产和权益应当按照规定的用途管理使用,严禁违规注入企业或担保抵押。

❖ 律师介绍

裘晓燕,北京市盈科律师事务所律师。西南政法大学环境与资源保护法学硕士,曾任职省级生态环境部门。业务领域:环境资源法律服务、基础设施投融资、企业合规。

PART 2

第二篇

资源篇

赔偿渔业资源损失
全部用于渔业资源的增殖放流
——某公益组织、唐某非法捕捞案

> **摘要** 侵权人使用禁用网具非法捕捞,在造成其捕捞的特定鱼类资源损失的同时,也破坏了相应区域其他水生生物资源,严重损害生物多样性,其应当承担包括特定鱼类资源损失和其他水生生物资源损失在内的生态资源损失赔偿责任,在确定的时间、方式、物种、水域、购买单位进行放流,以达到环境修复的目的。

案情简介

2022年7月2日10时许,被告唐某在长沙县青山铺镇某村某河流域,利用地笼网在划定禁渔区、禁渔期非法捕捞水产品,被查获时共计捕获鱼虾、田螺1.5公斤。

2023年3月13日,长沙县农业农村局出具《关于长沙县人民检察院委托唐某非法捕捞水产品案渔业资源损害和生态修复费用的意见》,认为唐某非法捕捞渔获物的价值为45元,非法捕捞造成渔业资源损失45元、渔业资源修复费200元、渔业资源整治费200元、资源修复过渡期损害费300元、渔业资源调查费200元;建议该案渔业资源损害赔偿的增殖,由当事人在2020年省定放流单位中购买良种鱼苗投放至指定天然水域;建议加强对非法捕捞危害性和"十年禁渔"重大意义的宣传;告诫民众,引以为戒,杜绝非法捕捞行为。

另查明,2022年8月18日,长沙县人民检察院发布公告,履行公告程序,公告期内,原告湖南省某会向法院提出起诉要求,并申请法院支持起诉。

湖南省某会向法院提出诉讼请求:(1)判令被告承担渔业资源损害赔偿费900元,全部用于渔业资源的增殖放流,由被告从2020年省定放流单位中购买良种鱼苗投放至指定天然水域;(2)判令被告在本地市级以上媒体公开赔礼道歉,义务参与保护生态环境宣传活动3次;(3)判令被告支付原告湖南省某会办理本案合理的律师服务费、差旅费、打印费等费用共11,500元;(4)判令被告承担本案诉讼费。

▶ 办理结果

依据《长江保护法》第93条之规定,侵权人违反国家规定造成长江流域生态环境损害的,还应承担赔偿损失、修复生态及赔礼道歉等侵权责任。湖南省某会要求唐某赔偿渔业资源损失900元,从2020年省定放流单位中购买良种鱼苗投放至指定天然水域,并开展一周以内的禁渔巡护和宣传,以增殖放流、义务宣传、巡河护渔的方式恢复和替代性修复其行为对当地渔业生态环境和渔业资源造成的损害,具有事实和法律依据,法院予以支持。原告为本案诉讼确有律师费等相关费用的支出,但因其未能提供切实证据证明其支出费用的具体数额,故对应由唐某承担的原告为本案支出的合理费用,法院酌情认定为1000元。

综上所述,原告湖南省某会的诉讼请求成立,法院予以支持,支持起诉人长沙市开福区人民检察院支持原告湖南省某会起诉的意见成立。

最终判决如下:

(1)被告唐某在本判决生效之日起10日内赔偿渔业资源损失900元,全部用于渔业资源的增殖放流,由被告唐某从2020年省定放流单位中购买良种鱼苗投放至指定天然水域;

(2)被告唐某在本判决生效之日起10日内在市级以上媒体公开赔礼道歉,义务参与保护生态环境宣传活动3次;

（3）被告唐某支付原告湖南省某会办理本案合理的律师服务费、差旅费、打印费等费用共1000元；

（4）驳回原告湖南省某会的其他诉讼请求。

办案策略

捕捞者使用禁用网具非法捕捞，造成其捕捞的鱼类资源损失的同时，也破坏了其他水生生物资源，严重损害生物多样性，应承担生态资源损失赔偿责任。但普通的生态环境损害司法鉴定周期动辄数月，费用高达数千元甚至上百万元不等，且对鉴定材料要求较高。本案涉案金额小，如果进行普通的生态环境损害司法鉴定，耗费过大，诉讼效果和社会效果都会受到影响。

根据《最高人民法院关于审理环境民事公益诉讼案件适用法律若干问题的解释》（2020修正，以下简称《环境民事公益诉讼解释》）第23条规定，生态环境修复费用难以确定或者确定具体数额所需鉴定费用明显过高的，人民法院可以结合污染环境、破坏生态的范围和程度、生态环境的稀缺性、生态环境恢复的难易程度、防治污染设备的运行成本、被告因侵害行为所获得的利益以及过错程度等因素，并可以参考负有环境保护监督管理职责部门的意见、专家意见等，予以合理确定。

律师评析

一、典型意义

也许唐某会困惑，不过是网几条鱼的小事，检察机关、公益组织为什么要大费周章提起诉讼。我们要回应的是：生态环境遭到破坏，不是作出处罚给予警告就能了事的！生态遭到破坏，侵权人就应当予以修复。对唐某提起诉讼，既是保证生态得到有效恢复的需要，也是对包括唐某在内的肆意破坏生态环境的个人和单位的警醒：破坏生态易，修复生态难。

就本案而言，长江流域长期受拦河筑坝、水域污染、过度捕捞、挖砂采石等活动影响，长江水生生物的生存环境日趋恶化，生物多样性指数持续下降。为保护长江生态，国家对长江流域重点水域实行严格捕捞管理，实行10年禁捕计划。

在禁渔期、禁渔区使用禁用工具捕捞水产品,不仅会导致渔业资源被破坏、物种数量减少,还会破坏水生生物链的完整、水生生物多样性和水质,对水生态环境造成严重的不利影响。唐某违反保护水产资源法规,在禁渔区、禁渔期内使用禁用工具捕捞水产品的行为,造成了渔业资源损失,危及生物多样性和生态环境的平衡,破坏了长江生态,损害了社会公共利益,构成民事侵权,理应承担相应的民事侵权责任。

二、法律评析

(一)本案中关于赔偿生态环境损害费用的判决

《环境民事公益诉讼解释》(2020修正)第20条规定:环境无法完全修复的,可以准许采用替代性修复方式。人民法院可以在判决被告修复生态环境的同时,确定被告不履行修复义务时应承担的生态环境修复费用,也可以直接判决被告承担生态环境修复费用。生态环境修复费用包括制定、实施修复方案的费用,修复期间的监测、监管费用,以及修复完成后的验收费用、修复效果后评估费用等。

本案直接判决被告承担生态环境修复费用,被告非法捕捞造成捕获渔业资源直接损失根据专业行政部门的意见,判定为非法捕捞渔获物的价值为45元,非法捕捞造成渔业资源损失45元、渔业资源修复费200元、渔业资源整治费200元、资源修复过渡期损害费300元、渔业资源调查费200元。

(二)本案中关于赔偿生态环境损害费用用于增殖放流的判决分析

1.增殖放流的含义及恢复性司法手段

增殖放流即人工增殖放流,具体是指用人工方法直接向海洋、滩涂、江河、湖泊、水库等天然水域投放或移入渔业生物的卵子、幼体或成体,以恢复或增加种群的数量,改善和优化水域的群落结构。增殖放流是补充渔业资源种群与数量、改善与修复因捕捞过度或水利工程建设等遭受破坏的生态环境,以及保持生物多样性的一项有效手段。

增殖放流与补植复绿、支付生态修复费用一样,都是恢复性司法手段。增殖放流主要适用于非法捕捞水产品案件中。例如,本案判决被告唐某在本判决生效之日起 10 日内赔偿渔业资源损失 900 元,全部用于渔业资源的增殖放流,由被告唐某从 2020 年省定放流单位中购买良种鱼苗投放至指定天然水域。除去可能的损耗,应当能够预计其放生的河鱼数量超过其捕捞的数量,其破坏后果能够得到修复。

本案第二项判决,被告唐某在本判决生效之日起 10 日内在市级以上媒体公开赔礼道歉,义务参与保护生态环境宣传活动 3 次。这也是恢复性司法手段。

2. 赔偿生态环境损害费用与增殖放流的关系

在公益诉讼中,当原告人或者公益诉讼人提出相关的诉讼请求时,法院应当依法作出判决。赔偿生态环境损害费用是赔偿损失,补植复绿、增殖放流等方式的实质是恢复原状,均是符合民事诉讼规定的赔偿方式。本案判决唐某在本判决生效之日起 10 日内赔偿渔业资源损失 900 元,全部用于渔业资源的增殖放流,由被告唐某从 2020 年省定放流单位中购买良种鱼苗投放至指定天然水域。这是将赔偿损失费用限定用于恢复原状的特定用途,以达到修复受损环境的判决目标。

3. 本案判决唐某从 2020 年省定放流单位中购买良种鱼苗投放至指定天然水域的分析

唐某的非法捕捞行为对水生态系统和水生生物食物链造成了损害。虽然水生态系统有自我修复功能,但持续时间较长,通过人工修复进行干预将有利于尽快恢复受损的水生态环境。人工修复水生态是相对专业的事务,进行生态修复不得对生态环境造成二次伤害,一般需由具有专业知识和技能的人进行。本案的非法捕捞的损害后果相对不大,赔偿金额较小,由具有专业知识和技能的人进行增殖放流会增加诉讼成本。因此,本案直接判决被告自身完成增殖放流的要求,即确定放流时间、方式、物种、水域、购买单位,以达到环境修复的目的。

人民法院判决生态环境侵权人采取增殖放流方式恢复水生生物资源、修复水域生态环境,应当遵循自然规律,遵守水生生物增殖放流管理规定,根据专业修复意见合理确定放流水域、物种、规格、种群结构、时间、方式等。

(三)关于环境损害案件的赔礼道歉责任

《民法典》规定破坏生态侵权行为,应承担民事责任,并可适用惩罚性赔偿。

唐某非法捕捞水产品,破坏了水生生物资源,对水生态系统和水生生物食物链造成了损害,除承担生态修复责任外,还应承担赔礼道歉。理由是:本案受保护的合法权益具有社会公共利益属性,应适用赔礼道歉责任承担方式。保护自然环境平衡,促进人与自然和谐共生关系到每一个人的基本环境权益。水生生物资源是社会公众环境权益的重要内容,是社会环境公共利益的重要载体。对社会公共利益的侵权,应通过赔礼道歉方式承担责任。

❖ 律师介绍

王振林,北京盈科(长沙)律师事务所律师,法学学士,现任湖南省律师协会环境与资源法律事务专业委员会委员、民革湖南省第十五届委员会社会和法制委员会委员。主要专业领域:房屋、土地征收与流转、环境污染纠纷。

建设工程压覆矿产资源
究竟应该如何赔偿

——一起最高人民法院指令再审后维持原判的压覆资源案

案情简介

《矿产资源法》第33条规定："在建设铁路、工厂、水库、输油管道、输电线路和各种大型建筑物或者建筑群之前,建设单位必须向所在省、自治区、直辖市地质矿产主管部门了解拟建工程所在地区的矿产资源分布和开采情况。非经国务院授权的部门批准,不得压覆重要矿床。"

近年来,因大型工程压覆已探明的矿产资源引发的纠纷越来越多。这类纠纷一旦不能得到妥善解决,就会给矿山企业造成巨大损失,有时还会引发矿业权人对建设工程的阻工以致影响工程工期,甚至严重影响社会稳定。

本案就是一起因铁路工程压覆矿产资源而引发的矿业权侵权纠纷。起因是,2008年某国有控股的A铁路公司(本篇以下简称A公司)筹建一条铁路时,得知在拟建铁路线外300米至1000米范围内有B公司的一处探矿权勘查区。当时,该勘查区内已查明有可供开采的铅锌矿资源,B公司正在为申请探矿权转采矿权即探转采做准备。根据当时事发地河北省国土资源厅的规定,建设项目单位与矿业权人协商签署互不影响协议的,可以不作压覆处理。据此,双方协商后于2012年6月签订了确保安全生产协议书。此后,A公司按原计划的铁路走向方案修建了铁路,B公司则逐步完善手续,准备申请采矿权。但是,当2006年12月B公司派人前往省国土资源厅就探转采事宜进行咨询时,被告知铁路线路两侧1000米范围内一律不得新设采矿权。为此,B公司以A公司修建的铁路压覆其已探明的储量导致其无法实现探转采、侵害其探矿权为由,向A公司提出索赔要求,A公司则以双方已签订过确保安全生产协议书、双方已按"不作压覆"处理完毕为由不同意赔偿。在协商不成的情况下,B公司于2007年1月向某市中级人民法院提起诉讼,请求法院判令A公司赔偿其探矿投入损失2707万元,并自主张权利之日起至实际给付之日止按中国人民银行同期贷款利率计算的利息,以及其预期资源收益损失人民币3000万元(以鉴定评估意见为准)。

办理结果

盈科律师代理A公司参加了全部诉讼活动。本案历经三级法院前后6个程序长达7年的反复审理后结案。这6个程序具体内容如下:

1. 一审判决。认定A公司对B公司不构成侵权,驳回B公司的全部诉讼请求。

2. 二审裁定。B公司提起上诉后,省高级人民法院认定A公司对B公司构成侵权,裁定撤销原判,发回重审。

3. 一审重审判决。根据矿业权评估机构出具的评估报告,判决要求A公司赔偿B公司因侵权造成的损失共4233万元(包括探矿权出让收益2791万元、勘查投入重置费1203万元和办证费用239万元)。

4. 二审重审判决。A公司不服一审重审判决提起上诉。省高级人民法院改判要求A公司赔偿B公司因侵权造成的矿业权损失2791万元,驳回B公司关于勘查投入重置费、办证费用及预期资源收益损失等其他诉讼请求。

5. 最高人民法院再审裁定。B公司不服二审判决,向最高人民法院提出再审申请。最高人民法院认定省高级人民法院二审判决"在未充分说明理由的情况下,对鉴定意见不予采纳,依据不足,认定基本事实不清",裁令省高级人民法院再审。

6. 省高级人民法院再审判决。维持二审重审判决(赔偿矿业权损失2791万元)。

办案策略

1. 在首次一审中，重点就铁路对资源不构成压覆进行答辩。

在实践中，建设工程在事实上和法律上是否对矿产资源构成压覆，是首先要解决的问题。本案中，A 公司的律师在一审中重点以双方曾签订过确保安全生产协议书故已按"不作压覆"处理完毕、B 公司从未向国土资源管理部门正式提出探转采的申请故其所谓 A 公司的铁路导致其无法实现探转采的观点并不成立以及 B 公司的项目始终未能通过环评审批才是其无法实现探转采的根本原因等意见进行答辩。最终一审法院采信了 A 公司律师的意见，认定 A 公司不构成压覆侵权，判决驳回 B 公司的全部诉讼请求。

2. 在法院尚未委托评估机构进行评估之前，律师即建议 A 公司自己先委托评估机构对被压覆情况做一次评估。

在建设工程压覆矿产资源的案件中，建设单位应对矿山企业赔偿多少，主要取决于压覆后对矿业权人造成的相关损失（主要矿业权）的评估结果。在实践中，不同的评估机构对同一项目的评估结果往往有非常大的差异。因此，本案中 A 公司的律师在诉讼之初便建议 A 公司根据 B 公司提交的资料先对 B 公司的损失做了一次评估。这样，当受法院委托的评估机构也出具评估报告后，A 公司就将这两份报告中的评估对象、评估方法、评估中采用的参数和评估基准日等相互对比，及时和准确地发现了许多问题，最终通过二审法院实现改判。

3. 敢于挑战权威，两次向法院申请通知矿业权评估师出庭质证。

矿业权评估报告专业性极强，评估师需兼有矿业知识、法律知识和评估等方面的知识。也正是由于以上原因，某些评估师出具的评估报告往往会出现与实际情况相脱节的情况。为此，A 公司的律师在庭下做了大量调研工作，在案件发回重审及再审时两次申请法院通知评估师出庭质证，通过质证使法院确认了评估报告中存在的重大问题，驳回了 B 公司的再审请求。

律师评析

一、典型意义

这是一起十分典型的建设工程压覆矿产资源案。双方在已达成"不作压覆"处理协议的情况下,因该协议无法履行发生争议而引发诉讼。原告起诉后,中级人民法院、高级人民法院各自两次作出4份不同的判决,最高人民法院以省高级人民法院二审判决认定基本事实不清为由裁令再审,最终省高级人民法院顶着巨大压力作出了维持原判的判决。

双方在处理这起纠纷中提出的不同意见以及三级法院裁判中体现的不同观点,对今后工程建设单位和被压覆资源的矿业权人以及代理律师处理同类事务,有着积极的启示作用。

二、法律评析

1. A公司按探矿权价值向B公司支付赔偿金后,已赔偿了B公司的直接经济损失,无须再增加其他任何赔偿。

依据《侵权责任法》的规定,"侵害他人财产的,财产损失按照损失发生时的市场价格或者其他方式计算"。也就是说,侵权责任赔偿以弥补权利人的损失为目的,故这种赔偿也被称为补偿性赔偿。在建设工程压覆矿产资源的案件中,受损害方损失的是矿业权(探矿权或采矿权),故侵权方应对受损害方矿业权的价值损失进行赔偿。

在本案首次一审时,法院应B公司的申请委托某矿业权评估公司对案涉探矿权的价值进行了评估,评估公司为此于2017年出具了《详查探矿权评估报告书》,评估值为2592万元。后因一审法院判决认定A公司不构成侵权,驳回了B公司的全部诉讼请求,所以也就未采信该评估报告。

案件发回重审时,该评估公司根据法院的委托于2019年又重新出具了一份《详查探矿权出让收益评估报告书》,评估值为2791万元。

但是,A公司的代理律师经详细比较和研究前后两份评估报告后发现,尽管评估公司两次出具的评估报告书的名称不同,但这两份评估报告的计算方法、计算公式是完全一样的,其中仅有极个别选取的参数略有调整。之所以两次的评估值之间有199万元的差值,主要是因为两次评估的基准日有两年的差距,而在这期间铅锌矿石的市场售价又有所上升。因此,B公司的详查探矿权出让收益评估值与探矿权评估值本质上就是一回事。换句话说,评估公司出具的所谓《详查探矿权出让收益评估报告书》等同于《详查探矿权评估报告书》,对案涉探矿权出让收益的评估值实际就是对探矿权市场价值的评估值。

A公司的律师在二审和再审中还向法院进一步分析了矿业权出让收益评估和矿业权价值评估这两个名称,其实这是在不同交易阶段对矿业权价值进行的评估的不同称谓。在矿业权交易一级市场(政府向矿业权人出让矿业权的阶段)称为矿业权出让收益评估,在矿业权交易二级市场(市场主体之间相互转让矿业权阶段)则称为矿业权价值评估。因为在理论上,国家对矿业权的出让收益本来就应该与同一时点的矿业权市场交易价格相同,故对国家出让收益的评估值在理论上也就与二级市场上矿业权交易价格即矿业权评估值相同。

通过上述分析可知,二审判决判令A公司按照评估公司2019年出具的《探矿权出让收益评估报告书》向B公司进行赔偿,实质上就是判令A公司按B公司探矿权的市场价值进行了赔偿。因此,在认定A公司侵犯了B公司探矿权的情况下,A公司根据该二审判决对B公司进行赔偿,就是全额赔偿了B公司的探矿权价值损失,也就是根据填平原则赔偿了矿业权人的全部直接损失,无须再赔偿其他损失。

2. 探矿权出让收益在法律上并不等同于资源储量价款。B公司在要求赔偿其探矿权出让收益的同时又要求赔偿其勘查投入等损失,这不符合《国土资源部关于进一步做好建设项目压覆重要矿产资源审批管理工作的通知》(国土资发〔2010〕137号)的规定。

为了解决建设工程压覆矿产资源的问题,原国土资源部于2010年发布了国土资发〔2010〕137号文。该文件规定,建设工程压覆矿产资源时,"补偿的范围原则上应包括:1.矿业权人被压覆资源储量在当前市场条件下所应缴的价款(无偿取得的除外);2.所压覆的矿产资源分担的勘查投资、已建的开采设施投入和搬迁相应设施等直接损失"。国土资发〔2010〕137号文的这一规定符合原《侵权责任法》中侵权赔偿应以赔偿直接损失为准的原则。本案发回重审时,一审法院正是依照此项规定并根据B公司的请求,委托评估公司对B公司的探矿权出让收益、勘查投入重置和办证费用三项费用进行了评估,并据此作出了要求A公司赔偿包括探矿权出让收益、勘查投入重置费和办证费用在内的三项损失的判决。

但是,A公司对此提出了异议。A公司律师在此后的诉讼中指出,B公司根据国土资发〔2010〕137号文提出以上诉求,是其混淆了矿业权出让收益和资源储量价款这两个概念。虽然自2017年我国开始收取矿业权出让收益金后不再收取矿业权资源储量价款,但并无任何一项法律法规确认这两者是同一项费用或其仅仅是名称上的变更。相反,对比2008年中国矿业权评估师协会发布施行的《矿业权价款评估应用指南》和2017年11月1日发布施行的《矿业权出让收益评估应用指南(试行)》可知,对矿业权价款的评估和对矿业权出让收益的评估并不一样(否则也无须重新发布一个新的指南)。这就充分证明两者并非同一费用。

总之,矿业权资源价款、矿业权出让收益和矿业权市场价值是三个不同的概念。根据国土资发〔2010〕137号文的规定,只有在判决赔偿资源储量价款的同时,才能同时判决赔偿勘查投入等其他直接损失。若按矿业权出让收益评估值或矿业权市场价值进行赔偿,因矿业权市场价值中已包含了评估基准日之前矿业权人为延续矿业权而发生的所有费用(包括勘查费用和办证费用等),就不能再赔偿后两种费用。一审法院重审时根据B公司的理解将出让收益视为资源储量价款,故其作出的三项费用一起赔的判决实际上构成对部分费用的重复计算,这并不符合国土资发〔2010〕137号文的规定。因此,省高级人民法院在二审和再审中采信了A公司律师的答辩意见,确认本案中的探矿权出让收益实际等同于探矿权市场价,改判为只按探矿权价值进行赔偿。

3. 只有在根据事实和法律准确查明并认定建设工程构成了对矿产资源的压覆,才能进一步考虑是否构成侵权、是否需要赔偿的问题。

本案中,A公司提出,双方均认可铁路用地边界外推300米范围内未压覆B公司的矿区范围,300米至1000米范围内与B公司矿区范围存在一部分重叠。在这种情况下,双方首先需要解决的问题是:要构成压覆,究竟应以铁路外推300米范围内为界还是以外推1000米为界,或者说,在铁路外300米至1000米范围内有矿产资源时,是否应认定为压覆。

B公司起诉时提出,根据《河北省矿产资源总体规划(2008—2015)》"铁路、高速公路两侧1000米禁止采矿"的规定,A公司修建的铁路边界在1000米范围内与B公司拟设矿区范围存在重叠因而构成压覆。而A公司辩称,《河北省矿产资源总体规划实施管理办法》《省国土资源厅建设项目压覆矿产资源管理办法》《铁路安全管理条例》均未规定铁路两侧1000米范围内禁止采矿,只要求矿山企业遵守相关的安全规程即可。特别是《河北省矿产资源总体规划(2008—2015)》颁布后,原河北省国土资源厅又发布了《河北省矿产资源总体规划实施管理办法》,该实施管理办法中的相关规定是,"高速公路、国道、省道两侧可视范围内新设露天采矿权的(包含已设探矿权转采矿权),矿区范围边界原则上自公路用地外缘起向外不少于1000米,并严格论证,采取必要保护措施,尽量减少对景观和环境的影响;铁路、高速公路、国道、省道两侧新设露天、地下采矿权的,还应当符合铁路、公路相关安全规程的要求"。所以,此次修改已取消了铁路两侧1000米范围内禁止新设矿权的限制,仅规定铁路两侧1000米内不能新设露天矿,地下采矿只要符合铁路安全规程的要求即可,而本案中B公司要建设的矿正好是地下开采的矿。《铁路安全管理条例》则规定,"在铁路线路两侧从事采矿、采石或者爆破作业,应当遵守有关采矿和民用爆破的法律法规,符合国家标准、行业标准和铁路安全保护要求。在铁路线路路堤坡脚、路堑坡顶、铁路桥梁外侧起向外各1000米范围内,以及在铁路隧道上方中心线两侧各1000米范围内,确需从事露天采矿、采石或者爆破作业的,应当与铁路运输企业协商一致,依照有关法律法规的规定报县级以上地方人民政府有关部门批准,采取安全防护措施后方可进行"。总的来看,现行法律法规并未一律禁止铁路两侧1000米范围内地下采矿。

此外,河北省人民政府办公厅于2015年1月发布的《关于张唐铁路压覆矿评估补偿工作的通知》规定,铁路两侧300米至1000米范围内已有的矿业权企业有开采意向的,经与铁路运输企业协商签订协议后,可以"不作压覆"处理。本案中的铁路是与张唐铁路在同一时期和同一地区修建的两条铁路,为此,本案中 A 公司与 B 公司参照省人民政府办公厅这一文件的规定,经协商后于 2012 年 10 月签订了确保安全生产协议书,同意 B 公司继续保留矿权。因此,无论从事实还是从法律角度看,本案都应按"不作压覆"处理。故 A 公司对 B 公司不构成侵权。

在此基础上,A 公司代理律师还向一审法院提供了一份最高人民法院作出的与本案情况极为相似的判例,以证明铁路、公路线路 300 米外与矿区范围有重叠的不构成资源压覆。因此,一审法院初次判决时完全接受了 A 公司的上述答辩意见,认定 A 公司的铁路对 B 公司的资源不构成压覆侵权,驳回了 B 公司的全部诉讼请求。

此后在二审法院审理期间因省政府出于严格保护生态环境的需要出台了新的限制性文件,以致高级人民法院认定原河北省国土资源厅确实已无法为 B 公司办理探转采手续,为此改判认定本案已构成压覆侵权。然而,一审法院首份判决完全采纳 A 公司上述抗辩意见充分说明,建设单位及所委托的律师在处理此类争议时,一定要从事实和法律两个方面认真论证是否确已构成压覆。特别是要密切关注不同层级法律法规的不同规定和相关文件的更替修订情况,以准确认定是否构成压覆侵权。

4. 要从矿产资源法和行政许可法两个角度分析探矿权人无法取得采矿许可证的原因,以查明矿业权人未能实现探转采是否由建设工程导致,即要查明两者之间的因果关系。

A 公司在一审法院首次审理时答辩提出,B 公司认为 A 公司修建的铁路影响了其办理探转采审批手续,但其依据只是原河北省国土资源厅某工作人员的一次口头的答复;B 公司亦认可其尚未向原河北省国土资源厅提交采矿权申请。A 公司修建的铁路于 2008 年开工建设,在铁路建设过程中,原河北省国土资源厅已审查通过了 B 公司提交的采矿权设置方案,并要求 B 公司准备相关资料,办理采矿登记手续。2014 年 1 月,某设计机构受 B 公司的委托编制完成了矿产资源开发利用方案。此时被告修建的铁路已经建成,而该方案确认"矿区西侧边界距离铁路约 395 米,矿体最西端距离铁路 507 米,地下开采生产系统最西段井口距离铁路

1100 米。以上铁路距本矿区较远,不存在相互影响问题"。该开发利用方案经 B 公司报请原河北省国土资源厅审查后已获批准。

特别是根据国务院发布的《矿产资源开采登记管理办法》的规定,采矿权申请人申请办理采矿许可证时,应当向登记管理机关提交包括申请登记书和矿区范围图、矿产资源开发利用方案、开采矿产资源的环境影响评价报告等 6 项必备文件,登记管理机关则应当自收到申请之日起 40 日内作出准予登记或者不予登记的决定,并通知采矿权申请人。但在本案中,B 公司从未向法院递交过其已提出过采矿申请但被书面驳回的证据,故其主张 A 公司的铁路压覆其资源以致无法实现探转采的诉讼主张并不符合《矿产资源开采登记管理办法》和《行政许可法》的规定。相反,A 公司已另外提交相关证据,证明 B 公司之所以未能申请探转采是因其拟设采矿权未能通过环评。一审法院首次审理时认为 A 公司说理充分,故在判决时认定 B 公司提交的证据不能证明铁路的修建直接导致其无法办理探转采手续,并驳回了 B 公司的索赔请求。

5. 律师代理意见。

B 公司诉 A 公司侵权损害责任纠纷案 (再审阶段)代理词(节选)

一、一审法院混淆了探矿权资源价款与探矿权出让收益的区别,其向矿业权评估机构出具的评估委托书中只要求评估公司对出让收益进行评估,而未要求对资源价款进行评估

首先,一审法院在 2019 年委托 L 公司再次进行评估前,并未提前就评估对象、评估基准日等与矿业权评估相关的重大事项征求被申请人 A 公司的意见,也未对申请人 B 公司拟提交的评估资料经庭审进行质证,而是直接将其提交给了评估机构。

其次,一审法院的本意是要按国土资发〔2010〕137 号文的规定对本案进行审理和判决,但因其将被压覆资源价款混同于探矿权出让收益,故其在向评估机构

出具的评估委托书中,将资源价款写成了探矿权出让收益。

评估师在庭审质证中并未否认被申请人提出的关于探矿权出让收益不同于资源价款的观点。评估师同时确认,该评估公司仅根据一审法院出具的评估委托书的要求,出了针对探矿权出让收益的评估报告书,而未对资源价款进行评估。

二、在评估机构未对涉案探矿权资源价款进行评估的情况下,一审法院按国土资发〔2010〕137号文的规定判令A公司赔偿B公司三项损失,适用法律错误

根据国土资发〔2010〕137号文的规定,压覆矿产资源"补偿的范围原则上应包括:1.矿业权人被压覆资源储量在当前市场条件下所应缴的价款(无偿取得的除外);2.所压覆的矿产资源分担的勘查投资、已建的开采设施投入和搬迁相应设施等直接损失。"一审法院据此规定作出了判令A公司赔偿B公司包括资源价款、勘查费用、办证费用在内的三项费用的判决。其中,资源价款的取值来源于评估机构对探矿权出让收益的评估值。本案中,因评估机构出具的报告是对探矿权出让收益的评估报告书而非对资源价款的评估报告书,故该一审重审判决适用法律错误。

三、探矿权出让收益评估值实际上等同于探矿权市场价值的评估值。本案中A公司按照探矿权出让收益评估值赔偿了B公司的损失,实际就是对B公司探矿权的市场价值做了赔偿

在庭审质证中,评估师已说明,探矿权出让收益和探矿权的市场价这两者仅是在矿业权一级市场和二级市场的不同称谓,探矿权出让收益的评估值实际上等同于探矿权市场价值的评估值。因此,其出具的探矿权出让收益评估报告书也就等同于对探矿权市场价值的评估报告书。

本案中,鉴于B公司矿产资源被压覆后的损失就体现在其探矿权价值的受损,而二审法院已查明评估公司评估出的探矿权出让收益是以该探矿权已查明的全部资源储量为基础评估出的价值,且该评估值等同于探矿权市场价值,为此,二审时法院改判A公司仅按出让收益评估值进行赔偿,而不再要求另行赔偿勘查投入损失和办证费用。如果认定A公司对B公司确已构成侵权,则A公司按二审

判决对 B 公司的探矿权出让收益(实际是对其市场价值)进行赔偿已充分赔偿了 B 公司的全部损失。

四、A 公司铁路压覆 B 公司探矿权下已查明的资源后,B 公司的唯一损失就是其详查探矿权市场价值的损失,故 A 公司只须按探矿权市场价值的评估价进行赔偿

根据本案侵权行为的发生时间,本案应适用当时有效的《物权法》和《侵权责任法》。

根据《物权法》的规定,矿业权属于用益物权的范畴,受《物权法》的保护。

根据《侵权责任法》的规定,侵权人应按侵权行为发生时对被侵权人造成的实际损失进行赔偿。

从实际情况看,建设工程项目压覆矿产资源的本质就是建设单位对他人矿业权的损害。在没有其他地面建筑等实物的情况下,赔偿的唯一对象就是矿业权本身。就本案而言,截至 2019 年 7 月评估机构出具探矿权出让收益评估报告书之时,B 公司唯一的资产就是探矿权,唯一的损失也就是其探矿权无法转为采矿权的损失,即详查探矿权灭失的损失。因此,根据《侵权责任法》的规定,这种情况下 A 公司应当而且只须对 B 公司详查探矿权市场价值进行赔偿。

五、由 B 公司详查探矿权的形成过程亦可知,B 公司前期购买普查探矿权的费用、详查阶段支出的勘查费用和办证费用都是其最终形成的详查探矿权的成本费用

据评估机构 2019 年出具的两份探矿权出让收益评估报告书已确认:

1. 涉案的两个探矿权最初是由天津华北地质勘查总院(以下简称天津华勘)于 2005 年申请设立的。

2. 2007 年 1 月,B 公司与天津华勘签订矿权转让合同书,以 1300 万元购买了当时还处于普查阶段初期的这两个探矿权。直至 2009 年年底,天津华勘才将这两个探矿权过户到 B 公司名下。过户之前,普查工作刚刚结束,天津华勘就普查阶段查明的 772.5 千吨铅锌矿资源向原河北省国土资源厅交纳了总计 314.47 万元的资源价款。

3. 自 B 公司取得探矿权之时,该探矿权转入详查阶段,B 公司此后继续委托天津华勘进行了该阶段的勘查工作,并为此支出详查勘查费用数百万元。2011 年 11 月,天津华勘提交的详查地质报告通过了原河北省国土资源厅的评审备案,评审备案的资源量增加至 2662.6 千吨。为编制地质报告、申请对经详查查明的资源储量进行评审以及在此后为了申请探转采,B 公司前后支出约 200 万元的办证费用。

4. 2019 年,评估公司以详查探矿权查明的全部储量为基础(其中既包括了详查阶段查明的储量,也包括了普查阶段查明的储量),对该探矿权的出让收益进行了评估,并出具了评估报告书。同时出具的对勘查投入的评估报告将天津华勘在普查阶段的勘查投入也列入了评估范围。

因最终的探矿权出让收益评估报告是以截至详查结束时查明的全部资源储量为基础计算的,故该评估报告中评估出的探矿权出让收益自然已覆盖了该详查探矿权形成过程中的全部成本和费用[包括 B 公司为购买(普查)探矿权而支出的费用、因进行详查而支出的新的勘查投入、进入详查后为办理相关评审备案手续和证件而发生的费用等前期全部成本投入]。

因此,B 公司勘查投入所形成的最终成果就是经详查后已确定的全部储量。在全部的资源储量已经作为评估时利用的资源储量参与评估且 A 公司已按此探矿权的市场价值评估值进行赔偿之后,若再要求 A 公司对其勘查投入进行赔偿,明显属重复赔偿。

综上所述,A 公司并不认为对 B 公司构成侵权(理由已多次陈述,此处不再赘述)。假如应认定构成侵权,A 公司按二审法院的判决以探矿权市场价值对 B 公司进行赔偿,就已补偿了其全部损失。B 公司主张另行赔偿其勘查投入损失和办证费用属于明显的重复计算,没有法律依据,依法应予驳回。

◆ 律师介绍

郝生凯,南开大学法律专业毕业。北京市盈科律师事务所合伙人律师。从事矿业法务工作三十年,兼具高级经济师资格和律师资格。主要业务领域为矿业法务和涉矿行政复议、行政诉讼及重大合同争议的解决。

撤销林权的行政决定被浙江省高级人民法院撤销

——赵某诉某县政府撤销林权行政诉讼案

> **摘要** 某自然村召开村民户代表大会并通过决议,同意将案涉山场和林木流转给赵某经营,赵某亦办理了林权流转申请登记,但县政府以流转合同中甲方村民代表签字非本人所签属于提供虚假权属证明材料为由,作出关于撤销林权证的决定,赵某不服该撤销决定提起行政诉讼。赵某在二审阶段委托沈晓刚律师作为代理人,浙江省高级人民法院最终作出终审判决,撤销了案涉县政府作出的关于被诉撤销林权证的决定。

案情简介

案涉某山场、林地使用权原属于某自然村,该自然村于2010年办理该山场林权证。2011年,该自然村召开村民户代表大会并通过决议,同意将上述山场和集体所有的林木流转给赵某经营。后赵某向所属县林业局提交了林权流转申请,并提交了流转合同及申请材料。该县林业局予以受理并作出林权登记发证前公示,于次月向赵某颁发林权证,并在该自然村原林权证"变更登记"栏予以标注。

2018年5月,该县林业局收到该县信访局转办的该自然村村民关于赵某骗取林权流转登记的报告,遂对该村村民联名信访事实进行调查。2018年10月,该县政府以流转合同中甲方村民代表签字非本人所签属于提供虚假权属证明材料为由,作出了关于撤销林权证的决定,撤销了赵某持有的案涉林权证。赵某不服,以该县政府为被告向该县所在地一审法院提起行政诉讼,要求撤销该县政府关于撤销林权证的行政决定。一审法院判决驳回了赵某的诉讼请求,赵某遂委托沈晓刚律师代理该案二审程序。

▸ 办理结果

本案一审败诉后赵某向二审法院提起上诉,并委托沈晓刚律师作为诉讼代理人。二审法院经审理裁定撤销一审判决并发回重审,一审法院经重审审理再次驳回赵某的诉讼请求。赵某再次上诉,经沈晓刚律师代理,浙江省高级人民法院作出终审判决,撤销一审法院判决,同时支持了赵某的诉讼请求,撤销了县政府作出的关于被诉撤销林权证的决定。

◆ 办案策略

该案是委托人诉请撤销行政机关作出的关于撤销林权证的行政决定的行政诉讼案件。本案涉及两个行政行为,即行政机关作出的向委托人颁发林权证的行政行为及撤销林权证的行政行为。这就决定了我们在代理案件过程中,首先应对行政机关向委托人颁发林权证的在先的行政行为的合法性、合理性进行肯定性评价,然后在此基础上对在后的撤销林权证的行为进行否定性评价,最终才有可能获得案件的成功。代理行政诉讼案件的基本思路,首先应审查行政行为的合法性,即被诉行政主体权限的合法性、行为依据(法律依据)的合法性、行为程序的合法性。经与当事人沟通案件背景事实并审查案件当事人提交的证据材料,我们认为,无论是在先的颁发林权证的行政行为,还是在后的撤销林权证的行政行为,本案行政主体权限及行政行为程序的合法性均不存在问题。本案的主要问题是,委托人在办理林权证时不存在"伪造"证据情形,而被诉行政机关作出撤销林权证却依据《浙江省森林管理条例》第44条的规定,即"有下列情形之一,经查证属实的,原发证机关应注销所发的山林权属证书:(一)发证所依据的证据是伪造的或者一方当事人隐藏、毁灭有关证据的……"明显属于适用法律错误。

由于案涉流转合同中转让方户代表签字确实非本人所签,如何说明非本人所签并非"伪造",就成了我们代理工作的重点方向。为此,我们做了如下工作:(1)对案涉事实进行重新梳理,以时间为维度制作了案件事实关键节点思维导图。

（2）对与村民同意案涉林权流转相关的证据进行了重新梳理，制作了专项证据清单，对每份证据的名称、时间、来源、核心内容进行了摘录，对证据中与村民同意林权流转相关的内容进行了重点标注。例如村民代表决议、针对村民代表决议的真实性调查、戴某录音材料、林权登记公示材料、补充协议、银行卡流水明细，以及公安机关对队长徐某及村民暨某等的调查笔录、徐某电话录音、队长徐某和村民李某的行政起诉状等证据。通过对上述证据内容所涉林权流转与流转合同约定的林权流转的"同一性"进行重点论述，进而证明案涉林权流转合同中转让方代表签字虽非本人所签，但林权流转系他们的真实意思表示，因而非本人所签不属于"伪造"。（3）在法庭调查中强调原告在办理案涉林权登记时所提交的权源资料及程序，完全符合《林木和林地权属登记管理办法》（已失效）第8条、第11条、第13条、第19条、第21条规定。（4）在法庭调查中强调本案案涉县政府在作出撤销案涉决定过程中，原告进行了书面申辩且提交了相关资料，足以证明流转合同并非"伪造"。上述案件焦点问题均在代理意见中进一步进行了详细阐述和论证。

律师评析

一、典型意义

本案属于诉请撤销行政决定的行政诉讼。通过办理该案，为其他律师在法律服务过程办理类似案件，提供了如下代理思路：

1. 合同及其他法律文件中的当事人签字非本人所签如何定性问题。对于合同及其他法律文件中的当事人签字非本人所签情形，不宜单纯以非本人所签为由简单粗暴地定性为"伪造"、"虚构"或"骗取"，而应结合事项办理过程中的其他法律文件分析所涉事项是否为当事人真实意思表示、是否属当事人本意，进而对非本人所签的情形作出最为合理的定性和判断。

2. 登记发证是以政府公信力为背书作出的行政行为，相关权证一旦颁发，非因法定原因不能随意变更、撤销。在登记发证的基本事实能够确认的情况下，如果仅存在程序上的微弱瑕疵或者非核心资料不完备，不能简单地否认登记发证的效力。

3. 从行政效率和效益的角度考虑，基于保护行政相对人的信赖利益和减少行政争议产生的考量,在登记材料的微弱瑕疵不足以影响实质处理结果时,权证颁发机关应避免采取撤销的方式进行"矫枉过正"式纠错,防止对行政相对人的合法权利产生重大不利影响。

二、法律评析

(一)代理意见摘录

本案争议的焦点为委托人在申请颁发林权证时提交的证据是否存在"伪造",案涉县政府作出的撤销决定是否具有事实和法律依据、程序是否合法。《林木和林地权属登记管理办法》(已失效)第 8 条规定:"林权权利人申请办理变更登记或者注销登记时,应当提交下列文件:(一)林权登记申请表;(二)林权证;(三)林权依法变更或者灭失的有关证明文件。"《某市森林资源流转和抵押试行办法》第 7 条第 1 款规定,"森林资源流转双方当事人应当签订书面合同";第 11 条规定:"林地使用权流转应当经林地所有权人同意";第 13 条规定,"集体所有并统一管理的森林资源需要流转的,应当经本集体经济组织成员的村民会议三分之二以上成员或者三分之二以上村民代表同意";第 19 条第 1 款规定,"流转合同签订后,流转双方当事人应当持下列材料向林业主管部门申请变更登记:(一)流转登记申请书;(二)流转双方当事人的身份证明或者法人资格证明,委托他人代为办理流转登记手续的,还应当提交由委托人签名或者盖章的授权委托书和受委托人身份证明,授权委托书必须记明委托事项、权限和时限;(三)流转合同;(四)林权证;(五)林地所有权人同意流转的书面证明;(六)林业主管部门要求提供的其他材料";第 21 条第 1 款规定:"对符合变更登记条件的,林业主管部门应当自受理申请之日起 3 个月内予以变更登记。林业主管部门向权利承受人核发新的林权证,在'注记'栏内载明流转信息,在权利出让人持有的林权证'注记'栏内载明流转变更情况和流转期限。新的林权证有效期限为流转期限。"

本案中,根据案涉县政府提供的撤销林权证告知书载明的内容,赵某 2011 年 5 月申请林权变更登记时提供了林权流转登记申请表、县森林资源流转备案表、林权使用权证、森林资源流转合同、村民户代表决议复印件、流转双方身份证复印件、乡政府调查证明等申请材料。其中,2011 年 3 月 5 日村民户代表决议及针对

2011年3月5日村民户代表决议真实性调查两份材料,可充分证明自然村村民代表经过表决同意将山场和林木资源流转给赵某,2011年3月5日村民户代表决议是到会户代表的真实意思表示。案涉流转合同中载明的林地所有权人已在该合同中签字盖章,可证明林地使用权流转已经林地所有权人同意,且乡政府作为鉴证单位也在该合同中盖章并载明"经集体研究,同意流转"。案涉流转合同中关于流转标的及流转形式、流转期限的约定亦与2011年3月5日村民户代表决议中内容一致。况且,县政府在作出被诉撤销决定的过程中,赵某提出了书面申辩,并提供了2011年10月25日与自然村签订的补充协议、2011年11月22日自然村户主代表同意将该山场再一次流转给某公司经营决议、赵某与某公司签订的流转合同、某县人民法院民事调解书解除赵某与某公司的合同等有关材料,以证明案涉山场2011年5月10日流转登记时自然村是知道并且同意的。

但案涉县政府以赵某取得林权时依据不足且合同签名不真实为由,认为县林业局在未核实合同签名真实性的情况下颁发案涉林权证属事实不清,因此作出被诉决定撤销案涉林权证。一审法院亦认为撤销林权证的行为并无明显不当。

我们认为,案涉县政府及一审法院对上述足以充分证明案涉流转合同的签订实际已获得相关权利人代表同意的大量证据视而不见,认定"赵某在申请山场的山场流转登记时,提供的流转合同中林权权利人11位代表签字存在不是本人签字的事实,属于提供虚假权属证明材料",属于明显的事实认定错误,理由如下:

其一,乡政府的调查结果显示案涉林权流转系自然村村民的真实意思表示,同时乡政府亦在案涉林权流转合同上加盖公章进行了见证。

其二,乡政府戴某、厉某对案涉林权流转前的村民代表决议的真实性进行了调查并制作了书面调查材料,确认了村民代表决议的真实性。在签订流转合同过程中,乡政府工作人员经电话联系确认为本人意愿后,以"见证人"身份在流转合同上加盖公章对合同的真实性予以确认。

其三,自然村对林权流转进行了符合法律要求的数次表决,上诉人赵某已支付部分流转款项且全体村民已领取流转款。

其四,案涉林权流转前的村民代表决议及流转后的款项支付凭证、补充协议及相关村民代表决议、再次流转的村民代表决议,均可证明案涉山场的林权流转及流转合同签订系原权利人的真实意思表示。其具体内容如下:

(1)流转合同签订前,自然村召开村民户代表会议,对案涉林权流转给上诉人经营进行表决,村民户代表全体一致通过表决。被上诉人在二审庭审中亦明确认可,该决议符合相关法律关于林权流转须经 2/3 以上村民代表同意的规定。(2)上诉人在与行政村及自然村村民户代表签订案涉流转合同后,自然村再次召开村民户主代表会议并形成户主代表决议,并于同日签订补充协议,在确认自然村村民同意将案涉林权流转给上诉人经营的基础上,对相关事项进行了补充约定。(3)上诉人根据签订的流转合同与补充协议,已向自然村队长徐某、副队长暨某支付部分流转款项,且款项已按照自然村人数实际分配给全部村民。(4)当年年底,自然村再次召开户主代表会议,就上诉人拟将案涉林权流转给某公司经营进行表决并形成决议,全体代表一致签字并捺手印,同意将案涉林权再次流转给该公司经营。(5)2015 年,自然村与上诉人再次签订补充协议,就案涉流转合同履行中的相关事项进行补充约定。该补充协议系针对案涉流转合同进行的补充,系对案涉流转合同林权流转真实性的再一次确认。

上述决议及补充协议均经自然村村民签字并捺手印,签字人数亦均符合相关法律关于林权流转须经 2/3 以上村民代表同意的规定。虽决议未涉及流转合同的具体内容,但决议均明确载明拟流转的林权证号、山场地名、面积及四至范围,与流转合同约定完全一致。因此,上述村民代表决议、补充协议、流转价款支付凭证已形成完整的证据链,可充分证明林权流转及流转合同的签订均系权利人的真实意思表示。

其五,自然村队长徐某在另案提起的诉讼中,亦明确表示案涉林权流转已经自然村村民一致同意。

2018 年,自然村队长徐某、村民李某向指定管辖法院提起行政诉讼,在行政起诉状中明确陈述,"自然村名下某林地经村民一致同意流转给赵某经营"。前述行政起诉状所述林权与本案案涉林权系同一林权。

2020 年,自然村向山场所属县人民法院提起民事诉讼,请求确认上诉人与自然村于 2015 年签订的补充协议有效。该补充协议系针对案涉林权流转合同进行的补充,自然村村民要求确认补充协议有效,亦说明案涉林权流转及合同签订系权利人的真实意思表示。

上述一系列证据相互印证,足以证明案涉林权流转及流转合同的签订系权利人的真实意思表示,流转合同中的权利人代表签字非本人所签系经授权的"代签"而非"虚假权属证明材料",不存在任何伪造、虚构事实的情形。被上诉人及一审法院对事实定性错误,而在此基础上适用《浙江省森林管理条例》第44条第1项、《市森林资源流转和抵押试行办法》第49条之规定撤销案涉林权证,亦属于适用法律错误。

二审法院浙江省高级人民法院亦认为,虽然赵某申请林权变更登记时提供的案涉流转合同存在某自然村代表签字不真实的瑕疵,但仅凭该瑕疵尚不足以否定某自然村同意转让案涉林地使用权及森林资源给赵某的事实。案涉县政府未综合考量林权流转双方的真实意思表示、林权流转的完整过程、赵某已支付40万元转让款且自然村接受等合同实际履行情况,仅凭流转合同中的签字不真实即认定赵某提供虚假权属证明材料,作出被诉撤销决定,属于事实认定不清。并且从行政效率和效益的角度考虑,基于保护行政相对人的信赖利益和减少行政争议产生的考量,案涉县政府未采取足够审慎的态度,在登记材料的瑕疵不足以影响到实质处理结果时,即采用撤销的方式进行纠错,对赵某的权利产生较大不利影响,亦缺乏必要性和合理性。综上所述,案涉县政府作出被诉撤销决定认定事实不清,主要证据不足,应予撤销。

(二)关于代理行政诉讼案件的共性思路的总结

首先,在行政诉讼案件审理过程中,法院普遍遵循司法谦抑性理念,对专业性较强的带一定技术属性的事实问题,通常不直接作出合法与否的审查判断,而是充分尊重行政机关的专业判断,不轻易否定行政机关基于行政权作出的判断及决定。因此,作为原告代理人,应重点审查被诉行政主体权限的合法性、行为依据(法律依据)的合法性、行为程序的合法性。

其次,由于法院与被诉的政府机关存在千丝万缕的联系,案件的审理易受各种因素干扰。上述因素均易导致法院在审理行政案件时,对撤销行政机关的决定通常极为审慎,对行政诉讼案件中原告的各种主张或诉求,极易走入为否定而否定的误区。司法实践中行政诉讼案件原告的低胜诉率也充分说明了这一问题。

因此,在代理行政诉讼原告办理案件时,应抓住案件的关键问题举证、说理并提供相关法律依据,比如行政机关的权限是否合法、法律依据是否合法、程序是否合法。

最后,在代理行政诉讼原告办理请求撤销行政机关作出的关于撤销权证类行政案件时,应重点关注行政相对人在申请办证过程中是否根据相关法律规定提交了相关权源依据文件,权源依据文件是否履行了必要的法律程序,如果部分文件存在瑕疵,则应关注该文件是否为权源依据的核心文件或该瑕疵是否构成重大瑕疵;颁证机关在撤销前,是否向行政相对人告知并说明理由,是否保障了行政相对人的知情权、陈述与申辩权、听证申请权;行政相对人如果进行了陈述与申辩或提出了听证申请,是否在陈述与申辩或申请听证时提供了充分的证据。

同理,在代理申请人或原告办理其他行政复议或行政诉讼案件寻求对行政机关的相关行政行为予以否定时,应对行政机关的相关行政行为是否存在"主要证据不足"、是否"明显违反法定程序"、行为是否"明显不当",结合案涉事实、证据及相关法律规定进行综合判断。如果证据尚不够充分但不充分的并非主要证据,程序虽不完全符合法律规定但仅系微弱瑕疵,或者行政行为虽有不当但尚不足以构成"明显不当",则不宜轻易对相关行政行为作出否定性判断。

◆ 律师介绍

沈晓刚,北京盈科(杭州)律师事务所律师,高级合伙人。美国亚利桑那州立大学 EMBA,浙江省律师协会资源与环境保护专业委员会副主任、浙江省及杭州市涉案企业合规第三方监督评估机制专业人员、杭州市中级人民法院特邀调解员、曾获最高人民检察院民事行政检察专家咨询网专家称号,主编出版《环境民事公益诉讼典型案例与实务精要》。业务领域:代理环境民事侵权私益诉讼、环境民事公益诉讼、环境损害赔磋商、环境行政处罚听证、环境行政复议等以及环保工程、环保设备买卖等民商事争议案件,为环境污染类刑事犯罪嫌疑人提供辩护,代理能源与资源类民事及行政案件,办理环保合规、环境尽职调查以及环境、资源与能源类企业投资并购等非诉业务,为环保企业提供常年法律顾问服务,双碳业务法律服务,ESG 报告编制法律服务。

洪灾应急中政府强拆行为
与企业采砂权保护

——泰昌公司采砂权纠纷案

摘要 本文详细分析了2016年7月洪灾后邢台市泰昌砂石料加工有限公司因采砂权合规性问题及违章建筑遭防汛抗旱指挥部紧急拆除而引起的法律纠纷。文章探讨了政府在紧急环境事件处理中的法律行动及其对企业操作的影响、采砂权合规管理,特别强调了在环境保护和经济发展之间寻求平衡的重要性,并提供了相关法律问题的实践指导和风险防范建议。

案情简介

2016年7月19日,邢台市发生了严重的洪涝灾害,大沙河多处出险,两岸群众生命财产安全受到严重威胁。泰昌砂石料加工有限公司(本篇以下简称泰昌公司)将其采石制砂设备安装于大沙河河道内。大沙河是邢台市的一条主要行洪河道,担负着重要的城市防洪、补水和生态恢复功能。为确保邢台市民的安全,2016年4月12日,邢台市防汛抗旱指挥部下发《关于依法拆除河道违章建筑的通知》(邢汛〔2016〕2号),要求大沙河内违章建筑于5月底前拆除,其中包括泰昌公司。随后,在8月1日和10日,指挥部分别发布邢西汛办〔2016〕53号和邢西汛〔2016〕23号紧急通知,要求各采石制沙厂在指定期限内清除河道内的违章建筑和物料,逾期将强制拆除并追究责任。2016年8月17日,邢台市防汛抗旱指挥部发布邢西汛〔2016〕28号执行决定书,并于8月18日强制拆除了泰昌公司的违章设施。

泰昌公司诉邢台市人民政府的案件有3个,案号分别为河北省邢台市中级人民法院(2016)冀05行初121号、河北省邢台市中级人民法院(2016)冀05行初122号、河北省邢台市中级人民法院(2016)冀05行初123号。在这一系列案件中,泰昌公司声称其拥有合法的采砂权,因此对邢台市人民政府的拆除行为提起行政诉讼。采砂权的合法性和合规性是此案的关键争议点。按照相关法律法规,泰昌公司必须证明其采砂权的合法获取与行使,并且其在河道内的采砂活动未违反防洪、环保等相关法律法规。这些是评估其诉讼请求合理性的关键因素。同时,本系列案件也涉及政府在紧急情况下依法实施强制措施的权力范围。

办理结果

案件一:(2016)冀05行初121号

我们作为邢台市人民政府律师团队全程参与本案。经过前期案情的调查分析,我们将本案主要辩点聚焦于证明相关政府行为的合法性、程序的合规性以及防汛抗旱指挥部的正当性,这与法院在开庭审理时的审判思路不谋而合。

本案的争议焦点主要集中在以下几个方面:

1. 邢台市原桥西区(2020年更名为信都区)防汛抗旱指挥部的合法性。原告泰昌公司认为原桥西区人民政府成立的防汛抗旱指挥部未经编委会批准,因此是一个非法组织。

2. 河道沙石料加工厂设施的清除行为。原告认为,防汛抗旱指挥部下发的关于清除其沙石料加工厂的通知是越权行为,他们认为指挥部没有资格对其加工厂采取行动。

3. 行政程序的合法性。原告质疑原桥西区人民政府和邢台市人民政府在处理其投诉时的行政程序是否合法,指责两级政府的答复和行政复议决定存在程序上的错误。

邢台市中级人民法院对案件的审理结果如下:

1. 认定原桥西区人民政府成立的邢台市桥西区防汛抗旱指挥部合法有效,根据《防洪法》（2016修正）的规定，该指挥部负责本辖区的防汛抗洪工作，其成立和行为均符合法律规定。

2.规定防汛抗旱指挥部有权对沙石料加工厂进行限期清除的行为合法。该行为是基于《防洪法》对于河道内障碍物清除的明确规定，属于依法履行职责。

3.认为原桥西区人民政府和邢台市人民政府对原告投诉的处理是合法和适当的，包括行政答复和行政复议决定在内，程序合法，适用法律正确。

法院驳回了原告泰昌公司的所有诉讼请求，确认了被告行为的合法性和处理决定的有效性。这一结果体现了我们团队依据法律规定处理复杂涉及环境的行政案件的专业能力。

案件二：(2016)冀05行初122号

本案的主要争议焦点有以下两个：

1.政府信息公开的请求与答复。原告泰昌公司申请要求原桥西区人民政府公开有关成立防汛抗旱指挥部的批准文件等信息。原告认为被告未能提供应公开的批准文件，且答复不符合法律规定。

2.防汛抗旱指挥部的合法性及其行动。原告质疑原桥西区防汛抗旱指挥部的法定性以及其对沙石料加工厂采取强制清除行动的合法性。

邢台市中级人民法院对案件进行审理后，作出以下决定：

1.邢台市原桥西区人民政府对原告的政府信息公开申请已经作出了答复，并且该答复符合《政府信息公开条例》（2019修订）的相关规定。原桥西区人民政府指出指挥部的成立依据《防洪法》，并非需要编办批准，同时根据该法律规定，指挥部对河道内的障碍物具有强制清除的权力。

2.邢台市人民政府在收到原告的复议申请后，依法受理、审查并作出了合法的行政复议决定书。

据此，法院认定原告的诉求缺乏合理依据，确认原桥西区人民政府的答复和行为合法、合规，因此驳回了原告的全部诉讼请求。

案件三：(2016)冀05行初123号

本案的争议焦点主要集中在以下方面：

1. 原桥西区人民政府的答复行为。原告泰昌公司在2016年8月19日向原桥西区人民政府提交了投诉举报材料，指出原桥西区人民政府未在法定期限内给予书面答复。原桥西区人民政府辩称通过电话进行了告知，但法院认为这种方式不符合法定答复程序，因此原桥西区人民政府未正确履行法定职责。

2. 邢台市人民政府的行政复议决定。泰昌公司对原桥西区人民政府未按时答复的行为提出行政复议申请至邢台市人民政府。邢台市人民政府未在法定时间内作出决定，并以原桥西区人民政府已通过电话方式告知为由，驳回了复议申请。法院认为这一决定事实不清、证据不足。

邢台市中级人民法院对案件进行审理后，作出以下决定：支持原告泰昌公司的诉讼请求，撤销邢台市人民政府作出的《行政复议决定书》（行复决字〔2016〕36号），责令原桥西区人民政府在60日内依法作出行政行为。

这一判决纠正了行政机构未依法履行法定职责的行为，并要求相关机构以合法的方式重新作出行政决定，但对本案的核心问题并无实质的影响。

◆ 办案策略

在接受邢台市人民政府的委托后，我首先从原告的采砂权情况入手确认两大方面，一是泰昌公司采砂权申请程序的是否合规，二是泰昌公司采砂权许可证是否现行有效。

1. 泰昌公司采砂权申请程序的合规性问题。

（1）申请程序的合法性。根据相关法律法规，泰昌公司采石制砂活动需要获得相应的采砂许可证。采砂的申请程序应当遵循《矿产资源法》（2009修正）、《水法》（2016修正）和《河北省河道采砂管理规定》等相关规定，确保其采石制砂活动的合法性。具体来说，泰昌公司需向县级以上人民政府或水行政主管部门提交申请，并经过相关环评和审批程序。

（2）环境影响评估（EIA）的完成。考虑到大沙河承担着重要的城市防洪、补水和生态恢复功能,泰昌公司的申请程序中必须包括环境影响评估报告。这是为了确保采砂活动不会对河流的生态环境和防洪能力产生不利影响。

(3)防洪安全评估。由于大沙河是邢台市的主要行洪河道,泰昌公司在申请采砂权过程中,应当重点关注其采石制砂活动对河道防洪安全的潜在影响。此外,其申请程序中必须包含对防洪安全的评估和保障措施,以确保不会因采石制砂活动降低河道防洪能力。

(4)紧急情况的应对措施。泰昌公司的采砂权申请程序中还应考虑其设施对紧急情况的响应措施。这包括在紧急通知发布的情况下,如何迅速、有效地拆除河道内的设施,以减少对河道防洪功能的影响。

2. 在审查泰昌公司采砂权许可证的有效性时,需要从以下几个方面进行细致的分析:

(1)许可证的发放程序。需要核实泰昌公司所持有的采砂许可证是否经过了合法的发放程序。这包括但不限于申请、审批、公示等环节,是否符合《矿产资源法》等相关法律法规的规定。

(2)许可证的内容。许可证上的信息,包括采砂区域、采砂规模、采砂方式、采砂期限等,都应当明确无误,并且与实际采砂活动相符。任何不一致之处都可能影响许可证的有效性。

(3)环境保护和防洪要求的遵守。泰昌公司的采砂活动必须符合环境保护和防洪的相关法律法规。

(4)紧急情况下的特殊规定。鉴于大沙河的特殊性,作为主要行洪河道,许可证中应当包含在紧急情况下,比如洪水等自然灾害发生时采砂活动应采取的措施。

(5)许可证的时效性。许可证的有效期十分关键。需要核实泰昌公司的许可证在拆除行为发生时是否仍然有效,包括是否在有效期内以及是否满足了所有延续有效性所需的条件。

(6)政府紧急通知的合法性与影响。邢台市防汛抗旱指挥部发布的紧急通知可能对许可证的有效性产生影响。需要审查这些通知是否符合法律规定,以及泰昌公司是否有足够的时间和条件来遵守这些通知。

（7）强制拆除前的法律程序。在政府采取强制拆除措施前,必须确保已经采取了所有必要的法律程序,包括但不限于提供足够的通知、给予合理的整改时间等。如果这些程序未被妥善执行,可能会影响政府行为的合法性,进而影响许可证的有效性审查。

在评估泰昌公司是否具有提起行政诉讼的合法立场时,关键在于其能否证明在申请采砂的过程中其已经充分考虑并遵守了所有相关的法律法规和安全要求。这包括但不限于合法获取采砂权、环境影响评估的批准、按照许可证规定的范围和规模进行采矿活动、制定并执行紧急情况的应急预案以及遵守更新的政策法规和与地方政府的有效沟通。

如果泰昌公司能够提供确凿证据表明其在申请和维护采砂权过程中的所有行为均符合规定的程序,并且在操作中遵循了包括环保和安全在内的所有必要措施,那么其采砂权的合法性得以成立。这将为其针对邢台市人民政府的拆除行为提起行政诉讼提供法律上的支持。但如果泰昌公司在申请采砂权的过程中存在程序上的疏漏,或者未能充分遵守环境保护、公共安全等方面的法律法规,那么其采砂权的合法性就会受到挑战,从而削弱其诉讼立场。

因此,只有当泰昌公司的许可证申请和采矿行为完全合法并符合所有相关法律法规时,邢台市人民政府的拆除行为才可能被认为是不恰当的,泰昌公司才可能在法律上获得救济。相反,如果泰昌公司未能遵守法定程序或忽视了环保和安全规定,那么政府的拆除行为可能是合法的,泰昌公司的诉讼请求可能会因此被拒绝。在审查过程中,泰昌公司须提供相应的许可证明、环评报告、应急预案、政策遵守记录等关键文件和证据,来证实其采砂权的有效性及其对于合法要求的遵守。这些证据将是评估泰昌公司是否有权提起行政诉讼以及邢台市人民政府行为是否合法的基础。

在完成上述审查后,我从委托人邢台市人民政府的角度切入再次确认两大方面问题:一是确认原桥西区防汛抗旱指挥部是否需要编委会批准,其是否有相关行政权;二是确认原桥西区人民政府以及邢台市人民政府就泰昌公司的行政申请答复是否符合法律规定。

首先,根据《防洪法》的规定,由县级以上地方人民政府组建的防汛指挥机构,其成员应包括相关部门、当地驻军及人民武装部的负责人等,其主要任务为指导本地区防汛抗洪工作。这一规定明确了原桥西区人民政府成立防汛抗旱指挥部作为专责机构在法律上的依据,从而使得泰昌公司关于该指挥部未经正式批准而属非法的论点不成立。

其次,依据《防洪法》第42条的规定,防汛指挥机构享有清除辖区内妨碍防洪安全的障碍物的权力。原桥西区防汛抗旱指挥部发布的《关于依法清除河道违章建筑的紧急通知》显示了该指挥部依法行使职权,履行其防洪职责。

最后,根据《政府信息公开条例》第13条和第24条的规定,原桥西区人民政府对泰昌公司的政府信息公开申请的处理流程严格遵守了法律规定的程序和要求。原告于2016年8月13日提交的申请中希望获悉防汛抗旱指挥部成立及行动的法律依据,原桥西区人民政府于2016年8月22日回应,明确指出防汛抗旱指挥部的成立根据了《防洪法》第39条第3款的规定,并依照第42条规定,该指挥部有权对河道内的阻碍物进行强制清除。这一回应表明原桥西区人民政府在处理信息公开申请方面的及时性及其严格的法律依从性。

对于原告就被告未告知批准文件公开性质及要求撤销信息公开告知书的指控,不存在充分的法律支撑。

律师评析

一、典型意义

本案例的典型意义在于它凸显了法治在现代社会中的核心作用,尤其是在企业经营和政府决策的过程中。在本案中,泰昌公司的行为受到了法律的审视,这提醒所有企业,无论其规模大小,都必须在其经营活动中遵守法律法规。这一点在涉及环境保护和公共安全的领域尤为重要,因为这些领域的法规旨在保护公众利益和维护可持续发展。

环境保护法规通常设定了严格的标准,以确保企业在追求经济利益的同时不会损害环境或公众健康。公共安全法规则要求企业采取必要措施,防止其活动对人民生命财产安全构成威胁。泰昌公司在本案中的行为被质疑是否符合这些法律要求,这一点对所有企业都是一个警示:法律不是可有可无的指导原则,而是必须遵守的规则。

此外,本案还展示了政府在处理公共事务时应如何遵循法律规定,保障信息公开,确保其决策的透明性和公正性。政府的透明性对于建立公众信任至关重要,而公正性则是确保所有利益相关者都能在公平的基础上参与决策过程的基石。在本案中,政府对泰昌公司的行政申请作出了回应,这一过程遵循了《政府信息公开条例》的规定,体现了政府信息公开的原则和要求。

因此,需要特别强调的是,在进行相关招商引资时,政府与企业需要注意一些问题。首先,政府在招商引资时,需要严格评估项目对环境的潜在影响,确保所有的经营活动都符合环境保护的要求,并采取措施以实现可持续发展。政府需要设置清晰的环境标准,并监督企业的执行情况;应确保采砂等影响环境的项目不仅能够带动地区经济发展,而且能够保护和促进公共利益,包括但不限于保障水资源安全、生态平衡和社区福祉;保持高度的透明度,确保所有的决策和审批过程都公开透明,为所有潜在的投资者提供公平的竞争环境;为企业提供稳定的政策支持,同时建立健全的监管机制,确保企业的运营活动符合法律和政策规定。

其次,企业在参与招商引资项目前,应充分了解和遵守当地的法律法规,包括环保法规、安全生产法规等,确保其业务活动合法合规;应积极承担社会责任,包括对环境的保护、对社区的贡献等,通过实际行动赢得社会的认可和支持;应对项目可能带来的环境、社会和经济风险进行全面评估,并制定相应的管理和应对策略,以降低风险,确保项目的长期可持续性。

二、法律评析

在泰昌公司与邢台市原桥西区(2020年更名为信都区)防汛抗旱指挥部之间的一系列纠纷中,涉及的核心法律问题包括政府行为的合法性、政府信息公开以及采砂权相关的法律分析。

首先,关于防汛抗旱指挥部的行为合法性。根据《防洪法》的相关规定,县级以上地方人民政府有权根据需要设立防汛抗洪指挥机构,以便更有效地组织和指导本辖区内的防汛抗洪工作。因此,原桥西区人民政府成立防汛抗旱指挥部的行为本身是依法履行职责,且不需经过市编委的批复,这一点在(2016)冀05行初121号案件中得到了明确的法律支持。

其次,在政府信息公开方面,根据《政府信息公开条例》的规定,政府机关应当依法及时、准确地向公众提供政府信息。在(2016)冀05行初122号案件中,邢台市原桥西区人民政府对于原告的信息请求作出回应,明确提供了防汛抗旱指挥部成立的法律依据,体现了政府信息公开的原则被有效执行。

关于采砂权的问题,根据《矿产资源法》及其相关行政法规,开展砂石料开采活动需要取得相应的采矿许可证。河道采砂,作为特殊的采矿活动,还需遵循《河道采砂管理条例》的相关规定。这些规定明确了河道采砂的许可、管理、监督及其环境保护要求,旨在确保水资源和生态环境保护与合理利用的平衡。在防洪法规和采矿法规的交叉领域内,防汛抗旱指挥部对于可能影响防洪安全的采砂活动进行管理和限制,是出于对公共安全和生态保护的考虑。因此,即便泰昌公司拥有合法的采砂权,其采砂行为也需符合国家关于防洪和生态保护的相关法律法规。

在处理此类跨领域的法律问题时,法院需平衡原告的经营权利与公共利益的保护之间的关系。总体来看,这一系列案件不仅涉及政府行为的合法性、政府信息公开的要求,还涉及采砂权的合法行使与环境及公共安全保护之间的协调。

泰昌公司与邢台市原桥西区防汛抗旱指挥部之间的一系列纠纷,涉及的核心法律问题彰显了在特定情形下,政府行为合法性、政府信息公开原则以及资源开发权利之间的复杂交织和平衡。但无论如何,对于企业与政府而言,只有合规才能带来机遇。

❖ 律师介绍

王楠,现任盈科济南女律师工作委员会主任、盈科济南公益委员会副主任、第十届山东省律协保险法律专业委员会委员。业务领域:科创型企业法律顾问、婚姻家事案件、ESG综合业务。所获荣誉:2023年度盈科全国优秀公益律师。

如何通过排除鉴定意见在侦查阶段撤案

——高某非法出售珍贵、濒危野生动物制品案

摘要 环境资源类案件高度依赖鉴定意见。对于刑事案件,如果能够排除鉴定意见的适用,可以在侦查阶段、审查起诉阶段撤销案件、不起诉,更好地保护当事人的合法权益。本案就是在侦查阶段提出了鉴定意见依据不足、不能作为定案依据的法律意见,达到了检察院不予批准逮捕、最终撤销案件的目的。

案情简介

2018年9月,当事人高某等3人在网上购买了10公斤名为"鱼干"的药材,在内蒙古自治区额济纳旗胡杨林景区摆摊销售。某天下午,额济纳旗森林公安局接到群众举报称有人贩卖野生动物制品。公安人员随即到现场查处,但未发现高某(因当时已经收摊)。后高某主动找到公安机关说明情况并上交了药材。公安机关调查后认为其出售的药材系国家二级保护野生动物细瘰疣螈(又名红瘰疣螈)制品,遂于10月19日以当事人涉嫌非法出售珍贵、濒危野生动物制品罪将其刑事拘留。

细瘰疣螈是一种两栖动物,属于两栖纲有尾目蝾螈科疣螈属。在1989年的《国家重点保护野生动物名录》中属于二级保护动物,是蝾螈科下的五种二级保护

动物之一。2021年的《国家重点保护野生动物名录》将细瘰疣螈改称棕黑疣螈,而将红瘰疣螈单独列为一个物种,均为二级保护动物。现在蝾螈科下已有一级保护动物1种、二级保护动物30多种,可见人们对于物种的认识也在不断地更新之中。

根据鉴定意见,涉案细瘰疣螈制品为去除内脏后风干而成,单只价值1500元。按此计算的涉案价值达100余万元,当事人面临10年以上有期徒刑的风险。根据《刑法》(2017修正)第341条第1款及《最高人民法院关于审理破坏野生动物资源刑事案件具体应用法律若干问题的解释》(法释〔2000〕37号)第5条的规定,非法出售珍贵、濒危野生动物制品价值20万元以上即可判处10年以上有期徒刑。①

办理结果

2018年11月23日,检察院作出不予批准逮捕决定书。当天,公安机关对当事人取保候审。2019年9月,公安机关告知当事人案件已撤销。

办案策略

家属第一时间委托律师进行辩护,律师介入后通过会见当事人以及与公安机关沟通,确定当事人出售"药材"的事实无争议。本案有争议的问题如下:

1. 涉案药材是否为珍贵、濒危野生动物制品?是否价值100余万元?
2. 当事人是否意识到涉案药材是珍贵、濒危野生动物制品?
3. 当事人是否构成自首?

显然,问题三是确定当事人构成犯罪后才需要解决的问题,问题二虽然是当事人本人的辩解理由,但是主观认识是一个难以查证的问题,在当事人不承认的情况下,司法审查主要是根据客观行为进行推定。至于这一推定是否有充分的依

---

① 根据自2021年3月1日起施行的《最高人民法院、最高人民检察院关于执行〈中华人民共和国刑法〉确定罪名的补充规定(七)》(法释〔2021〕2号)的规定,非法猎捕、杀害珍贵、濒危野生动物罪和非法收购、运输、出售珍贵、濒危野生动物、珍贵、濒危野生动物制品罪已经合并为危害珍贵、濒危野生动物罪一罪(仅罪名变更,《刑法》条文未变)。为叙述方便,本文仍使用当时的罪名。

据,控辩双方各执一词,很难说服对方。公安机关立案并拘留当事人已经说明了公安机关认为当事人是明知的。在侦查阶段,律师又无法看到案卷材料。因此,律师将辩护的重点放在问题一上,即鉴定意见是否可信。

野生动物类案件高度依赖鉴定意见,主要有两个原因。一是因为动物的种类本身就需要鉴定。很多野生动物,不要说在现实中见到,就是在电视媒体上也很少看到,甚至都没有听说过。比如本案中的细瘰疣螈,在接受委托之前,律师也没有听说过这个物种。二是因为珍贵、濒危野生动物制品属于禁止流通的物品,严格来说无法确认价值,但是刑事案件定罪量刑又需要有一个标准。有些动物制品如一个大熊猫标本可以直接按照数量定罪,但也有很多动物制品经过加工后无法直接按数量计算,如一双象牙筷子。珍贵、濒危野生动物有几百种,制品各不相同,很难作出统一规定。因此法律对珍贵、濒危野生动物制品的价值做一个拟制的规定,达到了相应的价值标准,就处以相应的刑罚。事实上,公安机关委托的鉴定事项就是涉案物品的"种类、保护级别和价值"。鉴定意见是这类案件定罪的关键证据。如果鉴定意见是不可信的,那么案件在侦查阶段就可以撤销。

律师评析

一、典型意义

1. 教育意义。"不明知"在法律上是不构成犯罪的理由,但在现实中很难成为成功的辩护理由。

本案当事人始终辩解自己不知道涉案物品是珍贵、濒危野生动物制品。客观地说,当事人一定知道这是珍贵、濒危野生动物制品也不符合实际情况。当事人没有这方面的知识和经验,很难确定地知道。但是,公安机关有这样一个推定:你卖这个东西,就应当知道这个东西是什么。这个推定是有生活经验作为基础的。而法律上的"知道"其实不要求确切地知道,而是包括了"应当知道"。"应当知道"当中就存在"事实上不知道"这个特殊情形。所以当事人在遇到这类问题时,不能心存侥幸。

2. 程序意义。律师在侦查阶段的辩护权亟待加强,应当明确赋予律师查阅、复制鉴定意见的权利。在现阶段,律师应当尽力争取查阅、复制鉴定意见。

律师由于在侦查阶段无法看到案卷材料,通常很难对案件事实进行实质性辩护。虽然根据《刑事诉讼法》(2018修正)第148条的规定,用作证据的鉴定意见应当告知当事人,当事人有权申请重新鉴定,但是公安机关拒绝律师、当事人复制鉴定意见,导致这一权利无法有效行使。在某些地区、某些案件中,公安机关是允许律师复制鉴定意见的,但还不是普遍现象。本案律师经过再三沟通才得以查阅鉴定意见,但公安局仍不允许复制。当然,在现阶段,律师应当尽力争取,即使仅仅是查阅,对于辩护也非常重要。

3. 实体意义。鉴定意见因其"科学证据"的特殊性,往往被认为具有较高的证明力。实际上从办案实践来看,特别是从专业的鉴定人的角度看,鉴定意见出问题的并不少。而鉴定意见往往又是案件的关键证据,所以对于鉴定意见的审查是刑事辩护的一个重点。

二、法律评析

(一)野生动物类犯罪的立法体系

首先,《刑法》第341条第1款规定,"非法猎捕、杀害国家重点保护的珍贵、濒危野生动物的,或者非法收购、运输、出售国家重点保护的珍贵、濒危野生动物及其制品的,处五年以下有期徒刑或者拘役,并处罚金;情节严重的,处五年以上十年以下有期徒刑,并处罚金;情节特别严重的,处十年以上有期徒刑,并处罚金或者没收财产"。在此基础上最高人民法院制定司法解释,当时的司法解释(法释〔2000〕37号)第5条规定,非法出售珍贵、濒危野生动物制品价值10万元以上适用5年到10年有期徒刑的法定刑,价值20万元以上适用10年以上有期徒刑的法定刑(2022年司法解释进行修订,提高了法定刑升格的价值标准)。

其次,珍贵、濒危野生动物的范围由野生动物保护法规定。《野生动物保护法》于1989年3月1日起实施,1989年实施的《野生动物保护法》第9条规定,国家对珍贵、濒危的野生动物实行重点保护。国家重点保护的野生动物分为一级保护野生动物和二级保护野生动物。国家重点保护的野生动物名录及其调整,由国务院野生动物行政主管部门制定,报国务院批准公布。后该法经过多次修订,现在该条已经改为第 10 条（2022 年修订版本），内容无实质性变化。据此，原林业部、原农业部制定了《国家重点保护野生动物名录》，经国务院批准后于 1989 年 1 月 14 日起施行（新《国家重点保护野生动物名录》已于 2021 年 2 月公布）。在这一名录中，两栖纲有尾目蝾螈科疣螈属有细痣疣螈、镇海疣螈、贵州疣螈、大凉疣螈、细瘰疣螈 5 个物种被列入二级保护动物。

最后，由于司法解释以价值作为量刑依据，而珍贵、濒危野生动物制品属于禁止流通的物品，只有黑市交易价格，不存在公允价值。为配合司法，原国家林业局（现为国家林业和草原局）制定了《野生动物及其制品价值评估方法》，自 2017 年 12 月 15 日起施行。该办法首先对部分陆生野生动物规定了一个基准价值，然后规定一级保护动物的价值按基准价值的 10 倍计算，二级保护动物按基准价值的 5 倍计算。如果是制品，就根据实际情况计算。

(二) 辩护意见要点

本案的鉴定意见就是首先认定涉案药材系细瘰疣螈去除内脏后的风干制品，然后根据《国家重点保护野生动物名录》认定其为二级保护动物，再根据《野生动物及其制品价值评估方法》按照海南疣螈 300 元/只的基准价值的 5 倍计算，认定涉案药材价值为 1500 元/只。然而鉴定意见并未注意到立法与实践之间的差异，导致得出的结论无法采信。

首先，《野生动物及其制品价值评估方法》在两栖纲有尾目蝾螈科下只有海南疣螈这一个物种，基准价值规定为 300 元/只。鉴定意见据此作出涉案药材价值为 1500 元/只的结论。但在《国家重点保护野生动物名录》中，根本没有海南疣螈这个物种。海南疣螈不是国家重点保护野生动物，其价值不能作为刑事案件审理的依据。

《国家重点保护野生动物名录》是由原林业部、原农业部两部门共同制定并经国务院批准发布的，其效力级别虽然名义上是部门规章，实际批准程序却相当于行政法规。《野生动物及其制品价值评估方法》是由 2017 年原国家林业局制定发布的，当时的国家林业局是国务院直属机构，这一文件的效力至多是部门规章。二者发生冲突时，应以国务院批准公布的《国家重点保护野生动物名录》为准。

其次,《国家重点保护野生动物名录》明确规定包括细痣疣螈在内的蝾螈科动物都属于渔业部门主管,按水生野生动物管理;林业部门主管的是陆生野生动物,其没有对水生野生动物管理的权力。《野生动物及其制品价值评估方法》为应按水生野生动物管理的海南疣螈规定基准价值,超越了自己的权限,是严重的违法行政,这部分规定应属无效。

再次,鉴定意见没有考虑制品和动物的区别。《野生动物及其制品价值评估方法》规定的基准价值是动物的价值,而不是动物制品的价值,制品价值是要根据实际情况进行折算的。比如涉案物品是一双象牙筷子,肯定不能按一头大象计算价值。而本案的鉴定机构直接按动物的价值计算,这显然不符合事实。

最后,为了让这一辩护观点更容易为办案单位接受,律师在给公安机关提交的辩护意见中强调该鉴定意见不能作为定案的依据,而在给检察机关提交的辩护意见时口头指出,非法出售珍贵、濒危野生动物制品的行为不一定追究刑事责任。对于不构成犯罪的案件,可以根据《野生动物保护法》的规定予以行政处罚。根据《野生动物保护法》(2018 修正)第 48 条的规定,违反该法第 27 条第 1 款规定,未经批准出售国家重点保护野生动物制品的,由县级以上人民政府野生动物保护主管部门或者工商行政管理部门按照职责分工没收野生动物制品和违法所得,并处野生动物制品价值 2 倍以上 10 倍以下的罚款。

(三) 辩护过程

辩护过程分为会见、查询、申请政府信息公开、沟通、结果,中间还出现一段插曲,具体情况如下。

1. 会见。律师通过会见详细了解了案发过程,特别是涉案药材的来源、价格、效果,并在此基础上对当事人的主观故意进行了分析,初步认为当事人确实不知道涉案药材是珍贵、濒危野生动物制品。但律师没有将主观故意作为辩护的重点,而是将辩护重点放在了客观证据上。

2. 查询。这类案件具有很强的专业性,仅查询法律规定是不够的。律师还查询了细痣疣螈的相关资料、养殖信息等。通过细痣疣螈的外部特征可以说明其酷似壁虎,难以为一般公众认识到其属于珍贵、濒危野生动物;通过查询养殖信息,查到贵州省毕节市注册了一家专门养殖疣螈的企业,其经营范围就是疣螈养殖、销售,说明该物种在我国是可以合法养殖、销售的。细螺疣螈没有被列入《人工繁育国家重点保护野生动物名录》,这说明当事人的此种行为危害较小,这为当事人取保候审以及后续辩护提供了助力。

3. 申请政府信息公开。根据森林公安机关和地方公安机关的管辖分工规定,森林公安机关管辖的是陆生野生动物刑事案件。细瑮疣螈是按照水生野生动物由渔业部门管理的,额济纳旗森林公安局没有管辖权。针对这一问题,律师向河北省公安厅、河北省森林公安局、河北省林业和草原局、内蒙古自治区公安厅、内蒙古林业和草原局分别申请了信息公开,要求公开对涉及细瑮疣螈的刑事案件具体由哪个公安机关行使侦查权。虽然答复并未起到关键作用(答复是该信息在官网已经主动公开),但申请政府信息公开是一个行之有效的获取信息的途径,值得律师重视。

4. 沟通。在与公安机关的沟通中,争取查阅鉴定意见是本案的重点。公安机关以侦查阶段律师无权阅卷为由拒绝律师查阅鉴定意见。律师以《刑事诉讼法》规定的鉴定意见应当告知当事人、当事人有权申请重新鉴定为由据理力争,并向公安机关说明:告知不仅仅是告知一个结果、一个金额,而是全面告知鉴定意见的内容,包括委托日期、鉴定机构、鉴定人、鉴定事项、鉴定方法等所有信息;申请重新鉴定有赖于对鉴定意见的全面了解和律师的帮助;拒绝律师查阅实质上就是没有履行法律规定的告知义务,并且剥夺了当事人申请重新鉴定的权利。经过反复沟通,公安机关同意律师查阅鉴定意见,但仍未允许复制。

与此同时,律师还进行了程序辩护——提出管辖权异议,申请将案件移送额济纳旗公安局侦查。其辩护的理由是:根据《国家林业局、公安部关于森林和陆生野生动物刑事案件管辖及立案标准》(林安字〔2011〕156号)的规定,森林公安机关管辖其辖区内的非法收购、运输、出售珍贵、濒危陆生野生动物、珍贵、濒危陆生野生动物制品案。而根据《国家重点保护野生动物名录》的规定,细螺疣螈属于渔业部门主管的野生动物,即法律将其视为水生野生动物。森林公安机关无权管辖。

5.插曲。当事人是2018年10月19日被刑事拘留的,按照《刑事诉讼法》规定最晚应于11月18日提请检察院批捕,即公安机关拘留以后到提请批捕的期限最长是30天。检察院应当在7天内作出批捕或者不批捕的决定。但额济纳旗森林公安局显然对法律理解有误,将二者混为一谈,认为这37天是公安机关和检察机关"共用"的,所以直到11月20日还没有提请批捕。额济纳旗森林公安局认为自己只要在37天内提请批捕即可,自己多占了几天,检察院就少用几天,只要作出决定不超过37天就行。10月18日,律师在检察院查不到案子,开始还以为是案件录入系统耽误了,第二天即10月19日还是查不到,经与公安局反复沟通才得到了这个答复。这种明显违反《刑事诉讼法》的行为当然不能容忍,律师立即起草了请求检察院进行侦查监督的法律意见书提交给检察院。检察院雷厉风行,立即通知公安局马上移送案卷,并对办案民警当面提出了口头批评。后来还对公安局的违法行为发了纠正通知书。

6.结果。2018年11月20日,公安机关提请检察机关批捕当事人。律师第一时间和承办检察官沟通并提交书面意见,指出本案鉴定意见不能作为批捕的依据。检察院经过严格审查,于11月23日作出不予批准逮捕决定书。当天,当事人被公安机关取保候审。之后经过近1年的沟通,公安机关认为本案无法达到移送审查起诉的标准,遂于2019年9月通知当事人撤销案件。

❖ 律师介绍

王仁峰,北京市盈科(石家庄)律师事务所律师、合伙人。石家庄市律师协会第七届理事会环境、资源与能源专业委员会主任。

一起改判案件如何开展环境公益诉讼

——方某某被控掩饰、隐瞒犯罪所得罪案

摘要 方某某因非法装载海砂以掩饰、隐瞒犯罪所得罪被一审法院判处有期徒刑2年。在辩护人的介入下,成功说服二审法院认定方某某属于犯罪未实行终了前承继的共犯,将本案定性改为非法采矿罪,并在二审中通过预缴环境损害赔偿金的方式修复了非法采矿罪的法益侵害,增加新的量刑情节。最终二审法院改判方某某缓刑,且最终接受法院结案后合规审查。案件审结后,方某某及所在公司被诉环境公益损害赔偿,并以调解结案。本案实现了环境法益刑民一体化保护。

案情简介

本案是一起在台湾海峡非法装载海砂的航运公司案件,被告人方某某系某航运公司总经理。2020年4月2日,该航运公司作为承运人,与A公司签订了单航次货物运输合同,随后方某某安排船长陈某某等人率船只至台湾海峡浅滩附近海域(N23°06.66′,E118°26.11′附近海域)非法装载海砂。

在运输过程中,方某某未要求船员检查对方的相关许可证,也没有核查海砂来源。后经证实,上述海砂没有合法的采矿采砂许可证。经鉴定,上述海砂价值为人民币3,580,885元,开采的人构成非法采矿罪。在一审判决中,某航运公司以及公司负责人方某某被认定为掩饰、隐瞒犯罪所得、犯罪所得收益罪,在一审中船员被判处罚金30万元,方某某被判处有期徒刑2年,并处罚金5万元。方某某一

审后提起上诉,委托北京盈科(上海)律师事务所康烨律师为其提供辩护。

办理结果

一审被告人方某某被认定为掩饰、隐瞒犯罪所得罪,判处有期徒刑2年。二审方某某改判为有期徒刑2年,缓刑3年,之所以改判除了罪名由掩饰、隐瞒犯罪所得罪改为非法采矿罪,辩护人建议上诉人进行环境损害赔偿修复非法采矿罪侵害法益,这一量刑情节也发挥了作用。

另外,本案在一审期间未提起环境公益诉讼。二审中,检察机关发挥了能动性,创造性地在二审期间对环境损害进行了预先评估,由上诉人预缴环境损害赔偿金,待二审判决后由专属管辖的上海市铁路运输检察院提起了环境民事公益诉讼,原、被告达成和解,最终以被告赔偿原告环境损害赔偿金结案。结案后,二审法院对上诉人进行了结案后合规整改,至此实现了法律效果和社会效果的统一。

办案策略

一、大胆假设,小心求证,更改本案的定性

辩护人接受了方某某的委托后,立刻向二审法院申请阅卷,结合判决书和起诉书,对案情的每一个细节都进行了仔细的分析。在经过一周的仔细研究后,辩护人发现本案一审定性存在错误,一审辩方对上诉事实及定性无异议,而方某某辩称自己对船长改变航道不知情也未获得一审法院的认可。

如果延续这个角度进行二审辩护,二审就无出路。然而仔细研究本案的具体细节,就可以发现一个"重大事实",而这个事实使案件的定性可变更为非法采矿罪。与掩饰、隐瞒犯罪所得罪相比,两罪的法定量刑幅度完全相同,但是前者是环境资源犯罪,后者是对司法秩序安定性的扰乱。如果将方某某的行为性质从掩饰、隐瞒犯罪所得罪变更为非法采矿罪,由于两个罪名对法益的侵害系不同方面,非法采矿罪所侵害的系生态环境资源,如果对生态环境作出相应的弥补,那么是否能作为一个新的量刑情节对其从轻处罚呢?

依循这个思路,辩护人和团队成员开始了小心求证的过程。在运输海砂类的案件中,定性为掩饰、隐瞒犯罪所得、犯罪所得收益罪,抑或非法采矿罪,这到底属于上游犯罪还是下游犯罪?一个简单的判断标准就是上游犯罪的实行行为是否终了。如果运输海砂时上游犯罪还在进行中,行为人此时介入,则为上游犯罪实行过程中的承继共犯,案件定性必不构成掩饰、隐瞒犯罪所得罪,而是构成非法采矿罪。

回顾这个案件的诸多细节,辩护人发现船舶运输与陆地运输是不一样的。到海里装砂,不可能装了就走,而是把船停在抛锚点,通过盗采的吸砂船接驳过大船,当A公司的船只停泊在预定海域时,船员亲眼所见吸砂船盗采海砂的过程,运输行为与非法采矿人的采砂行为紧密相连没有明显的时空间隔,此时帮助运输涉案海砂的行为仍然属于非法采矿行为的效果的延续,这也就构成了刑法上共同实行犯未实行终了时的承继共犯,即"事中参与"。这个辩点也成功地说服了法官。

二、方某某可否认定为从犯

方某某如果与上游犯罪人构成共同犯罪,有可能成为从犯。这也是在一审没有被考虑进去的量刑情节。从犯包括两种类型,一种是在共同犯罪中起次要作用的犯罪分子,另一种是在共同犯罪中起辅助作用的犯罪分子。由此可见,认定从犯的标准即要从行为人在犯罪中起到的作用出发。

本案中,方某某在运输过程中没有尽到船舶方的注意义务,在明知其船舶接驳位置位于台湾海峡,且存在边吸砂边接驳的情况下,依旧放任船员完成接驳、运输的过程,其行为客观上对非法采挖海砂起到了帮助、辅助的作用。

辩护人检索了近年来类似的判例,以证明在司法实践之中,单纯的运输行为在实践中应构成非法采矿罪而非掩饰、隐瞒犯罪所得罪,并进一步证明如果方某某构成非法采矿罪的共犯,应认定为从犯。

辩护人在庭前向合议庭提交了《关于非法采矿罪中运输方责任问题——上海判例检索》,在该份材料中,辩护人以"非法采矿、过驳"以及"非法采矿、运输"为关键词在威科先行上进行二次检索,以"上海地区""刑事""近2年内"作为条件限定,共检索出14份判决书及裁定书,其中实际有效判例为9篇。在这9篇判例中,有 7 篇判例的运输方被认定为从犯,2 篇运输方被认定为主犯的判例皆存在其他特殊情况,可见在上海的司法实践中,对于单纯运输的行为人一般在共同犯罪中定性为从犯。综合方某某对犯罪意思的形成没有任何影响、参与程度和行为强度较低、行为有较强的可替代性,可以判断出其行为在犯罪中起到的作用较小,结合检索的司法判例,辩护人认为方某某单纯的运输行为应被认定为非法采矿罪的从犯。如此一来,虽然从下游犯罪辩护为上游犯罪的共犯,但起到的作用却是指出一审遗漏了"从犯"的法定量刑情节,在二审应予以重新量刑改判。

三、关于数额的认定

一审判决中将方某某的犯罪数额以到岸价来认定,但辩护人认为应该扣除运输成本,以出水价来认定。如果根据一审法院的思路,构成掩饰、隐瞒犯罪所得罪,该罪名的犯罪对象是"上游犯罪所得及其产生的收益",故在认定犯罪数额时,也应以上游犯罪的犯罪所得来认定本罪的犯罪数额,犯罪行为人自身行为所获得的收益(在本案中系运输费用),不应该纳入该罪的犯罪数额中。而到岸价之所以比出水价高,系因为其中包含了高额的运输费用,该运输费用属于方某某的违法所得,而不属于掩饰、隐瞒犯罪所得罪的犯罪数额。

如果根据二审的辩护思路,认为方某某构成非法采矿罪,根据《最高人民法院、最高人民检察院关于办理非法采矿、破坏性采矿刑事案件适用法律若干问题的解释》(法释〔2016〕25 号)第 13 条规定,非法开采的矿产品价值,根据销赃数额认定;无销赃数额,销赃数额难以查证,或者根据销赃数额认定明显不合理的,根据矿产品价格和数量认定。而本案的销赃数额,由于上游采砂的犯罪人员与下游买砂的犯罪人员均未到案,无法查明上游从海底挖出实际销售的销赃价值,目前到案的只有帮助上游人员过驳运砂的方某某等人,故在出水价与到岸价之间,选择出水价,更为合理,也符合存疑有利被告的原则。

同时,辩护人通过检索相关司法判例发现,以出水价认定犯罪数额的判例不在少数,以出水价来认定才符合法理与司法实践。该观点也获得了出庭检察员的认可。

律师评析

一、典型意义

(一) 选择二审方案,洞悉法益

在办理二审案件时,不能一味地延续一审辩护观点进行深入辩护。例如,本案不是从行为人是否"明知"入手,而是"另辟蹊径",选择从行为人侵害的法益入手。

基于本案定性存在改变的空间,侵害法益也随之发生变化,从而基于法益的不同升维辩护策略,制定全新方案,比较上下游犯罪量刑标准,寻找新的量刑情节,打开新的辩护局面。

(二) 累加尽可能多的二审量刑情节

关于刑事辩护,辩护人一直信奉"黑箱原理",即不停地往"黑箱"塞入变量,输入的变量越多,最终结论就越可能受到影响从而改变。在办理方某某非法采矿罪这个案件时,辩护人提出了多个量刑情节,包括从犯、采矿价值、赔偿生态损失费、庭前预缴罚金、维护营商环境,等等,变量相加最终造成了二审改判的结果。故在二审辩护中,要充分重视"黑箱原理",累加尽可能多的二审量刑情节,通过量变引发质变,积极推动改判结果的发生。

(三) 充分与法官沟通案件情况

辩护人在办理方某某非法采矿案时,与二审的法官、检察官进行了多次沟通,特别是和二审法官更是沟通了不下 10 次。在沟通过程中,由于涉及生态修复费用,这对二审法官和检察官都是一个新的领域,辩护人多次提交相关材料和最高人民法院的司法政策性文件,积极与检察官、法官进行沟通,确认二审进行替代性环境修复具有可行性。因此,可以说二审的改判离不开律师和法官、检察官的反复沟通。

(四) 二审后创造性引入公益诉讼

本案在一审期间未提起环境公益诉讼,辩护人通过和二审检察官、法官的积极沟通,确认了二审进行替代性环境修复的可行性。检察机关发挥能动性,在二审期间对方某某非法装载海砂的行为所造成的环境损害进行了预先评估。在此基础上,辩护人建议方某某及 A 公司预缴环境损害赔偿金,二审法院判决方某某缓刑后,由专属管辖的上海市铁路检察院向航运公司提起了环境民事公益诉讼,最终原、被告达成和解,以被告赔偿原告环境损害赔偿金结案。本案中,看似是方某某主动背上了一起环境民事公益诉讼,承担了生态损害赔偿金,实则是其通过环境民事公益诉讼支付了生态修复费用,为刑事案件的判决争取到新的量刑情节。

二、法律评析

(一)发现新的量刑情节,主动赔偿生态修复费用

在确认本案的定性方面有更改的空间后,辩护人决定与方某某沟通,劝说其缴纳生态修复费用来修复被其损害的生态环境,这样可以在一定程度上修复被侵害的法益。这是因为非法采矿罪所保护的法益之一就是自然资源和生态环境,非法采挖海砂的行为自然也会对海洋生态环境造成破坏,使得海床生物多样性有所损失,从而导致社会公共利益受损、自然资源流失。故在非法采矿类案件中,也常见检察院提起的附带破坏生态环境和资源保护民事公益诉讼,目的就是使被告人支付相关的生态修复费用,以挽回相关自然资源损失,修复生态环境。

辩护人从最高人民法院和中央政策精神出发,结合《最高人民法院、最高人民检察院关于办理非法采矿、破坏性采矿刑事案件适用法律若干问题的解释》(法释〔2016〕25 号)第 10 条"实施非法采矿犯罪,不属于'情节特别严重',或者实施破坏性采矿犯罪,行为人系初犯,全部退赃退赔,积极修复环境,并确有悔改表现的,可以认定为犯罪情节轻微,不起诉或者免予刑事处罚"的规定,建议被告主动赔偿生态修复费用。由此可见,在非法采矿罪中对于积极修复环境的初犯,全部退赃退赔的,可以认定为犯罪情节行为,是一种酌定量刑情节。

(二)结合当下营商环境的政策,大力推动缓刑可能

方某某所在的航运公司系方某某父亲创办,一部分经营业务由方某某本人负责管理,可以说其是这家航运公司的"掌舵人"。辩护人深度了解了这家公司的经营情况,从员工工资情况到纳税情况到业务领域,向企业收集了公司员工工资、纳

税情况、公司固定资产状况等,并向法院提交了材料,同时向二审法院提出考虑对方某某缓刑将有助于使企业存活下来,有利于营商环境的微环境的建议。本案二审司法人员在审理过程中听取了辩护人提出的建议,充分考虑了司法助力优化营商环境的因素,对被告人及单位犯罪主体的经营状况、固定资产、纳税情况、一贯表现进行了评估,最终给予了上诉人改判并适用了缓刑。

(三)结案后企业合规整改

在二审法院改判方某某缓刑后,辩护人应二审法院的要求,为方某某涉案航运公司提供企业合规整改服务。在查阅航运公司内部组织架构、管理规章制度及资质证书等关键信息的基础上,辩护人分别从签订承运合同、货船运输业务及码头靠离港业务等方面出发,寻找公司经营过程中存在的薄弱环节和刑事法律风险,对航运公司进行了全方位的法律风险分析,总结归纳了航运公司目前存在的问题及其产生原因,形成了企业合规整改报告,并以线上会议的方式向航运公司的管理人员、工作人员及船员说明了本次企业合规整改体检的具体情况。这让公司及相关人员深刻认识到合规经营在企业经营管理、长远发展过程中的重要性,降低了企业与成员的犯罪风险,避免其再次触犯刑法,从而保证航运公司能够合规经营,让企业更好地创造价值、服务于社会、贡献于地方经济发展。

◆ 律师介绍

康烨,北京盈科(上海)律师事务所高级合伙人。华东师范大学法学院实务导师,上海市律师协会刑诉法与刑事辩护专业委员会委员。所获荣誉:2023年度盈科全国刑事专业委员会十佳原创作者、获盈科上海第三届"领军人才"荣誉称号、2020年盈科首届"百名大律师"荣誉称号。

企业出海非洲跨境投资矿业案

——山东某机械设备公司收购非洲金矿

摘要 2021年3月至6月,新冠疫情依然肆虐,山东某机械设备公司逆风探寻新的发展路径,出海到非洲(津巴布韦)成功收购当地的一家矿业公司。

案情简介

新冠疫情在全球持续蔓延和发展,给全球经济带来了较大的影响,很多行业受到了严重的冲击。在全球范围内,受到新能源、新材料产业需求的鼓舞以及大宗矿产品价格驱动,不少中国企业响应国家"一带一路"倡议,积极投身于国际矿业市场。国内方面,2021年上半年以来,随着国际国内能源、铁矿石和部分有色金属产品价格的高歌猛进,市场上也重现了十年前的"煤飞色舞"场景,这为国内矿业疲弱的市场增添了一丝活力。

本案就是一起中国山东民营企业积极探索、自身创新"走出去",登陆非洲市场,去津巴布韦"探宝"并成功"觅宝"的真实案例。

本律师团队就中津合资过程的谈判及合资企业设立过程中可能出现的法律问题和各层面的风险提供专业意见。从项目的前期尽调准备到正式文件的谈判、签署,包括公司管理架构的搭建、交易文件的拟定,再到该企业在目的国设立公司后半年内即获取目标公司的矿权,并取得相关的权属证书,本律师团队为这一过程提供了一系列法律服务。鉴于当时处于百年未有之大变局和非洲当地的政治环境,中国企业能在非洲如此快地拿到所有权证是很少见的。

在整个过程中,团队成员一方面学习了解当地的法律和投资政策,另一方面结合中国法律、交易习惯及办案实践,更好地为中国企业的利益保驾护航,最终为下一阶段的项目开发实施奠定了基础。

办理结果

本律师团队协助客户设立目标合资公司,对于公司设立的流程进行了全面的梳理和沟通;就公司的治理结构、合资协议的签署进行充分的沟通和准备,历时不到两个月即完成设立工作。

本律师团队在矿产合作开发协议上与相对方多次谈判,特别是对交易条款的设计及最终涉案矿权的转移登记进行大量的工作后,最终完成委托任务。

办案策略

在整个办案过程中,本律师团队主要围绕以下几个方面展开工作。

1. 股权方案的设计,保障境内投资人的利益。
2. 合资公司的设立,设计好公司治理方案。
3. 结合中国法律、境外法律及有关国际法,修改确认最终的合资协议书。
4. 融资渠道的合规,保障后期资金利润的返回。
5. 非洲当地律师的遴选与高效协作。

律师评析

一、典型意义

近年来,企业出海在国内国际双循环的战略引导下,已经成为一种热潮。但基于非洲地区的特殊性,部分企业对投资对象尽调不充分,或者对当地法律政策不熟悉,经常导致投资款项恶意被占用或者相关项目延滞。而本案中,从投资合伙协议的拟定到合资企业章程的制定,有效保障了国内投资者的利益,并且在不到半年的时间内拿到该矿产项目的所有权。加上当时的疫情背景,这确实是堪称经典的民企"走出去"的成功案例。

二、法律评析

(一)在津设立合资公司的流程及注意事项

通常情况下,外国公司可以通过两种方式在津巴布韦设立实体。一是设立独立的本地公司(作为外国公司的子公司);二是在津巴布韦设立分支机构(分公司)或公司代表处。而在津巴布韦设立的商业实体通常有两种主要形式,即公司和私营商业企业。实践中,公司注册比私营商业企业注册要普遍。

在津巴布韦注册公司的具体步骤如下:

1. 根据业务需求和法律要求,选择适合的公司类型。

2. 准备相关的注册文件,包括公司章程、股东名单、董事名单、注册地址证明等。这些文件需要符合津巴布韦的法律要求。

3. 向津巴布韦公司注册局提交注册申请,并缴纳相关的注册费用。注册局审核通过后颁发公司注册证书。此外,完成注册后,还需要进行公司税务登记并获得纳税人识别号。

需要注意的是,津巴布韦商标注册的有效期为 10 年,可以在到期前进行续展。此外,商标注册不是强制性的,但为了保护商标或进行续展,建议依法登记注册。

(二)签订中津合作协议的部分条款提示

1. 在公司章程中,至少 1 名津巴布韦人担任股东或董事;从股东权限的设置上,要充分注意当地股东的权限;从财务监管人员的选定,要考虑签字权限的设立。2021 年,津巴布韦政府取消在钻石和铂金两个行业外国投资者只能拥有不超过 49% 的股份的限制,目前外国投资者可以拥有矿业公司 100% 的股份。

2. 结合中国法律、境外当地法律及有关国际法,修改审订合资协议书。例如在环境保护和当地的部落习俗方面,要充分尊重当地的风俗习惯。

3. 对于争议解决条款的选择,建议从多层次的角度设计条款。根据项目的具体情况(如地理因素),可约定双方在协商阶段的具体沟通层级(如双方项目组负责人沟通、公司董事长沟通等),协商和调解阶段应友好、善意解决争议。在协商或调解作为前置条件的情况下,确保在合同中明确表述相关条款。

4. 考虑到协商和调解的结果在执行性方面均无法与仲裁裁决和法院判决书相比,因此,通常会约定以仲裁或诉讼作为兜底的争议解决方式。一般情况下对跨境的矿业争议而言,仲裁优于当地法院诉讼。仲裁语言慎用当地语言或小语种。除合作协议各方均有中资背景外,实践中不太可能选择中文作为仲裁语言。但考虑到英文的广泛应用,至少应坚持仲裁程序能够使用英文。

另外,要首先考虑机构仲裁。相较于临时仲裁而言,机构仲裁收费在大多情况下会高于临时仲裁庭的收费,但这在一定程度上有助于降低裁决书因存在程序瑕疵而被拒绝承认和执行的概率。

(三)矿业投资过程中的注意事项

1. 法律及政策风险

在进行非洲矿业投资时,投资者需要对目标国的矿业法律法规给予充分的了解或调研,特别是关于矿业权取得和管理、勘探和开采过程、矿产资源税收等方面的规定。通常,矿业与土地的联系紧密。目标国的土地法律和规定可能对矿业投资产生影响。投资者需要了解当地土地使用权的取得和管理方式、土地所有权的规定、土地使用权转让的法律程序等方面的规定。另外,非洲国家对于矿业投资的环境法律和规定要求越来越高。因此,投资者需要了解目标国的环境影响评估、环保要求、排放标准等方面的规定。

2. 要重视企业社会责任

津巴布韦是一个民族众多、国民普遍具有宗教信仰的国家,投资者对当地的风俗习惯和宗教信仰要有基本的了解并给予尊重。在进行投资之前,应该考虑如何在当地社区和环境方面作出积极贡献,确保其业务不会对当地社区和环境造成负面影响。遵守当地环境法规,采取措施保护当地环境。例如,可以进行环境影响评估,采取环保措施减少环境污染,实现可持续发展。要特别注意的是,对项目所在地的酋长要保持好关系,有利于后续项目的协调推进。

3. 避免商业贿赂和涉嫌洗钱

中国投资者在非洲国家最易犯行贿罪。在津巴布韦,腐败现象严重,索贿行为时有发生。有些中方人员遇到难题或为了得到项目,愿意以行贿的方式解决。行贿将遇到巨大的风险,一旦查实,最高刑期可判处无期徒刑。特别是当前津巴布韦的货币流通问题和外汇短缺问题,津巴布韦重点打击资本外化现象值得关注,这包含虚假进口、虚假出口、地下渠道等方式。

在津巴布韦,要注意资金的进出境合规。若收受款项的银行未遵守关于识别和核实客户信息、记录保存要求、现金门槛报告要求、可疑和不寻常交易报告要求的规定,可能涉嫌洗钱并遭受重罚。

(四)税务监管的风险

津巴布韦政府的征税措施对外国矿业投资者及利益相关方的利益存在重大影响。当地媒体认为该征税规定对矿业领域投资者及利益相关方造成不必要的财务负担,阻碍未来的矿业投资。

中国投资者投资津巴布韦矿业领域时应注意调查目标公司是否存在应缴未缴纳资本利得税的情况,避免被该国税务部门追溯征收的法律风险。投资者在与津巴布韦政府签订投资协议时,建议在协议中纳入稳定条款,保障企业权益,防止企业利益因东道国税收等法律法规和政策的变化、调整而受到不利影响和损害。

(五)矿物出口的风险

对矿业而言,目前津巴布韦的矿石出口管理非常严格。津巴布韦有进一步收紧政府对矿业等重要资源的掌控的动向。由于长久的闭关锁国,人民对国家矿业的运营方式不懂,民族主义较强。因此,建议在非洲国家开展投资贸易合作的中资企业,与国内外熟知、精通非洲法律规定以及相关政策的律师或合规人员开展合作,对与其业务相关的法律规定以及国际条约做进一步的解读与分析,确保在前期计划与计划实施阶段企业各部分工作均合规,有效避免后续法律风险与争议的出现。

❖ 律师介绍

何树亮,北京市盈科律师事务所律师。现任北京市律协跨境投资并购法律专业委员会委员;北京市朝阳区法院涉外案件特邀调解员;入选北京市律师协会涉外律师人才库;河北省知识产权海外维权保护服务专家。业务领域:跨境投资与贸易(能源与不动产)、公司治理、民商事争议解决(含涉外)。

PART 3

第三篇

能源篇

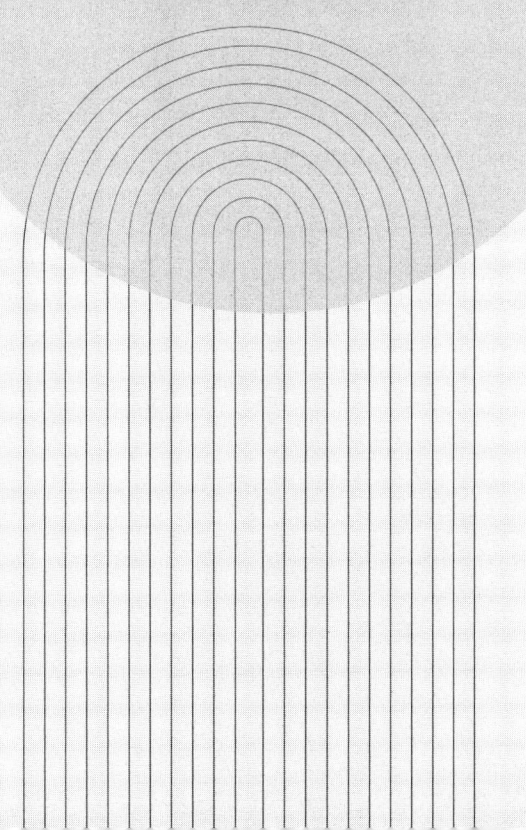

巧妙调解连环诉讼,化解纷争助力营商

——某风力发电项目设备采购合同纠纷案

案情简介

A公司(卖方)与B公司(买方)于2015年签订了《风电项目设备采购合同》,约定A公司向B公司供货69套风电设备,合同所有价格在合同有效期内为不变价,合同总价超1亿元;计划交货时间为2015年9月至2016年5月。采购合同签订后双方陆续进行了46套设备的供货。2017年7月,B公司向A公司送达《关于第三批23套设备生产计划的函》,要求A公司于2017年7月底前开始第三批供货,但A公司未能按期供货。此后B公司再次发函,要求A公司于限期交货,否则视为拒绝交货。A公司随即向B公司发出《关于终止第三批23套设备供货的函》,表示由于B公司工期原因设备原材料价格大幅上涨,终止第三批设备供货合同的履行。由于A公司单方终止供货,B公司于2017年11月另行与第三方公司签订设备买卖合同,购买原应由A公司发货的23套设备,总价4000余万元。

基于上述纠纷,A公司与B公司之间共计启动3个系列案件。

案件一:A公司于2018年8月起诉B公司,诉请B公司支付货款1000余万元、承担经济损失500余万元等。法院判决B公司向A公司支付除质保金外尚欠货款,并赔偿经济损失200余万元,合计约1500万元。双方均提起上诉,二审法院于2020年11月作出判决:驳回上诉,维持原判。

案件二:B公司于2019年9月诉请A公司:(1)确认双方采购合同、补充协议、会议纪要等相关文件已解除;(2)A 公司支付迟延供货违约金、因终止供货导致的发电量损失以及因变更供货商产生差价损失共计 1500 余万元;(3)A 公司返还 B 公司超额支付的增值税 40 余万元。法院认为:(1)A 公司以继续履行合同会给其造成损失为由终止第三批设备的供货没有合同及法律依据,构成违约,应承担违约责任,此后双方就后续事项的处理表明双方就解除合同达成合意,因此确认合同解除;(2)本案系 A 公司单方停止履行合同而非未按期交货导致违约,因此 B 公司按采购合同约定的迟延交货的违约条款主张违约金及赔偿发电损失的计算方式在本案中不能适用;(3)B 公司主张另行向第三方采购设备导致的差价系因 A 公司违约行为所导致,A 公司应予赔偿;(4)关于增值税税率由 17% 调减至 13% 的税款差额问题,根据相关规定,B 公司陈述 A 公司不能开具税率 17% 的发票与事实不符,故不予支持。因此,一审法院判决:(1)确认双方采购合同以及补充协议解除;(2)A 公司向 B 公司支付另行向第三方采购设备导致的差价 500 余万元。一审判决作出后,双方均提出上诉,二审法院以原判决认定事实不清为由,裁定撤销原判决并发回重审。

重审一审法院与原一审法院观点基本一致,同时也进一步阐述其观点:(1)采购合同第 16.9 条约定,由于乙方原因未按期交货时,迟交 2 周以上的,每周支付设备总金额的 2%。由于乙方原因未按期交货时,应赔偿由此带来的电量损失,电量损失的计算依据是本合同项下迟交设备同期发电量的平均数,电价按上网电价计算。但该条约定系对延期交货承担违约金总的约定,所谓的电量损失仅是违约金计算的组成,因此前述违约金的约定在本案中不能适用。(2)采购合同对违约情形未作明确约定的情况下,违约责任的承担应当以违约行为造成的对方损失包括合同履行后的可得利益损失为基础,综合双方的过错责任进行分担,而本案中根据采购合同的约定,A 公司履行交货义务的合理期限认为在 1 年左右,但事实上由于 B 公司的原因实际履行期限达 2 年以上,此期间因钢材价格大幅上涨造成了双方合同履行利益的明显失衡,故 B 公司应当对 A 公司适当补偿。(3)关于 B 公司主张的增值税差额损失,在 A 公司还未实际向 B 公司开具发票的情况下不能认定存在该税差损失。因此,重审一审将原一审判决的 A 公司向 B 公司支付的损失酌定为 400 余万元,其他均与原一审判决一致。双方对于该判决仍不服,再次提起上诉。在本案处理过程中,由于涉及案件一判决生效,B 公司须向 A 公司履行生效判决确定的 1500 万元的付款义务,为避免本案 B 公司诉请的款项无法得到执行,故 B 公司保全了案件一项下 B 公司的应付款。

案件三:在上述案件二审过程中,A 公司于 2022 年 7 月另就质保金事项起诉 B 公司至法院,诉请 B 公司支付质保金 600 余万元以及逾期利息 100 余万元。在质保金案件处理过程中,上述案件二重审二审于 2022 年 10 月作出判决:驳回上诉,维持原判。

办案策略

朱林、陈尚杰、丁慧律师接受 B 公司的委托,担任质保金案件的代理律师。关于该案件本身,律师经分析认为,基于 B 公司项目已实际运行发电远超 1 年,在 A 公司供货设备无任何质量问题的情形下仍不予支付质保金恐难以得到法院支持,但仍可从以下几点进行抗辩或主张权利。(1)A 公司诉请主张的质保金尚未达到合同约定的支付条件。根据采购合同约定,支付质保金需同时满足 3 项条件:①每阶段付款需提供相应金额的增值税发票。目前,本案中 A 公司尚欠 B 公司 1200 余万元的增值税专用发票未开具,B 公司催告后仍拒开票的行为违反了合同约定,也违反了国家税收征管规定。A 公司应先行向 B 公司开具所有货款的发票,否则 B 公司有权从任何应付款项中扣除 17% 的税金后再行支付相应款项。②质保期满。采购合同约定质量保证期是指所有合同设备安装完毕,通过 240 小时联合试运转并由甲方签发预验收证书之日起 1 年,而目前尚未签发预验收证书。③双方签署最终验收证书。由于 A 公司未予配合办理最终竣工验收及合同其他条款的履行(如结算事宜),不具备签署最终验收证书的条件。(2)根据采购合同约定,B 公司有权自 A 公司诉请主张的质保金中扣除 A 公司应向 B 公司支付的赔偿款。B 公司诉请 A 公司损失赔偿一案尚在重审二审过程中,A 公司应向 B 公司支付的索赔款等金额未定,前述赔偿金额确定后,被告有权自本案诉争的质保金中扣除。同时,基于前述情况,本案应待案件二重审二审案件审结后再行审理,故而代理律师同步向法院提交中止审理的申请。(3)搜集风电场运营过程中 A 公司供货设备是否存在质量问题或维修维保的事实与证据,进行相应抗辩。

质保金案件处理过程中,主审法官结合 B 公司项目实际在运情况,认为不予办理相关验收的原因在于 B 公司,B 公司以此为由主张质保期未届满或质保金不具备支付的条件并不充分。同时,A 公司亦提出 B 公司保全的 1500 万元应付款远超案件二中 A 公司可能向 B 公司支付的赔偿款,后期不排除将根据案件二的判决结果向 A 公司主张超额保全的赔偿。律师结合对质保金案件及过往系列案件的分析认为,A 公司启动质保金案件实际是为对抗或抵销正在进行的案件二 B 公司起诉要求 A 公司赔偿其违约损失一案。因两起案件基于同一合同关系,为一次性解决双方之间前期已审理完毕尚未执行的、目前正在审理过程中的,以及后期可能发生的其他所有潜在纠纷,避免当事人诉累,代理律师向 B 公司提出建议将所有系列案件一并与 A 公司全面调解解决,以妥善化解纠纷。

经测算,如果不通过调解的路径处理,则 B 公司可能向 A 公司承担的款项包括:(1)应付金额。案件一中已判决支付的货款及损失赔偿共约 1500 万元、质保金 600 余万元。(2)潜在赔偿风险。①案件一中已判决支付的货款及损失赔偿款项迟延履行的加倍利息约 300 万元;②迟延支付质保金的利息 50 余万元;③超额保全损失 70 余万元。也就是说,如果不调解处理,除法院判决的应付款项外,B 公司还可能向 A 公司另行承担损失赔偿多至 400 余万元;如果通过调解处理,可就损失赔偿及设备采购合同部分货款未开发票问题一并与 A 公司协调处理,对 B 公司而言是将损失降低最小、利益最大化的选择,并且全方位解决系列案件的全部风险也符合央企内部的合规性要求。基于前述测算及比对,代理律师经与 B 公司沟通,B 公司认可代理律师的调解建议和思路,并提出必须全面保障 B 公司的利益、处理结果必须符合 B 公司作为央企的合规要求。

代理律师随即就全面协调处理系列案件的思路与方案与 A 公司代理律师进行沟通,A 公司亦非常认可该处理思路,双方就具体调解方案开展沟通。A 公司基于后续商业合作,同意降低损失赔偿要求,促成双方和解,化解矛盾。同时,A 公司同意通过本次调解一并解决前期未开发票的问题。

办理结果

经双方代理律师及质保金案件主审法官的一致努力,最终 A 公司与 B 公司达成以下调解方案,并经法院民事调解书予以确认:(1)B 公司向 A 公司支付案件一中判决的应付货款及损失赔偿款共约 1500 万元,支付到期质保金 600 余万元,支付其他所有损失 40 万元。B 公司不再主张前述应付款项迟延支付的利息。(2)A 公司应向 B 公司支付案件二中判决的损失赔偿 400 余万元,从上述 B 公司应付 A 公司款项金额中直接扣除。(3)调解协议签订后 10 日内 A 公司向 B 公司开具所有未开票货款约 1300 万元的增值税专用发票,税率为 13%。(4)调解协议签订后,B 公司向法院申请解除查封冻结保全的案件一项下的应付款项,由法院将该款项全部支付给 A 公司,乙方再行向甲方支付全部剩余款项 200 余万元。(5)双方就设备采购合同达成最终和解,双方再无其他争议。

最终,除法院判决所有款项外,B 公司仅另需向 A 公司支付 40 万元,以远低于法院判决文书确定的迟延支付的成本以及质保金案件中可能判决承担的迟延支付的成本,解决了双方之间拖延数年之久尚未解决的全部纠纷,化解了当事人在系列案件中的困局。

典型意义

本案的典型意义在于,双方当事人之间纠纷由来已久,且涉及多个司法案件、历经多次司法裁判程序均未能妥善处理;而在质保金案件中,在案件情况不利于委托人的情形下,代理律师并未仅局限于个案进行处理,而是跳脱于案件本身,就整个系列案件结合当事人之间的历史往来纠纷进行通盘考虑,从当事人利益最大化的角度提出整体解决方案,并经多番沟通协调,从而化解了当事人之间长达 6 年之久的未解纠纷,避免了当事人的诉累。该案件的成功处理亦被当地法院作为调处企业纠纷、助力营商环境优化的典型案例在法院公众号进行宣传,并在当地市电视台进行新闻播报。

回顾思考

从个案处理角度出发,在质保金一案中,有以下几点值得思考:

1.单纯从合同约定角度,质保金支付条件尚未满足,B公司是否足以进行抗辩不予支付质保金?

根据A公司与B公司签订的设备采购合同之约定,支付质保金需满足以下三项条件:(1)每阶段付款需提供相应金额的增值税发票;(2)质保期满;(3)双方签署最终验收证书。代理律师也基于前述理由为B公司进行抗辩,包括:(1)根据合同约定,提供发票为支付货款的先履行义务,在A公司未履行开票这一在先义务的情形下,B公司无义务履行在后的付款义务。(2)根据合同约定,质量保证期是指所有合同设备安装完毕,通过240小时联合试运转并由甲方签发预验收证书之日起1年。本案系因A公司违约在先未能完全履行供货义务,双方未办理预验收手续,也未签发预验收证书,故未达到合同约定的质保期起算时间点。(3)A公司与B公司之间尚未签署最终验收证书,显然也不符合支付质保金的条件。

针对上述抗辩理由,法官亦明确其观点:(1)开具发票仅为付款的附随义务,不能仅因附随义务未履行就阻却付款这一主要合同义务的履行。这一观点也是目前司法实践中的主流观点,代理律师查阅多份司法判决均持该观点。(2)关于质量保证期及预验收证书、最终验收证书的签发,系由B公司掌握主动权,B公司在项目投运后未积极主动办理相关验收工作,应承担相应的后果。(3)从质保金这一款项的目的来解释,其系用于担保货物的质量问题,在项目投运后货物无质量问题,且投运时长也超过合同约定的1年质保期间的情况下,质保金已实现其担保货物质量的目的,此时再以其他理由不予支付质保金就与质保金设立的本意相悖。因此,即便书面约定的质保金支付条件尚未成就,从合同实际履行角度出发,可能也并不足以实际抵抗质保金的支付。

2.由于国家税率政策调整,B公司能否向A公司主张税金损失,通过何种方式主张?

A公司与B公司签订设备采购合同约定开具增值税专用发票,前期履约过程中A公司开具发票的税率为17%,后A公司未及时开具相应发票,并且此后国家税率政策调整,导致A公司仅能向B公司开具13%的增值税发票。B公司认为A公司未及时履行开票义务导致其4%的增值税税金损失。代理律师在本案中亦提出,鉴于交易惯例中为考虑开票方的实际开票税金成本,合同一般约定的总价款为含税价,即合同总价=净得价+税金,此处的税金为开票方实际向税务部门所缴纳的税金,因而当国家税收政策调整、税率下调、开票方实际承担的税金成本减少时,合同总价也应随之降低,这也是交易中涉及税率调整时的通行做法。国家减轻企业税负、调减税率应当是对交易双方双赢的局面,而不应当是一方获益,而另一方受损,这有违公平原则。毕竟对于B公司而言,A公司未及时履行其开票的义务导致B公司实际有4%的增值税不能抵扣的损失。对于该类税金损失的主张,代理律师亦检索了多份判决文书。司法实践中主要处理思路为:在合同有明确条款约定合同价款因税率政策调整而调减或调增的情况下,法院基于当事人意思自治原则,根据合同约定对相应的税金损失进行裁判;在合同未明确约定合同价款因税率政策调整而调减或调增的情况下,一般不予支持该项主张。在本案中,尽管合同未明确约定合同价款因税率政策调整而变化,但代理律师依然向A公司提出反诉,要求开具所有已付款及应付款的发票或B公司按照扣除所有已付款及应付款17%税金后的金额向A公司支付剩余款项。

关于开具发票的主张或扣税支付的主张,能否通过诉讼途径实现,能否在本诉中通过反诉提出,司法实践中亦有不同的观点和判例。部分法院及判决认为开具发票属于行政法律关系,而非民事法律关系,超出法院的受理范围,故不予受理。但大部分法院观点认为开具发票属于合同附随义务,要求开具发票的反诉或在扣税计算方式不持异议的情况下提出扣税的反诉应予支持,最高人民法院亦有判例支持该观点,例如(2018)最高法民终1208号民事裁定书中认为,"开具发票……均属合同约定内容,属于民事义务范围。其中开具发票从文义解释看虽是由税务机关开具和履行,但合同文本的含义并非规定税务机关开具发票的义务,而是约定在给付工程款时需由承包一方'给付发票',该给付义务属承包方应予履行的义务,故原审认为开具发票属于行政法律关系,无事实和法律依据。同时开具发票……作为合同义务虽不属金钱给付义务,但同为给付之诉的范围,虽不能抵销或吞并本诉的金钱请求,但具有对抗性,可能减少、延迟甚至消灭金钱给付请求"。

当然,从诉讼案件处理的更高一个层次来看,本案最值得回顾的是系列案件整体协同处理的总体思路。代理律师基于对案件的法律分析及整体判断,对当事人可能面临的损失作出精准测算,并基于当事人切身利益的考虑,使当事人免遭不必要的经济损失,免受无休止的诉累。在代理律师提出整体协调处理方案后,当事人能够迅速衡量利弊作出自身利益最大化的判断,从而有效化解了困扰公司数年之久的纠纷案件。

❖ 律师介绍

朱林,北京市盈科(南京)律师事务所律师。北京市盈科(南京)律师事务所高级合伙人、公司法律事务部主任,盈科江苏区域环资城建法律专业委员会主任。江苏省生态环境厅常年法律顾问;江苏省司法厅立法专业团队成员。朱林律师专注于民商法领域,尤其擅长于公司法、合同法、公司治理、投融资等的处理。具备十多年律师执业经验和十年物流与电商行业管理经验,熟悉公司运营管理,更专注公司全面法律风险管理,致力于研究将企业经营之道与法律事务的有机结合。朱林律师专注于民商法领域,尤其擅长于公司法、合同法、公司治理、能源投融资等的处理。具备二十年律师执业经验,熟悉公司运营管理,更专注公司全面法律风险管理,致力于研究将企业经营之道与法律事务的有机结合。朱林律师在诉讼案件领域经验丰富,曾代理吉利汽车商与日本雅马哈发动机株式会社等关于"雅马哈"商标侵权案,该案入选最高人民法院十大知识产权典型案例。担任江苏省司法厅立法专家团队成员、民革南京市社会法制工作委员会委员、南京市鼓楼区企业合规第三方监督评估员、江苏省能源行业协会会员,被评为2019～2022年度南京市优秀律师。

受聘江苏省生态环境厅、国家能源集团江苏公司、苏宁易购集团股份有限公司、光控特斯联(上海)信息科技有限公司、国电环境保护研究院有限公司、国能江苏新能源科技开发有限公司、国能江苏能源销售有限公司、江苏龙源风力发电有限公司、国华(江苏)风电有限公司、国能江苏电力工程技术有限公司、国能常州发电有限公司、国能徐州发电有限公司、江苏华智新能源科技有限公司等数十家法律顾问。

朱林律师同时致力于学术研究,著有《以商号名称突出使用构成商标侵权纠纷》《小股东行使公司查账权之思考》《票据融资的法律风险》等著作。

陈尚杰,北京市盈科(南京)律师事务所律师,盈科南京环境资源与能源法律事务部主任。专注于环境能源、企业合规、建设工程、医药健康等领域,常年为多家政府机关、国央企、民营企业等提供法律顾问及专项法律服务,尤其是新能源领域法律服务,擅长处理各类复杂商事及民事争端,为客户化解矛盾。

丁慧,北京市盈科(南京)律师事务所律师,盈科南京环境资源与能源法律事务部副主任。执业领域:公司治理、企业合规、环境能源。曾任职于大型上市公司集团法务部门,有多年企业法律事务处理与管理方面的工作经验;执业后为多家国央企及民营企业提供常年法律顾问及专项法律服务、诉讼法律服务,熟悉公司日常运营管理法律风险防范,致力于将公司经营管理与法律事务有机融合。代表案例:担任大唐江苏发电有限公司常年法律顾问;担任国华投资江苏公司体系内多家企业常年法律顾问;担任南京江宁经开高新创投有限公司常年法律顾问;为某央企风力发电项目并购业务提供尽职调查及股权转让法律服务;代理某开发区管委会与企业之间的多件合同纠纷取得胜诉,挽损千万余元;代理某公司股东出资纠纷取得胜诉;代理多起买卖合同、租赁合同纠纷等。

分布式光伏电站相关债务执行疑难问题

——云南某公司分布式光伏发电建设工程施工合同仲裁纠纷及执行案

摘要 委托人作为申请人就其与云南某公司（被申请人）关于云南某公司分布式光伏发电建设工程项目提起关于工程款追诉的仲裁申请。仲裁委员会在裁决支持申请人仲裁申请后，本案进入执行程序。

案情简介

2022年1月29日，申请人与被申请人签订了《分布式光伏发电站建设施工总承包合同》。合同约定，申请人作为承包人负责分布式光伏发电站建设工作，被申请人作为发包人应按约支付工程款。总承包合同"第三部分 专用合同条件"第10.1.2条约定，发包人的违约责任为，发包人应承担因其违约给承包人增加的费用、延误的工期及逾期支付补偿金，并支付承包人合同金额5%的违约金。

2022年2月16日，申请人组织进场施工，项目部共计完成施工118户，装机容量2384.37kW。

根据《分布式光伏发电建设工程清算协议》的附件"分布式光伏电站清算表"载明，申请人仅收到被申请人支付的预付款200,000元，该款项在该表中予以了扣减。另外，总金额8,805,919.08元中包含了索赔金额771,345.04元，其中进度款逾期利息为714,096.47元，管理费补偿57,248.57元。

自本案提起仲裁申请之日,被申请人未依照《分布式光伏发电建设工程清算协议》向申请人支付工程款。

办理结果

2023 年 10 月 16 日,重庆仲裁委员会裁决:

1. 被申请人自本裁决书送达之日起 10 日内,向申请人支付工程款 8,805,919.08 元以及资金占用利息[以 8,805,919.08 元为基数,自 2022 年 11 月 11 日起至被申请人清偿之日止,按全国银行间同业拆借中心公布的 1 年期贷款市场利率(LPR)的标准计算]。

2. 被申请人自本裁决书送达之日起 10 日内,向申请人支付律师费 60,000 元、保全费 5000 元。

2024 年 1 月,本案由昆明市中级人民法院受理进入执行程序。

办案策略

本案进入执行程序后,关于被执行人财产线索的搜集成为本案执行推进的核心工作。代理人结合分布式光伏电站项目的特点,与执行法院充分沟通关于是否执行电站设备以及并网后余电上网费用的代位求偿,并与当地电业局进行协助执行,以冀突破光伏项目执行之困难。

律师评析

一、典型意义

随着分布式光伏与户用光伏系统市场的火爆发展,光伏行业在规模快速发展的同时也将面临越来越多的问题,从产品品质、工程质量到法律风险,在层出不穷的问题面前,如何更好地避免纠纷,建设高质量的光伏电站成为更为迫切的需求。

光伏电站 EPC 总承包模式中承包商承担了工程设计、施工和组件采购等一体化的工作,这有利于项目业主提高工程质量、把控工期和控制投资。EPC 总承包模式体现了风险与效益、责任与权利、过程与结果的统一性,这已成为当前太阳能光伏电站施工建设的普遍方式。

由于大型光伏电站的建设投资较高,难免出现承包商垫付资金或业主未按期支付进度款和结算款的情况。有别于其他建设工程项目,光伏电站的经营收益(上网电费)作为投资人直接收益将或将成为解决施工单位工程款追讨的一种有效方式。

二、法律评析

(一)新能源项目 EPC 合同中的典型法律风险浅析

1. 分布式光伏发电项目是否属于《招标投标法》(2017 修正)第 3 条规定的"大型基础设施、公用事业等关系社会公共利益、公众安全的项目"。

首先,从法律规定上来讲,《必须招标的基础设施和公用事业项目范围规定》(发改法规规〔2018〕843 号)明确了项目的具体范围,其中能源基础设施项目属于关系社会公共利益、公众安全的项目。

《必须招标的基础设施和公用事业项目范围规定》第 2 条规定,"不属于《必须招标的工程项目规定》第二条、第三条规定情形的大型基础设施、公用事业等关系社会公共利益、公众安全的项目,必须招标的具体范围包括:(一)煤炭、石油、天然气、电力、新能源等能源基础设施项目……"

其次,从分布式光伏发电项目的规定上来讲,《分布式光伏发电项目管理暂行办法》中进行了明确规定。该办法第 2 条规定,"分布式光伏发电是指在用户所在场地或附近建设运行,以用户侧自发自用为主、多余电量上网且在配电网系统平衡调节为特征的光伏发电设施";第 11 条规定,"项目备案工作应根据分布式光伏发电项目特点尽可能简化程序,免除发电业务许可、规划选址、土地预审、水土保持、环境影响评价、节能评估及社会风险评估等支持性文件";第 12 条规定:"对个人利用自有住宅及在住宅区域内建设的分布式光伏发电项目,由当地电网企业直接登记并集中向当地能源主管部门备案。不需要国家资金补贴的项目由省级能源主管部门自行管理。"

根据以上办法规定,结合分布式光伏发电项目是否属于关系社会公共利益、公众安全的项目应当区别对待。

第一,对于在大型企业厂房、屋顶等建设的分布式光伏发电项目,发电用途为"全额上网"或者"自发自用、余额上网",并且仍然接入公共连接点的项目,我们认为该类项目仍然关系到社会公共利益、公众安全,在达到《必须招标的工程项目规定》第5条规定的标准的前提下,应当进行招标。

第二,对于个人或家庭利用自有住宅出资建设的分布式光伏发电项目,由于该类项目主要是以用户自身的需求为主,并且不涉及社会公众的安全问题,政府对该类项目的管理更为松弛,应当由用户自行选定施工、设计单位,而无须招标。国家电网印发的《关于分布式电源并网服务管理规则的通知》(国家电网营销〔2014〕174号)第27条明确规定,"由用户出资建设的分布式电源及其接入系统工程,其设计单位、施工单位及设备材料供应单位由用户自主选择。承揽接入工程的施工单位应具备政府主管部门颁发的承装(修、试)电力设施许可证、建筑业企业资质证书、安全生产许可证。设备选型应符合国家与行业安全、节能、环保要求和标准"。

第三,关于光伏扶贫电站项目,由于该类项目是以扶贫为目的,利用政府性资金投资建设的光伏电站项目,因此该类项目属于关系社会公共利益的项目,在达到《必须招标的工程项目规定》第5条规定的标准的前提下,应当进行招标。

2. 竣工及逾期风险。

新能源EPC项目中合同持续周期较长,总工期涵盖设计、采购、施工等总承包的各阶段,项目施工进程可能受到多种不可预测的因素影响,相较于传统项目,新能源EPC项目工期延误风险较高。

新能源EPC项目不仅要完成工程建设,还需通过试运行和相关验收,并消除缺陷项目后才能正式投入运营,以确保性能参数等各项指标符合合同约定以及满足并网发电要求。因此,EPC项目竣工前往往还需完成启动验收、试运行验收、并网验收、竣工验收等环节,工程的实际竣工日期在实践中往往会出现争议,进而影响到工期计算、价款结算、质保期起算、工程风险转移等诸多方面的问题。

为了规避上述风险,在EPC合同签订时应当就竣工日期及误期罚款等可能带来的风险予以充分考量,明确约定计划竣工日期及实际竣工日期,比如实际竣工日期可以考虑以发包人签发的接收证书中确定的日期为准。此外,对于EPC合同中的误期违约责任条款,应重点关注工期和罚款的计算方法是否合理、违约责任是否包含发电损失或补贴/保障上网电价损失、违约责任是否包含间接损失、罚款的费率是否合理(或过高或重复计算)、罚款是否规定了累计最高限额等,为了控制总承包方的风险,应在合同内考虑设置累计最高限额。

(二)光伏项目建设过程中常见法律风险评析

1. 招投标。电力、新能源基础设施项目属于《必须招标的工程项目规定》《必须招标的基础设施和公用事业项目范围规定》规定的必须招标项目。因此,光伏电站项目的勘察、设计、施工、监理以及与工程建设有关的重要设备、材料等的采购,应当注意额度是否达到必须招标的标准,对于符合标准的,应当进行招标。

2. 开工建设。根据《企业投资项目事中事后监管办法》,光伏电站建设应当在备案后2年内开工建设,开工建设、建设进度、竣工等建设基本信息应当通过全国投资在线审批监管平台如实、及时报送,项目建设应当按照备案的建设地点、建设规模、建设内容进行,否则可能面临备案机关的处罚。

3. 施工手续。建设前期阶段,需关注建设手续的完备性,包括综合楼/房建设规划手续、施工手续、消防手续。如果涉及升压站,需要升压站相关建设手续。

4. 工程验收在验收阶段中,工程启动试运,需关注质量监督验收情况、并网调度情况、电价批复情况、购售电情况以及各专项验收。国家能源局2013年8月29日颁布的《光伏电站项目管理暂行办法》(现已于2022年被修订为《光伏电站开发建设管理办法》)第11条规定:"光伏电站项目建设前应做好规划选址、资源测评、建设条件论证、市场需求分析等项目开工前的各项准备工作。"在"渔光互补"发电项目中,重点关注是否取得水保、防洪等手续。

5. 光伏项目的承包商需要具备什么资质。

光伏项目通常采用EPC、E+PC等工程总承包模式进行建设,依据《住房城乡建设部关于进一步推进工程总承包发展的若干意见》(建市〔2016〕93号)文件精神,具有工程设计或施工总承包资质的企业可以在其工程设计和施工总承包资质等级许可的工程项目范围内开展工程总承包业务。仅具有设计资质的企业承接工程总承包项目时,应当将工程总承包项目中的施工业务依法分包给具有相应施工资质的企业。

光伏电站项目属于电力建设项目,施工企业作为总承包商的,依据《建筑业企业资质标准》(建市〔2014〕159号)规定,需根据电站规模具有相应资质等级的电力工程施工总承包资质。设计企业作为总承包商将施工业务分包的,或者施工企业总承包商将部分专业工程分包的,施工分包商还需根据电站规模取得相应等级的施工总承包或者工程专业承包资质。

虽然分布式光伏发电项目的规模不同于光伏电站项目,实践中也存在认为分布式光伏发电项目不属于建设工程项目的观点,但《分布式光伏发电项目管理暂行办法》(国能新能〔2013〕433号)第17条规定,"分布式光伏发电项目的设计和安装应符合有关管理规定、设备标准、建筑工程规范和安全规范等要求。承担项目设计、咨询、安装和监理的单位,应具有国家规定的相应资质"。《关于进一步落实分布式光伏发电有关政策》(国能新能〔2014〕406号,已失效)中也要求施工单位应具备相应的资质要求。

实践中光伏项目总承包商除了施工和设计企业作为总承包商,还有太阳能电池组件制造商。对于太阳能电池组件制造商作为总承包商的,需注意其是否具有相应的工程资质和许可证,如果不具有相应的资质,其所签订的建设工程合同存在无效的风险。

(三)光伏电站发电收益的应收账款是否属于建设工程优先受偿权的行使范围

《最高人民法院关于人民法院办理执行异议和复议案件若干问题的规定》(2020修正)第12条规定,人民法院对执行异议和复议案件实行书面审查。建设工程优先受偿权仅限于工程折价或者拍卖的价款优先受偿,故在司法实践中,如果主张对光伏电站发电收益享有建设工程优先受偿权将很难得到支持。法律依据为:

《民法典》第807条规定:"发包人未按照约定支付价款的,承包人可以催告发包人在合理期限内支付价款。发包人逾期不支付的,除根据建设工程的性质不宜折价、拍卖外,承包人可以与发包人协议将该工程折价,也可以请求人民法院将该工程依法拍卖。建设工程的价款就该工程折价或者拍卖的价款优先受偿。"

《最高人民法院关于审理建设工程施工合同纠纷案件适用法律问题的解释（一）》（法释〔2020〕25号）第35条规定："与发包人订立建设工程施工合同的承包人，依据民法典第八百零七条的规定请求其承建工程的价款就工程折价或者拍卖的价款优先受偿的，人民法院应予支持。"

（四）执行法院对设定质权的电费账户冻结，应收账款质权能否继续实现

《最高人民法院关于人民法院执行工作若干问题的规定（试行）》（2020修正）第31条规定："人民法院对被执行人所有的其他人享有抵押权、质押权或留置权的财产，可以采取查封、扣押措施。财产拍卖、变卖后所得价款，应当在抵押权人、质押权人或留置权人优先受偿后，其余额部分用于清偿申请执行人的债权。"

据此，无论是已经质押给质权人的电费应收账款被冻结，还是已经设定质权的电费应收账款所对应的电费收款账户被冻结，即使质权人提出执行异议，要求解除对电费应收账款或电费收款账户的冻结或不得执行电费收款账户中的款项的，该等执行异议、执行异议之诉通常将败诉。

（五）律师代理思路

1. 分布式光伏EPC合同纠纷既具备一般EPC合同特点，也需要考虑分布式光伏的行业特点，从而提供更加综合的法律服务。

2. 代理人接受委托后，在仲裁层面完成对未完工工程的结算工作，在执行层面针对本案案涉光伏电站进行初步尽调，对其装机并网部分进行锁定和确认，为进一步执行其电费应收账款做好准备工作。同时，代理人协调执行法院联络到当地电业局及质权人进行代位求偿工作的开展。

❖ 律师介绍

甘雨辰，北京盈科（成都）律师事务所律师。现任盈科西南区域矿产与能源法律专业委员会副主任、盈科成都新能源与自然资源法律事务部主任。业务领域：新能源（光伏、储能、风电、地热）与矿产资源法律诉讼与非诉讼事务、投融资并购、国企合规。所获荣誉：2022、2023年度盈科全国优秀商事律师。

关于行政合法性原则的贯彻

——某电力公司光伏发电项目用地行政复议案

摘要　本案中,案涉企业涉嫌非法占用土地,被责令拆除建筑物、设施,恢复土地原状、退还土地,并处以罚款人民币90万元。陈吕文、张靖律师团队(以下简称律师团队)基于事实、法律、程序三个方面提出的行政合法性原则、程序正当原则等方面的法律意见被行政机关采纳。最终,市政府撤销该市自然资源局所作出的行政处罚。

案情简介

2019年,案涉企业完成对于20MW分布式光伏发电项目(以下简称案涉项目)的并购,案涉项目位于某市某镇,占地约600亩,为农光互补光伏发电项目。

2021年7月12日,该市自然资源局对案涉项目涉嫌非法占用土地问题进行立案调查。2021年7月20日,自然资源局向案涉企业送达行政处罚告知书、行政处罚听证告知书,告知书主要内容为:"你上述的行为违反了《土地管理法》第二条第三款、第三十七条及《基本农田保护条例》第十七条的规定。根据《土地管理法》第七十七条和《基本农田保护条例》第三十三条及《行政处罚法》第二十三条及《湖南省自然资源行政处罚裁量权基准》的规定,我局拟对你们(单位)作出如下行政处罚:(1)责令当事人退还非法占用的土地;(2)责令当事人限期在十五日内自行拆除在非法占用的土地上新建的建筑物和其他设施,并恢复土地原状;(3)对非法占用的 30,000 平方米土地,按每平方米 30 元的标准处以罚款,罚款总额为 900,000 元,上缴国库。"2021 年 7 月 26 日,自然资源局作出行政处罚决定书,并向案涉企业送达。

办理结果

2021 年 8 月初,律师团队接受委托后,经过初步分析,认为本案存在事实不清、证据不足、适用法律依据错误、违反法定程序等情形。

2021 年 8 月 19 日,律师团队代理案涉企业向该市市政府提出行政复议申请,请求撤销该市自然资源局作出的行政处罚决定书,同时提出暂缓执行行政处罚申请。最终,市政府作出撤销该行政处罚的决定。

办案策略

律师团队认为本案的关键在于光伏方阵用地的性质,并对其性质进行分析,认为案涉用地的性质具有两种可能性:

第一种可能,该市市政府或相关部门工作疏忽导致批复或审查出现差错,但并不能排除当时案涉土地在市级或省级层面,已经按照法律规定做好了整体的土地规划。

第二种可能,案涉土地的规划在项目进行期间发生过调整,即在项目批复和启动时,案涉土地的确属于未利用地,但是在土地使用期间土地性质发生了改变。此种可能亦为执法机关在行政复议程序中的抗辩理由。

若是第二种可能,根据《国土资源部、国务院扶贫办、国家能源局关于支持光伏扶贫和规范光伏发电产业用地的意见》(国土资规〔2017〕8 号,已失效)的规定,使用未利用地的,光伏方阵用地部分可按原地类认定,不改变土地用途,用地允许以租赁等方式取得,双方签订补偿协议,报当地县级国土资源主管部门备案,其他用地部分应当办理建设用地审批手续。即使涉及后期土地性质的调整,亦不应否定前期使用权人基于对政府批复信任和利益信赖的用地合法性。

因此,律师团队分别从事实认定、法律适用以及程序合法三个方面,论证本案的行政处罚决定存在违法性，并请求行政复议机关撤销该行政行为。

1. 在事实认定方面。行政执法机关认为案涉企业所占用的土地为基本农田，但与原国土资源局出具的证明内容不相符，原国土资源局出具的证明内容显示该企业项目选址属于未利用地。

2. 在法律适用方面。本案作出行政处罚决定的文件依据为旧的《行政处罚法》，但根据本案涉及的具体执法行为及相关执行文件作出、送达的时间，其适用的依据文件应为于2021年1月22日修订并于2021年7月15日起实施的《行政处罚法》。另外，案涉行政处罚决定书所按照的处罚标准未列明具体法律依据，仅笼统表述适用《湖南省自然资源行政处罚裁量权基准》，但该文件并非可以独立适用的规范性文件，且未具体列明适用的条款，本质上亦属于法律适用错误。

3. 在程序合法方面。行政执法机关在向企业送达行政处罚告知书、行政处罚听证告知书和送达行政处罚决定书之间仅间隔3个工作日，这违反了于2021年7月15日起开始实施的《行政处罚法》关于听证程序申请期限的规定。另外，行政机关在作出行政处罚决定时未告知该企业所作处罚决定依据的具体事实证据或材料，并未依法听取当事人陈述、申辩，这属于程序违法。

律师团队接受案涉企业的委托，向行政复议机关提交了行政复议申请及相关证据。行政复议机关采纳了律师部分观点，认定处罚决定属于事实认定不清和程序违法，最终决定撤销该市自然资源局所作的行政处罚决定。

律师评析

一、典型意义

本案所涉行政处罚，涉及行政合法性原则、程序正当原则、信赖利益保护原则的适用和新旧法衔接的处理。其中，行政合法性原则确保行政机关所作出的行政行为具有法律依据；程序正当原则强调了行政机关所作行政行为具有程序合法性；信赖利益保护原则体现了法律对于行政相对人合法权益的保障；新旧法衔接的处理，则保障了法律的稳定性与连续性。

本案中，上述原则得到了行政复议机关的认可，促成行政复议机关撤销行政处罚。这不仅是对企业合法权益的有力保护,更是对行政执法规范化的重要推动。该案例为类似争议的处理树立了良好示范,也进一步提升了行政执法机关依法行政的意识和水平,对于建设法治政府、优化营商环境具有积极意义。

二、法律评析

(一) 行政合法性原则及适用

我国行政法基本原则包括行政合法性原则与行政合理性原则。这两个基本原则,既是行政条文的统率,也是对法律条文适用的补充,其贯穿在我国行政法中,直接规范行政主体依法行政。其中,行政合法性原则的确立有助于行政法制的统一、协调和稳定,也有利于在适用法律时准确地理解及适用条文。

行政合法性原则包括行政职权来源合法和行政行为受法律约束两方面内容。首先,行政职权来源合法指职权由法律设定。职权由法律授予,职权的委托以法律许可为前提。行政行为受法律约束是指行政行为的内容、形式和程序必须符合法律要求。其次,行政行为一经做出,对行政相对人和行政主体均具有约束力,非有法定事由,非经法定程序,不得变更或撤回。

《行政复议法》(2023 修订)第 3 条第 2 款规定,行政复议机关履行行政复议职责,应当遵循合法、公正、公开、高效、便民、为民的原则,坚持有错必纠,保障法律法规的正确实施。《行政复议法》除了前述规定确立的"合法原则",还包括第 2 条"公民、法人或者其他组织认为行政机关的行政行为侵犯其合法权益,向行政复议机关提出行政复议申请……"的规定。《行政诉讼法》(2017 修正)第 6 条也规定了"人民法院审理行政案件,对行政行为是否合法进行审查"等内容。

由此可见,在我国法律制度设计上,行政机关所作出的具体行政行为可能要受到三次合法性审查:第一次为具体行政行为作出前的合法性审查,第二次为行政复议机关作出的行政复议决定前对行政机关的行政行为的合法性审查,第三次为人民法院对行政案件的审理对原行政行为的合法性审查。

(二) 程序法定原则

程序法定原则是行政合法性原则的内容之一,也是行政法程序性原则之一。行政机关的程序法定原则是指行政机关在行使职权的过程中,必须遵守法律法规和规章制度,按照事先确定的程序进行,不得擅自改变和违法操作。在行政处罚行为中,行政合法性原则和程序法定原则主要集中体现在处罚法定原则中,其要求对违法行为给予行政处罚的规定必须公布;未经公布的,不得作为行政处罚的依据。《行政处罚法》(2021修订)第4条规定:"公民、法人或其他组织违反行政管理秩序的行为,应当给予行政处罚的,依照本法由法律、法规或者规章规定,并由行政机关依照本法规定的程序实施。"第62条规定,"行政机关及其执法人员在作出行政处罚决定之前,未依照本法第四十四条、第四十五条的规定向当事人告知拟作出的行政处罚内容及事实、理由、依据,或者拒绝听取当事人的陈述、申辩,不得作出行政处罚决定"。《行政复议法》第64条规定,"行政行为有下列情形之一的,行政复议机关决定撤销或者部分撤销该行政行为,并可以责令被申请人在一定期限内重新作出行政行为:(一)主要事实不清、证据不足;(二)违反法定程序;(三)适用的依据不合法;(四)超越职权或者滥用职权"。因此,没有法定依据,或者不遵守法定程序,可能直接导致行政处罚无效。《行政诉讼法》第70条进一步规定:"行政行为有下列情形之一的,人民法院判决撤销或者部分撤销,并可以判决被告重新作出行政行为:(一)主要证据不足的;(二)适用法律、法规错误的;(三)违反法定程序的;(四)超越职权的;(五)滥用职权的;(六)明显不当的。"根据前述规定,违反法定程序为人民法院判决撤销或部分撤销具体行政行为的理由之一。

(三)律师代理意见

在本案中,针对自然资源局作出的行政处罚决定书,律师团队认为该案行政处罚行为存在违反行政合法性原则、程序法定原则等情形,建议企业申请行政复议。同时,基于行政机关在作出行政处罚决定过程中未向案涉企业披露其掌握与作出行政处罚所依据的证据,律师团队建议该企业向市政府行政复议办公室申请查阅该市自然资源局作出案涉行政处罚的证据等材料。在行政复议阶段,我方从行政合法性原则、程序正当原则等方面,向行政复议机关提交了如下主要代理意见:

××行政复议案代理意见

××市人民政府：

在××公司非法占用土地一案中，××市自然资源局对××公司作出的行政处罚决定存在程序违法、剥夺行政相对人相关权利等情形，故请求××市人民政府依法撤销××市自然资源局对××公司作出的行政处罚决定。

首先，在事实认定方面，我方认为执法机关对案涉项目基本事实认定不清，甚至事实认定错误。

自然资源局根据《基本农田保护条例》(2011修订)第17条"基本农田保护区一经划定，任何单位和个人不得擅自改变或者占用。国家能源、交通、水利等重点建设项目选址确实无法避开基本农田保护区，需要占用基本农田保护区内耕地的，必须依照《中华人民共和国土地管理法》规定的审批程序和审批权限向县级以上人民政府土地管理部门提出申请，经同级农业行政主管部门签署意见后，报县级以上人民政府批准。前款所列建设项目占用一级基本农田500亩以下的，必须报省、自治区、直辖市人民政府批准；占用一级基本农田超过500亩的，必须报国务院批准"的规定，认为案涉企业项目占用土地为基本农田，并根据《基本农田保护条例》第33条"违反本条例规定，占用基本农田建窑、建房、建坟、挖砂、采石、采矿、取土、堆放固体废弃物或者从事其他活动破坏基本农田，毁坏种植条件的，由县级以上人民政府土地行政主管部门责令改正或者治理，恢复原种植条件，处占用基本农田的耕地开垦费1倍以上2倍以下的罚款；构成犯罪的，依法追究刑事责任"，以及《土地管理法》(2019修正)第77条"未经批准或者采取欺骗手段骗取批准，非法占用土地的，由县级以上人民政府自然资源主管部门责令退还非法占用的土地，对违反土地利用总体规划擅自将农用地改为建设用地的，限期拆除在非法占用的土地上新建的建筑物和其他设施，恢复土地原状，对符合土地利用总体规划的，没收在非法占用的土地上新建的建筑物和其他设施，可以并处罚款；对非法占用土地单位的直接负责的主管人员和其他直接责任人员，依法给予处分；构成犯罪的,依法追究刑事责任"的规定,对案涉企业作出了相应处罚。

对此,我方认为执法机关对案涉项目地块的性质认定存在不妥,根据原国土资源局向案涉企业出具的证明,证明了当时项目在申报用地手续时,原国土资源局认定案涉项目用地属于未利用地。

案涉企业提交的相关证据显示,案涉企业与当地镇政府、当地村委于2016年9月签订的《分布式电站项目土地租赁合同》约定项目用地合计600亩以出租方式流转给案涉企业用以从事太阳能发电站的建设和生产经营。根据《国土资源部、发展改革委、科技部、工业和信息化部、住房城乡建设部、商务部关于支持新产业新业态发展促进大众创业万众创新用地的意见》(国土资规〔2015〕5号,已失效)"光伏、风力发电等项目使用戈壁、荒漠、荒草地等未利用土地的,对不占压土地、不改变地表形态的用地部分,可按原地类认定,不改变土地用途,在年度土地变更调查时作出标注,用地允许以租赁等方式取得,双方签订好补偿协议,用地报当地县级国土资源部门备案;对项目永久性建筑用地部分,应依法按建设用地办理手续"的规定,案涉企业根据相关政府部门的相关批复,进一步以租赁的方式与当地镇政府、当地村委签订土地租赁合同取得项目用地,符合相关用地政策规定。

同时,我方还提交了以下材料:(1)《关于××市20MW分布式光伏发电建设项目用地的预审意见》(××国土资预审字〔20××〕××号),载明该项目用地符合本次规划调整完善后的土地利用规划(2006~2020)(2016年修订版),不占用基本农田;(2)其他部门的批准材料包括《关于××市20MW分布式光伏发电项目备案的通知》《〈关于××市20MW分布式光伏发电项目〉使用林地的预审意见》《关于同意××市20MW分布式光伏发电项目临时使用林地的批复》等。依据这些批准材料可以认定项目用地手续符合产业用地的政策和审批手续要求,企业不存在行政机关认定的违法占用土地行为。

其次,在法律适用层面,我方认为案涉行政处罚行为适用法律错误。

第一,在作出行政处罚决定过程中,自然资源局出具的行政处罚告知书、行政处罚听证告知书、行政处罚决定书三份文件的时间均在2021年7月15日之后,应当适用自2021年7月15日起施行的《行政处罚法》。但在本案中,上述三份关于行政处罚的文件均适用了旧《行政处罚法》。行政处罚告知书适用旧《行政处罚法》第31条、第32条,行政处罚听证告知书适用旧《行政处罚法》第42条,行政处罚决定书适用旧《行政处罚法》第23条,均存在法律适用错误的问题。

第二,案涉行政处罚决定书处罚内容第3项"对非法占用的30,000平方米土地,按每平方米30元的标准处以罚款……"的内容,未列明具体适用的法律依据。该项所适用的规范性文件《湖南省自然资源行政处罚裁量权基准》为省自然资源厅颁布的《规范自然资源行政处罚裁量权办法》的附件,该文件并非一份可以独立适用法律文件。另外,根据《规范自然资源行政处罚裁量权办法》的规定,湖南省自然资源行政处罚裁量权基准,对于非法占用土地的处罚依据是《土地管理法》第77条"未经批准或者采取欺骗手段骗取批准,非法占用土地的,由县级以上人民政府自然资源主管部门责令退还非法占用的土地……"的规定。《土地管理法实施条例》(2011修订)第42条规定:"依照《土地管理法》(原)第七十六条的规定处以罚款,罚款额为非法占用土地每平方米30元以下。"但在本案中,行政机关在作出该行政决定时未列明该文件的具体条款,未针对不同的违法情形和处罚基准作具体分析论证,所作出的行政处罚缺乏充分的法律依据。

再次,在程序层面,我方认为案涉行政处罚行为违反法定程序。

在本案中,自然资源局于2021年7月20日向案涉企业送达行政处罚告知书、行政处罚听证告知书,并于2021年7月26日送达行政处罚决定书,其间仅间隔3个工作日。另外,本案还存在自然资源局未告知企业作出处罚决定所依据的事实证据或材料及拒绝听取当事人陈述、申辩即直接送达行政处罚决定书等情形。

自2021年7月15日起施行的《行政处罚法》第44条规定,"行政机关在作出行政处罚决定之前,应当告知当事人拟作出的行政处罚内容及事实、理由、依据,并告知当事人依法享有的陈述、申辩、要求听证等权利";第45条规定,"当事人有权进行陈述和申辩。行政机关必须充分听取当事人的意见,对当事人提出的事实、理由和证据,应当进行复核;当事人提出的事实、理由或者证据成立的,行政机关应当采纳。行政机关不得因当事人陈述、申辩而给予更重的处罚";第62条规定,"行政机关及其执法人员在作出行政处罚决定之前,未依照本法第四十四条、

第四十五条的规定向当事人告知拟作出的行政处罚内容及事实、理由、依据,或者拒绝听取当事人的陈述、申辩,不得作出行政处罚决定;当事人明确放弃陈述或者申辩权利的除外";第64条规定,"听证应当依照以下程序组织:(一)当事人要求听证的,应当在行政机关告知后五日内提出。"根据前述规定,本案行政机关履行告知义务、相关文件送达等程序存在程序违法、剥夺行政相对人相关权利等情形。

综上,案涉行政处罚决定依法应予以撤销。

申请人:××公司

代理律师:陈吕文、张靖

20××年××月××日

(四)关于贯彻行政合法性原则的思考

1. 贯穿行政合法性原则的要求

行政合法性原则要求行政主体在实施行政活动时必须有法律依据,尤其是行政主体在实施可能侵害公民的权利、自由或对公民科以义务负担等情况下,相关形式、内容必须由法律来设定,行政法规和行政规章均无权规定。在具体行政执法中,在遵守合法授权的前提下,根据法定程序实施法定的行政行为,即视为形式上作出了一个合法有效的具体行政行为。行政合法性原则在行政机关行政执法过程中发挥着基础性、前提性作用。

首先,行政合法性应贯穿在行政处罚作出的过程中。根据《行政处罚法》第4条规定:"公民、法人或者其他组织违反行政管理秩序的行为,应当给予行政处罚的,依照本法由法律、法规、规章规定,并由行政机关依照本法规定的程序实施。"这是合法行政原则的体现,即行政主体实施行政活动必须具有法定的依据,符合法定的要求,没有法律、法规、规章的规定,不得作出影响公民、法人和其他组织的合法权益或者增加公民、法人和其他组织的义务的决定,否则必须承担相应的法律后果。同时,《行政处罚法》第5条第2款规定:"设定和实施行政处罚必须以事实为依据,与违法行为的事实、性质、情节以及社会危害程度相当。"行政机关采取行政措施,一定要对行政手段与行政目的进行权衡,采取对公民权益造成限制或者损害尽可能小的行政措施。

其次,行政合法性还应贯穿行政复议阶段。例如,行政机关应当遵守《行政复议法》第 62 条关于审限的规定,"适用普通程序审理的行政复议案件,行政复议机关应当自受理申请之日起六十日内作出行政复议决定;但是法律规定的行政复议期限少于六十日的除外。情况复杂,不能在规定期限内作出行政复议决定的,经行政复议机构的负责人批准,可以适当延长,并书面告知当事人;但是延长期限最多不得超过三十日。适用简易程序审理的行政复议案件,行政复议机关应当自受理申请之日起三十日内作出行政复议决定"。

2. 新旧法的衔接

根据《立法法》(2023 修正)第 104 条规定,法律、行政法规、地方性法规、自治条例和单行条例、规章不溯及既往,但为了更好地保护公民、法人和其他组织的权利和利益而作的特别规定除外。这一规定体现了在新旧法适用方面"法不溯及既往"的基本原则。

关于新旧法适用问题,可以从以下两个方面理解:

首先,在实体问题方面,适用"法不溯及既往"原则,对于在新法施行后,旧法下发生的行为仍适用旧法。

其次,在程序问题方面,在新法后进行的程序行为,发生时有效的法律已经是新法,故其适用新法并不违反"法不溯及既往"原则。

以上就是一般所说的"程序从新,实体从旧"原则,对于新法施行后所为的行为,应该按照新法规定的程序进行。

结合本案内容,行政机关在作出关于行政处罚决定的三份文件的时间均在新修订的《行政处罚法》开始(2021 年 7 月 15 日)实施之后,故行政机关应适用新法关于听证期限的相关规定。在作出相应的行政行为时,行政机关需严格遵循合法行政性原则,适用恰当、适时的法律,这是对行政行为相对人合法利益的保护。

3. 信赖利益保护

《行政许可法》(2019 修正)第 8 条规定:"公民、法人或者其他组织依法取得的行政许可受法律保护,行政机关不得擅自改变已经生效的行政许可。行政许可所依据的法律法规、规章修改或者废止,或者准予行政许可所依据的客观情况发生重大变化的,为了公共利益的需要,行政机关可以依法变更或者撤回已经生效的行政许可。由此给公民、法人或者其他组织造成财产损失的,行政机关应当依法给予补偿。"这一条文以法律形式确立了行政许可信赖利益保护的原则。

信赖利益保护原则的适用条件,可以从以下三个方面理解:

一是存在信赖基础,此为该原则适用的前提条件。首先,信赖的客体不仅包括具体行政行为,还包括行政机关颁布的行政法规等抽象行政行为以及长期所形成的惯例、规则等内容。其次,信赖利益保护原则存在的基础应当是有效成立的行政行为,而不论该行为是合法还是违法。当然,明显无效的行政行为不能产生信赖利益。

二是相对人实施了信赖行为,即行政相对人基于相信信赖基础稳定不变所采取的对自己生活做出安排和对财产进行处分的行为。

三是相对人所形成的信赖利益是值得保护、正当的利益。行政相对人的实际信赖是否为正当信赖,关键是看行政相对人对法律状态的改变有无过错。

一般认为,违法行政行为被撤销,代表信赖利益保护原则和行政合法性原则处于对峙状态。此时确定相关原则适用时,需要行政机关对冲突的原则所代表的利益作出权衡,相互冲突的原则必须衡量或平衡某些原则比其他原则具有更大的"分量"。因此,当依法行政原则与信赖利益保护原则冲突时,应当以个案情况为判断基础,考察个案中体现的两个原则的内容,并依据此内容进行价值的比较与裁量,从而得出个案中适用具体原则的结果。

结合本案,案涉企业在开展案涉项目时已经取得了案涉项目用地使用资格,并陆续取得发展和改革局等相关部门的备案或批准手续,依法办理了建设用地批准手续,应属于取得行政许可。而自然资源局的行政处罚认定,有违该企业对于当地行政机关的行政行为所产生的信赖利益保护。信赖保护原则是行政法中的一个重要原则,其核心在于保护公民、法人和其他组织对政府行为的合理信赖。该原则亦是现代法治原则的核心之一,它对于确保政府行为的稳定性和可预测性具有一定的保证作用,使公民和组织能够在法律框架内合理规划他们的行为,是维护公民对政府的信心和合法权益的重要原则。

4.行政复议机关撤销行政处罚的法律依据

根据行政行为合法性原则,行政机关在作出行政行为时存在缺乏事实依据、适用法律依据错误、违反法定程序等情形的,该具体行政行为属于违法行为。根据《行政复议法》第64条第1款规定,行政复议机关对于原行政机关所作的行政行为有权作出决定撤销、变更或者确认该具体行政行为违法,同时可以责令原行政机关在一定期限内重新作出具体行政行为。在本案中,市政府认为原行政行为存在事实认定不清和程序违法等情形,故撤销自然资源局作出的行政处罚决定,并责令自然资源局依法重新作出具体行政行为。这是遵循、贯彻行政行为合法性原则的重要体现。

上述规定赋予了上级行政机关对于下级行政机关所作行政行为的监督、纠错机制,具有深远的意义。

首先,这一规定对于维护社会稳定具有重要意义,是对行政行为合法性原则的贯彻和体现。行政机关的权力来源于法律,行政机关作为执法者,其行政行为直接关系到公民、法人或其他组织的权益。因此,行政机关必须带头守法,对行政行为进行认真审查,确保其合法、合理、公正。这种审查不仅是对自身行政行为的监督,也是对社会稳定的合理保障。

其次,该原则对于保护公民合法权益具有关键作用。在行政处罚过程中,难免会出现错误或不当的处罚决定。此时,上级行政机关应当主动承担监督责任,及时纠正下级机关错误,以维护法律的尊严和公正性。这种纠错机制不仅有助于提升行政机关的执法水平,更好地维护公民合法权益,也有助于增强公众对行政机关的信任。

对行政合法性原则的贯彻,在强化行政执法监督责任,保护公民合法权益的同时,将有利于推进法治进程,构建公正社会。

◆ 律师介绍

张靖,北京市盈科(佛山)律师事务所执业律师,中国政法大学法学硕士,现为盈科佛山资本市场法律事务部执行主任、广东省律师协会涉外新锐人才库律师、佛山市律师协会证券人才库律师等。

业务领域:专注汽车和能源领域,擅长投融资及并购重组、股权设计及股权激励、企业合规、合同纠纷处理及其他重大民商事争议解决。著有《汽车销售行业合规经营及法律风控实务全流程指南》(法律出版社,2024年1月出版)等。

陈吕文,北京市盈科(佛山)律师事务所执业律师,现为中共北京市盈科(佛山)律师事务所总支部委员会委员、中共北京市盈科(佛山)律师事务所第三支部委员会书记、第十二届广东省律师协会企业法律顾问专业委员会委员、广东省涉外先锋人才库成员、佛山市党政机关外聘法律顾问人才库成员、佛山市律协涉外领军人才库律师等。

业务领域:专注汽车和能源领域,擅长合同风险管理、投融资及股权并购、企业合规、人力资源风险防控及重大民商事争议解决。著有《汽车销售行业合规经营及法律风控实务全流程指南》(法律出版社,2024年1月出版)等。

法律保障绿色转型

——化学新材料产业园区新型储能项目的先试先行

案情简介

在"十四五"新型储能发展的宏伟蓝图的引领下,江苏泰州某集团有限公司紧跟国家能源发展战略,决定深入参与到这一充满前景的新兴产业中。

江苏泰州某集团有限公司位于化学新材料产业园区内,该园区不仅拥有10.58平方公里的规划面积和4.99公里的长江岸线,更重要的是,它已经发展成为本市石化和新材料产业的核心区域,汇聚了中海油、中石化、盛虹、海螺等众多世界500强企业,其庞大的用电需求为储能项目的实施提供了强有力的市场基础。

集团拟开展储能项目旨在为园区内的企业带来更加高效、环保的能源供应解决方案,降低他们的能源成本,提升能源使用效率。更重要的是,通过实际项目的推进和新型储能技术的应用,该集团将为实现绿色能源发展、推动经济社会发展与环境保护的和谐共进贡献力量。

为此,江苏泰州某集团有限公司委托律师提供全程法律服务,保障项目顺利落地并合规运营。经集团高层与承办律师反复调研、论证,该集团决定接受律师意见,成立一家全资子公司,将其打造成专门从事新型储能电站建设和运营的先锋企业。

办理结果

项目公司在其成立初期就已经显现出其巨大的市场吸引力和前景。目前,已成功地与化学新材料产业园区内多达数十家企业签订了新能源合作协议。这一成就不仅标志着项目公司在新能源领域的强劲动力和广阔的发展潜力,也为其未来的稳定运营与持续发展铺平了道路,同时建立起一个稳固且广泛的合作伙伴网络。这些伙伴关系的建立,不仅为合作企业自身提供了稳定且可靠的新能源供应,确保了它们在追求可持续发展道路上的能源需求得到满足,同时也为整个产业园区乃至整个地区的绿色转型与技术升级提供了坚实的基础。通过合作协议,项目公司与每一家合作伙伴都共同致力于推进新能源的综合利用和节能减排,这不仅体现了各方对于绿色能源和可持续发展的共同承诺,也显示出项目公司在促进新型储能技术推广及应用方面所发挥的关键作用。更进一步来说,这些合作有助于优化产业园区的能源结构,提高能源使用的效率和质量,同时也降低整个园区的碳排放,为实现绿色低碳发展目标作出了积极贡献。

此外,这些合作协议的签订也为项目公司带来了丰富的行业经验和资源,为其在未来探索更多新能源项目和市场机会提供了宝贵的资本。与产业园区内的企业建立起的这种互利共赢的合作模式,不仅促进了项目公司与合作伙伴之间的紧密联系,也为整个区域经济的绿色发展贡献了力量,进一步增强了项目公司在新能源行业内的影响力和竞争力。同时,该项目的顺利落地在泰州地区起到了示范作用,数家国有公司及园区纷纷至该项目公司考察学习,表示希望能够借鉴该项目公司成果经验,组建自己园区的储能项目公司。

◆ 办案策略

面对新型储能电站项目的建设与运营,承办律师意识到该项目面临的主要难点与挑战是多方面的,这些难点与挑战多集中在技术选型、项目立项与实施过程中的合规性审查,以及与国网等部门协调等关键领域。随着新型储能技术的快速发展,伴随而来的是法律法规和政策标准的不断更新和调整,这些变化给项目的合法合规运行带来了不小的挑战和风险。为了有效应对这些挑战,承办律师采取了以下服务方案:

第一,关于技术选型的问题,承办律师明确了在选择新型储能技术时,不仅要考虑技术的成熟度和可靠性,还需要评估其经济性和环保性。因此,承办律师组织了跨学科的专家团队,包括技术专家、经济分析师和环境保护专家,共同进行技术方案的评估和筛选。通过这种综合评估方法,承办律师确保选定的技术方案不仅技术先进,而且在经济和环境保护方面也是可行的。

第二,在项目立项和实施过程中的合规性审查方面,承办律师采取了严格的内部审查机制,确保项目从立项到实施的每一步都符合国家的法律法规和政策要求。此外,承办律师还与地方政府和相关部门建立了良好的沟通渠道,及时获取最新的法律法规信息,确保项目能够快速响应政策变化,避免因政策调整带来的风险。对于储能项目的许可与备案事项,承办律师制定了详细的申请流程和材料清单,组织专业团队负责申请的准备和提交工作。通过前期的充分准备和与审批部门的积极沟通,承办律师努力确保项目能够顺利通过审批,及时获取所需的经营许可。承办律师的服务方案旨在通过专业的技术评估、严格的合规性审查以及高效的申请流程,来有效应对新型储能电站项目建设与运营过程中的各种挑战和风险,确保项目能够合法合规地运行,同时实现经济效益和环境保护的双重目标。

第三,在项目推进的过程中,承办律师依托专业的法律知识和在能源行业积累的丰富经验,对储能项目涉及的各项法律法规、政策导向以及技术路径进行了深入的分析与研究。承办律师的工作不是仅停留在表面的法律咨询,而是深入项目的各个环节,确保从项目立项到运营各阶段都符合国家的法律框架和政策要求。通过与政府相关部门的密切沟通和协作,承办律师不仅准确把握了当前的政策走向和具体的法规要求,还预测了政策未来的可能调整方向,为项目的顺利实施提供了坚实的法律支持和政策指导。这种前瞻性的法律服务确保了项目能够灵活应对政策变动,从而减少不必要的法律风险和经营延误。在许可、备案申请中,承办律师团队精心准备了一系列必要的法律文件和申请材料,通过深入的法律论证和与审批机构的积极沟通协调,保障了公司合法合规地开展运营活动。此外,承办律师还为新设公司提供了持续的法律服务,包括合同管理、风险评估等方面,确保公司在快速发展的同时,能够有效管理和控制项目运营过程中的法律风险。承办律师不仅仅是提供法律意见书或进行简单的合规检查,其还深度参与项目的各个阶段,从法律角度为项目的顺畅推进提供了全方位的支持和保障,确保项目在遵循法律法规的同时,也能实现经济效益和社会效益的最大化。

第四,在为新设公司制定公司章程、投资决策流程等关键合规性文件的过程中,承办律师特别注重法律风险的预防和控制。承办律师的目标是确保公司从设立开始到投资决策,再到日常运营的每一步,都严格遵守国家的法律法规和相关政策要求。这一举措不仅有效规避了潜在的法律风险,而且为整个项目的平稳进展奠定了坚实的法律基础。在制定公司章程时,承办律师深入分析了新型储能行业的特点和发展趋势,以及国家在环境保护、能源利用、投资审批等方面的最新法律法规,不仅确保章程中包含了对公司治理结构、股东权利和义务、决策程序等关键方面的明确规定,也引入了灵活的管理机制以适应行业发展和政策变化的需求。在投资决策流程的设计上,承办律师特别强调了项目评估的全面性和决策的合理性,建立了包括市场分析、财务评估、环境影响评估和法律合规性审查在内的多维度评估机制。这一流程确保了投资决策的科学性和前瞻性,降低了因市场或政策变化可能导致的投资风险。此外,承办律师还重视公司日常运营中的合规性监控。承办律师为新设公司制定了一系列的内部控制制度和风险管理策略,涵盖了财务管理、合同审批、环境保护等方面。这些制度旨在建立起一套行之有效的风险预警和应对机制,确保公司能够及时发现并处理可能的法律和经营风险。承办律师不仅保障了公司从法律角度的严格合规,也为公司的长期发展提供了强有力的支撑。这种综合性的法律服务体现了承办律师团队对客户需求的深刻理解和专业的法律实践能力,确保了项目能够在复杂多变的法律环境中稳健前行。

第五,在项目公司顺利设立之后,律师团队迅速投入首个电站的合作商谈中。这个阶段是项目从纸面到实践的关键一步,尤其是选址的决定,更是项目成功的重要因素。首个电站的选址落在某集团公司(世界500强企业之一)的一个闲置场地上,这个场地位于化学新材料产业园区内,拥有约4500平方米的土地。这个地理位置不仅靠近长江,便于利用水资源冷却系统,而且其位于产业园区内,电站能够直接服务于园区内的高用电需求企业,从而极大地提高了项目的实用价值和经济效益。拟定的装机容量为60MW/120MWh,这个规模的设定既考虑了初期的实际需求,也预留了未来扩展的可能性。装机容量的设定是基于对园区内现有和未来潜在用电需求的详尽分析,也反映了承办律师对于新型储能技术应用前景的信心。首个电站选址确定后在很短的时间内,园区内数十家企业即与项目公司签订了新能源合作协议。这不仅展现了项目的吸引力,也为项目的稳步推进奠定了坚实的基础。这些合作协议的签订,是公司基于对各企业用电需求和能源优化需求的深入了解,并通过定制化的服务方案,以满足不同企业在新能源利用和节能减排方面的需求。承办律师不仅参与了电站合作商谈的全过程,确保所有商业协议的合法性和合规性,还特别关注了合作过程中可能出现的法律风险,为项目公司提供了全面的法律支持。承办律师确保每一项协议都严格遵守国家相关法律法规和政策导向,以防范任何可能的法律风险,保障项目顺利推进。

律师评析

一、典型意义

该新型储能项目的推进与实施,在多维度上展现了其深远的典型意义及不可小觑的价值。首先,项目作为对《江苏省"十四五"新型储能发展实施方案》的积极响应,不仅体现了某集团有限公司对于新能源领域探索的决心与实力,同时彰显了企业对于绿色能源发展趋势的高度认同与支持。这种从政策到实践的转化过程,标志着企业在可持续发展道路上迈出的一大步。项目通过与国网能源服务公司的紧密合作,有效利用了双方资源与优势,不仅促进了能源使用的效率与质量的双重提升,也加速了新能源技术的本地化应用和广泛推广。此种合作模式的成功,为新型储能领域的发展注入了新的活力,提供了实践经验,对行业内的技术创新与模式探索具有重要的引领和示范作用。此外,该项目的顺利进行与实施,在促进地方经济增长、提升能源使用效率以及降低环境污染与碳排放方面,均扮演着重要角色。这不仅符合全球持续发展的总体趋势,更在区域经济结构调整与升级中,提供了重要的参考案例。对于其他企业和地区而言,该项目成为一种值得借鉴与参考的新能源投资与应用模式,展示了新能源领域投资建设的广阔空间和明亮前景。从法律服务的视角来看,该项目的成功落地,凸显了专业法律服务在推动大型新能源项目中的关键作用。无论是前期的尽职调查,中期的合同谈判,还是项目实施过程中的合规性检查,专业、精准的法律指导都是不可或缺的。这一过程不仅为律师团队提供了展现其专业能力与实力的平台,也为行业内的法律实践者们提供了丰富的经验与深刻的启示,促进了法律服务领域与新能源产业的深度融合,为未来相关领域的法律服务工作奠定了坚实的基础,开辟了新的视角和思路。

二、法律评析

在新型储能项目的推进中,为项目提供全流程法律服务的承办律师不仅仅是风险防控的"守门人",更是项目顺利落地的关键桥梁。通过对法律环境的深度解析和对项目需求的精准把握,律师团队为项目的发展铺平了道路。本次法律评析深入探讨了项目面临的主要法律议题及应对策略。

1. 交易双方关心的要点

一是新设公司的合法性和合规性问题。在项目初期,确保新设公司的合法性和合规性是基础也是前提。根据《公司法》(2023修订)及其他相关法律法规,新设立的公司必须满足特定的法律要求,包括但不限于注册资本的实缴与认缴、公司治理结构的合理设置、内部管理规章的制定等。律师团队在此环节的工作不仅仅是形式上的合规审查,更是通过对公司章程和内部治理机制的精心设计,为公司的健康发展打下坚实的基础。此外,通过设定详尽的投资决策流程,律师团队为公司未来的扩展和运营提供了明确的指引,确保公司能够在遵循法律框架的同时,灵活高效地进行决策和管理。

二是新型储能项目的经营许可等问题。针对新型储能项目特别是涉及电力方面的经营活动,获取必要的许可、备案是项目能否顺利进行的关键。律师团队的职责在于深入理解行业政策和法律要求,以及准确掌握申请许可、备案的具体流程和细节。律师通过与相关政府部门的密切沟通协作,为项目公司提供专业的法律服务,确保其顺利通过各项审查。这不仅涉及繁复的申报材料准备和程序跟进,更需要律师团队对政策的深刻洞察和应变能力,以应对可能出现的各种复杂情况。

2. 项目涉及的法律问题的难点与争议点

一是新型储能技术及其相关法律规定的不确定性。随着新型储能技术的迅速进步,这些技术在能源存储领域的应用变得日益广泛,但相应的法律法规发展却未能跟上这种速度。现有的法律框架往往难以全面覆盖所有新出现的技术情形,导致在具体应用和实施过程中出现法律空白或解释上的不明确。针对这一问题,律师团队通过深入研究国内外相关法律法规,并结合新型储能技术的具体应用特点,积极与监管部门进行沟通和交流,力求为项目公司提供最前瞻性的法律意见和解决方案,确保项目的合法性与合规性。

二是新能源合作协议的解释与执行。新能源项目合作本身具有较高的技术和商业复杂性,合作双方对于合同条款的理解和期望可能存在差异,特别是在合同条款涉及技术规格、成本分摊、收益分配、责任追究等关键内容时。因此,在合同谈判阶段,律师团队特别重视合同条款的准确表述、明确性和可执行性,通过精细化管理合同条款,力求消除任何可能的歧义,以预防未来可能产生的合同纠纷。此外,律师团队还注重于合同的灵活性设计,以便在未来技术或市场环境发生变化时,双方能够基于合同框架内进行适当调整,从而维护合作关系的稳定性和持久性。

3. 律师团队制定策略和工作内容

律师团队在制定策略和工作内容方面采取了多维度、全周期的法律服务方法。首先,优化合同结构是律师团队策略的核心部分。承办律师通过对合同条款的精细化设计,确保双方权利义务的明确性和平衡性,从而为合作关系的稳定性和长期性打下坚实的法律基础。这包括但不限于对合作范围、责任分担、利益分配以及争议解决机制等关键条款的详细规定。其次,进行全面的法律尽职调查是承办律师工作的另一重要方面。承办律师通过对项目的全方位法律环境分析,及时发现并解决潜在的法律问题。这不仅涉及《民法典》合同编、《公司法》等传统法律领域,还包括新能源法、环保法等与项目紧密相关的专业法律领域。通过这一过程,律师团队确保项目符合现行法律法规的要求,避免因法律合规问题导致的项目延误或额外成本。再次,制定风险应对预案是确保项目顺利进行的关键。律师团队不仅识别和评估项目可能面临的商业风险和法律风险,还提出具体的预防和应对措施。这种风险管理方法帮助项目公司提前规避风险,或者在风险发生时能够迅速有效地进行应对,保护公司利益不受损害。最后,在法律分析方面,律师团队的服务覆盖了项目的全流程,从前期的筹备和规划到合作协议的签订,再到项目的实施和运营等各个环节。在每个阶段,律师都会进行法律风险的梳理和评估,为项目公司提供持续的法律支持。这种全程的法律服务不仅保障了项目的顺利进行,也为项目公司提供了全面的法律保障,最大限度地减少了法律纠纷的风险。

律师团队通过这一系列综合性的法律服务,不仅确保了新型储能项目的顺利实施,还展示了律师在处理复杂项目中的专业价值。此外,该项目的成功实施不仅对项目本身具有重要意义,也为推广新型储能技术、促进绿色能源的发展、提高能源使用效率提供了重要的参考和示范。这些工作不仅体现了律师团队的专业能力,也为行业内的其他类似项目提供了宝贵的经验和实践指导。

❖ 律师介绍

李阳,北京盈科(泰州)律师事务所律师。现任北京盈科(泰州)律师事务所管委会副主任、企业顾问及金融法律事务部主任。业务领域:环境资源领域项目/案件、公司诉讼争议解决、国有企业投融资项目等。所获荣誉:2022年度盈科全国优秀民事律师。

何潍丹,北京盈科(泰州)律师事务所律师。业务领域:公司诉讼争议解决、合同纠纷、侵权纠纷等。

任鑫锋,北京盈科(泰州)律师事务所律师。业务领域:合同纠纷、知识产权及交通事故案件处理等。

能源结构变革下的加注站困境

——多重约束条件下加注站资产处置法律方案

案情简介

在过去的十多年里,随着全球对环保意识的提高和新能源技术的快速发展,全球能源消费格局发生了深刻变化,尤其是在交通领域。为适应能源结构改革,新能源汽车产业在我国市场迅速崛起,成为推动交通领域能源转型的重要力量。特别是纯电动汽车,因其零排放和低运行成本的优势,逐渐成为市场的主流销售车辆。与此同时,公共交通系统也开始向电动化转型,以减少碳排放和提升能效。

在这样的背景下,传统能源加注站,例如某集团旗下的A公司所经营的B加注站,面临着前所未有的挑战。随着电动车辆的普及和公共交通的电动化,市场对传统燃料的需求逐渐减少,导致加注站业务萎缩。面对行业环境的剧烈变化,该集团不得不进行战略调整,决定清算关闭专注于传统能源加注业务的A公司。然而,A公司旗下的B加注站作为当地公交系统的重要燃料供应点,仍需为多条公交线路上的100多辆某类型能源巴士提供燃料。因此,A公司的关闭给B加注站的持续运营带来了严峻的挑战。

A公司作为B加注站的支撑和基础,在A公司清算后,B加注站面临着失去运营载体和资质的困境。这就产生了"皮之不存,毛将焉附"的现实难题。

在这样的情况下,我们的主要工作目标有两个方面:一是完成A公司的清算关闭任务,确保过程顺利、合规,并妥善处理相关清算事宜;二是解决B加注站在

A 公司关闭后继续合规运营的问题,保障公交巴士的能源供应,确保加注站的可持续发展。

为了实现这些目标,我们需要综合考虑多方面的影响因素。这不仅要求我们深入分析当前的行业发展趋势、政策环境和业务转型需求,还需要我们寻找融合法律合规考虑和商务考虑的方案。

办案策略

面对"皮之不存,毛将焉附"难题,在法律和商业环境下,如何应对公司关系、资产处置等复杂问题的挑战和解决之道,找到有效的解决方案,保障相关利益方的合法权益和持续发展是我们处理此案件的终极目标。以下是相关服务方案及分析。

一、主要的难点和挑战点

1. B 加注站是 A 公司的资产,A 公司设立分支机构运作 B 加注站,该分支机构不具备独立法人资格,在 A 公司的清算中,必然需要对 B 加注站进行清算处置。在 A 公司进行工商注销登记后,公司的人格消灭,运作 B 加注站的分支机构当然不再存在,B 加注站必然失去了运营的载体。

2. B 加注站所经营的该类传统能源加注业务在国家投资管理领域中,不属于依备案就可经营的业务种类,而是必须依许可才能运营的业务种类。也就是说,某类型能源经营者,在硬件和软件上必须满足一定条件,向国家有关管理部门提出申请,在获得有关的许可资质后,才能从事运营。在本案中,这个运营许可资质,依附于 A 公司之上,在 A 公司注销后,B 加注站的运营资质也应当消灭。

3. 无论是 B 加注站的公司登记属性角度,还是 B 加注站的运营资质角度,从二者关系来看,A 公司均是 B 加注站存在和运营的载体,是皮与毛的关系,如果在 A 公司注销后 B 加注站还要继续运营,面临着"皮之不存,毛将焉附"的难题。

二、方案分析

综合考虑,如果 A 公司需要清算,但希望保留其下的 B 加注站继续运营,从大方向来看,可以采取以下几种操作方式来实现这一目标。但每种方式都有其特定的适用条件和操作细节,需要根据公司的具体情况和法律法规的要求来决定采用哪种方式。

1.资产重组。在清算过程中,可以通过资产重组的方式,将 B 加注站的相关资产和业务单独划分出来。这可能涉及重新评估和划分公司的资产和负债,将 B 加注站相关的资产、负债、合同等从 A 公司中分离出来,形成一个独立的法律实体。

2.出售或转让。将 B 加注站作为一个整体出售或转让给另一家公司或投资者。在这种方式下,B 加注站可以作为一个独立的运营实体被保留下来。出售或转让的过程需要遵循加注站转让相关的规定,而且这可能需要获得债权人的同意。

3.成立子公司或分公司。在清算之前,A 公司可以考虑将 B 加注站作为一家独立的子公司或分公司进行注册。这样,B 加注站将成为一个独立的法人实体,拥有自己的财务和运营系统。在 A 公司清算时,子公司或分公司可以不受影响地继续运营。

4.使用特殊目的实体(SPE)。创建一个特殊目的实体(SPE),将 B 加注站的资产、业务和相关负债转移到这个 SPE 中。这样,B 加注站可以作为 SPE 的资产继续运营,而不直接受到 A 公司清算过程的影响。

三、方案评估

每种方案都有其优缺点,在评估各方案时,我们综合考虑了多种因素:

1.确定 B 加注站的运营资质要求。详细了解 B 加注站所需的运营资质和相关法律规定。

2.分析 A 公司清算对 B 加注站的影响。评估 A 公司清算可能带来的影响,包括运营资质的变更、公司关系的调整等。

3.制定处置方案。根据分析结果,制定清晰的处置方案,确保 B 加注站的合法运营和资产保全。

4.沟通协调。与相关政府部门、公司股东等进行沟通协调,取得必要的同意和许可,保障方案的实施。

四、方案确定

最终,结合客户公司实际情况,考虑到各方案的操作难度,我们采取了一种基于加注站转让的创新方式。

1. 将 B 加注站出租给具备某类型能源加注资质的关联公司 C;C 公司在 A 公司启动清算之前完成有关加注资质的变更办理,确保运营资质的转移。

2. 在 A 公司清算期间,确保 B 加注站作为一个完整的经营单位被保留,并且作为公司清算剩余财产由公司股东所有和支配。

3. 取得政府主管部门的同意,对 B 加注站租赁关系进行变更,由公司股东代替 A 公司成为新的出租人。

4. 取得许可批准部门的同意,完成 B 加注站在新的所有人条件下运营资质的进行再变更,确保合规运营。

办理结果

上述案件经过各方的努力和协商,成功地解决了 B 加注站面临的困境,具体表现在以下几个方面。

1. B 加注站成功找到了新的运营依托。经过与相关部门的沟通和协商,B 加注站成功将运营权出租给了一家具备资质和经验的公司。这家公司愿意接手并继续经营 B 加注站,确保了加注站的正常运营。

2. B 加注站作为完整经营单位得到保留。在新的经营公司接手后,B 加注站作为一个完整的经营单位得到了保留,包括原有的设施、员工和客户资源等。这有利于新公司顺利接手并继续开展业务。

3. 取得政府部门的批准和许可。新公司在接手 B 加注站后,积极与政府主管部门联系,取得了相关的批准和许可。这有助于确保加注站的合法运营,避免了可能出现的法律风险。

4. 保障了相关利益方的权益。通过各方的合作和努力,成功解决了 A 公司清算后 B 加注站面临的困境,保障了员工的工作岗位、客户的服务需求以及投资者的利益。各方共同努力,实现了多方共赢的局面。

通过各方的努力和合作,成功地解决了 B 加注站面临的困境,确保加注站的正常运营和相关利益方的权益。这个案例展示了在面对复杂的法律和商业问题时,通过合作、协商和努力,可以找到解决问题的有效途径,实现各方的利益最大化。

律师评析

一、典型意义

在新能源崛起、能源转型背景下的产业变革,使传统能源加注站面临挑战。对传统能源加注站的处置,往往涉及多个法律关系,存在多重约束条件,需要综合考虑包括行业发展趋势、政策环境及公司层面的商务安排等诸多因素。

在上述案例中,如何确保租赁关系在公司清算注销前后延续有效、与之有关的某类型能源加注资质,如何在 A 公司清算注销前后获得保留,这些约束条件给方案的策划带来很大的挑战。

二、法律评析

为成功筹划和实施上述方案,律师需要具备扎实的公司法实务能力,包括熟悉公司清算与注销相关法律法规,同时需要了解各类型能源加注站资质许可及变动条件及程序,以及具备各类型能源加注站设立和注销的实践经验,具体包括以下三个方面:

1. 熟悉多领域的法律业务

对加注站资产处置因为涉及的领域较为综合,往往需要律师对涉及合同、土地房地产、知识产权、税务、劳动、公司、环境等多方面的法律问题有清晰的认知和把握。以加气站为例,其主要涉及的相关法律法规如下:

(1)《公司法》。该法规定了公司的设立、组织、运营等基本法律要求。

(2)《企业破产法》。该法规定如果公司资不抵债,可能需要按照破产法进行破产清算。

(3)《税收征收管理法》。该法规定了企业清算过程中的税务清算和税收优惠政策的适用。

(4)《劳动合同法》。该法规定了处理员工安置、补偿以及劳动合同的解除或终止等事宜。

(5)《土地管理法》。该法规定涉及土地或房地产,需要考虑土地使用权或房产权的转移和登记手续。

(6)《安全生产法》。该法规定了企业的安全生产责任、安全生产管理制度等。

(7)《消防法》。该法规定了消防安全的基本要求和法律责任。

(8)《环境保护法》。该法规定了环境保护的基本要求和法律责任。

(9)《特种设备安全法》。该法规定压力容器等特种设备的安全要求。

(10)《危险化学品安全管理条例》。该法规定了危险化学品的储存、运输、经营等安全管理要求。

实务中的对相关规定的灵活应用可能更为复杂。例如,加注站可能与供应商、租赁方、员工等签订了各种合同,资产处置需要考虑这些合同的终止、转让或变更,确保合同权利义务的合法处理,这将涉及合同相关法律问题。又如,如果加注站涉及土地或房地产,资产处置需要考虑土地使用权或房产权的转移和登记手续,确保合法性,这将涉及土地相关法律问题。再如,当加注站主体需要变更时,律师需要熟悉公司法及相关规定,特别是关于公司清算和分立的相关规定。如在上述案件中,在清算过程中,律师需要确保 A 公司按照法律规定进行清算,并保留 B 加注站独立运营的合法性。

综上所述,律师在处理加注站资产处置相关问题时,需要具备公司法、土地房地产法、合同法等多方面的法律知识。只有全面了解相关法律法规,才能为公司提供全面的法律支持,为项目的合规推进保驾护航。

2.熟悉能源加注站资质许可及变动条件及程序

律师需要了解能源加注站的设立和运营许可要求,包括申请条件、程序、资质要求等。

针对案例中 B 加注站的情况,律师需要研究相关能源加注站资质的变动条件和程序,确保在 A 公司关闭后,B 加注站能够合规运营。另外,还需要与能源管理部门、交通运输部门等相关部门沟通,了解最新政策法规,确保 B 加注站的运营符合法规要求。

不同类型的加注站涉及的不同的证照问题,以加气站为例,加气站作为涉及危险化学品的经营场所,需要办理一系列证照,主要可能涉及的证照有:

(1)营业执照。从事经营活动必须取得的证照,由市场监督管理部门颁发。

(2)燃气经营许可证。专门针对燃气经营行业的许可证,包括加气站。

(3)食品经营许可证。从事食品销售、餐饮服务等相关活动的企业和个体工商户所必须持有的证件。

(4)燃气供应许可证。允许企业从事燃气(如天然气、液化石油气等)的供应、配送和销售活动。

(5)气瓶充装许可证。授对气瓶进行充装(如充装氧气、氮气、二氧化碳等工业气体或液化石油气)的许可。

(6)移动式压力容器充装许可证。对移动式压力容器(如罐车、罐箱等)进行充装和运输的许可。

(7)危险化学品经营许可证。由于加气站涉及天然气等危险化学品,需要由应急管理部门颁发。

(8)消防安全检查合格证。由消防部门颁发,确保加气站的消防安全。

(9)环境影响评价批准文件。由环保部门颁发,确保加气站的建设和运营符合环境保护要求。

(10)压力容器使用登记证。由于加气站使用压力容器,需要由市场监督管理部门颁发。

3.具备能源加注站设立和注销的实践经验

律师需要具备实践经验,包括参与过能源加注站的设立和注销项目,熟悉实际操作流程和注意事项。律师可以利用过往经验,帮助B加注站处理可能涉及的法律纠纷、合同变更、人员安置等问题,确保公司平稳运营。

综上所述,律师在筹划和实施上述方案时,需要综合运用公司法的实务能力、对能源加注站资质许可和变动程序的了解以及具备丰富的实践经验。通过合理规划、全面分析和有效执行,帮助企业顺利完成A公司清算与B加注站运营转型,确保公司合规运营,实现可持续发展。

三、项目感悟

在策划商务法律方案的过程中,律师的作用远不只提供法律咨询和执行操作。更重要的是,律师应当深入洞察客户的业务模式、行业特性、发展动向以及相关法律法规。唯有对客户的商业生态有深刻理解,方能提出切实有效的法律对策,精准响应客户需求。

在项目推进过程中,律师应具备将法律专业知识与商务实践相结合的能力,为客户提供全面的法律服务。通过熟悉客户的业务流程,律师能更准确地捕捉其商业需求,打造切合实际的法律解决方案。同时,时刻洞察行业规范与发展趋势使律师能够预判潜在的法律风险,并及时提出预防措施,为客户的持续发展提供保障。此外,熟知政府监管政策有助于律师指导客户规避合规风险,确保其业务的合规性和稳健运营。

◆ 律师介绍

潘宗懿,北京市盈科(广州)律师事务所执业律师。曾在两家全球五百强外企担任法务部负责人。熟悉石油、天然气产业,为多家油气能源领域客户提供综合性法律服务。

丛书总主编简介

李 华

盈科律师事务所创始合伙人、副主任、盈科全国业务指导委员会主任。

李华律师作为盈科全国业务指导委员会主任，负责盈科体系内的专业化建设，带领盈科律师，构建出完整的专业化法律服务体系，包括研究院、律师学院、专业委员会及专业化建设法律中心，推动盈科律师专业化的法律服务，以适应法律服务市场不断细分的需要。在此基础上，通过集成各专业委员会纵深化的法律服务能力为客户提供综合性的法律服务。

全国律师行业优秀党员律师、北京市优秀律师、北京市律师行业优秀党务工作者，最高人民检察院第六和第七检察厅民事行政检察专家咨询网专家，中国人民大学法学院法律硕士专业学位研究生实务导师，《钱伯斯大中华区指南2023/2024》TMT：数据保护&隐私领域上榜律师，2024 The Legal 500亚太地区中国法域榜单金融科技领域推荐律师。

本书主编简介

郝秀凤

女,一级律师,法律硕士,中国民主促进会江苏省委员会下设法律与中介专门委员会委员;北京市盈科(常州)律师事务所名誉主任、第一、第二届盈科常州管委会主任。

环境资源领域主要任职:盈科全国第五届环境资源与能源法律专业委员会主任;江苏省法学会环境资源法学研究会理事;江苏省律师协会第十届环境与自然资源保护业务委员会副主任;常州市第十六届、十七届人大常委会环资城建工委委员。

环境资源领域主要业务:曾担任江苏常隆化工有限公司和维尔利环保科技集团股份有限公司等法律顾问,参与处理顾问单位所涉的环境污染公益诉讼、生态环境保护和环境治理及合规、环境行政处罚合法性审查及行政诉讼等业务,并作为人大代表参与地方生态环境立法和执法等工作。先后在《中国法学会》《才智》等刊物上发表论文三十余篇,其中一篇被《中国人民大学报刊复印资料》全文转载。

主要荣誉:全国优秀律师、江苏省优秀律师、江苏省维护妇女儿童权益优秀公益律师、江苏省律师行业高质量发展引领奖、常州市第二届十大优秀青年法学人才、常州市教育局三等功、常州市优秀人大代表、最美常州人—法律服务人。

黎征武

1990年生。北京市盈科（广州）律师事务所律师，企业合规师。环境科学学士，环境科学与工程硕士。广州市律师协会能源与环保专业委员会委员、广东省法学会第二届环境资源法学研究会理事、盈科全国环境资源与能源法律专业委员会副秘书长。

环境法方向专业律师，持有环保技术类培训证书：环境监测技术人员合格证、环境污染损害鉴定评估及环境污染诉讼专家辅助人合格证、自动监控系统运营管理能力提升合格证。

曾代表企业和个人，在全国办理过近百起环境行政处罚和污染环境罪案件。其中，环境行政处罚案罚款数额合计超过1千万元，单个污染环境罪案所涉生态环境损害赔偿数额最高超过4亿元。办案经验丰富，熟悉环保案件的处理流程、突破口和争议焦点，擅长结合环境+法律专业知识，为客户提供优质环境法律服务。

业务领域：（1）生态环境损害赔偿诉讼，环境公益诉讼，环境污染纠纷；（2）环境行政处罚案；（3）污染环境罪案；（4）环境法律风险排查；（5）环境法律培训；（6）环境执法应对培训；（7）环境管理制度构建；（8）环境法律顾问；（9）企业环境合规体系构建；（10）环境法律事件应对；（11）投资、并购项目环境法律风险尽职调查；（12）碳合规。